致大世界里小小的你

方达 主编

北京联合出版公司
Beijing United Publishing Co.,Ltd.

目录
Contents

画着麒麟的吉他

风中麒麟　文|单超　/002

想找准最佳方法，就做一只桑代克的猫

终日漫长　文|张珂　/026

你说那个告白　文|盛之锴　/037

与众不同的自负：若以此为省，便会感知她的谦虚和宽厚

毕业，不说遗憾　文|罗从政　/050

心中的古琴　文|丁洁琼　/053

后记·沐风舞　文|刘彦夔　/056

最初的诉求

愁肠剑　文|徐里　/068

分裂　文|徐里　/075

最初的诉求　文|徐里　/079

物是，人非

在乌江流域　文|李晁　/086

物是人非　文|宋文静　/100

去到各自的湖泊

活着　文|李倬尔　/104

槐下时光　文|王光龙　/107

莫问前程　文|北西　/116

绝大多数想象，被时光风干，成了枯萎的标本

夏天走了 文|万霁萱 /122

你在我沉默的梦里 文|Kidult /139

放下执念瞬间，荒凉冰冷的心地竟长出了满满一大片麦田

听花落 文|涂早玲 /156

父亲和他的父亲 文|金俊宝 /164

麦田之城 文|罗磊 /174

守候·安静季节 文|王宇昆 /178

吃货的草样年华 文|夏言 /186

我们到哪里去喘一口气

孤独的卡夫卡 孤独的现代人 文|张海磊 /194

未完成的故事 文|刘华一 /197

小院幽记 文|李靖财 /205

告密

哪来的什么童话 文|范尔乐 /210

你是我永生不遇的海 文|任腾 /214

告密 文|黎梓杰 /221

马蹄并蒂

尹青橙，你才不是善意第三人 文|李林芳 /228

马蹄并蒂 文|林为攀 /234

作者简介

Author profile

单超

笔名歌蒙，1991年3月生于邯郸。毕业于西安外国语大学德语系。

平日里是正派模样，一旦写作，却变成一身邪气的另一重人格，所用笔名歌蒙，便是位精神病患者的名字。好做英雄梦，在亦真亦幻的现实里踽踽而行。最钟情的作家：张爱玲和杜鲁门·卡波特。最爱的小说：《蒂凡尼的早餐》《尘埃落定》《漫长的告别》。看得最多的电影：《八月照相馆》《奔腾年代》。每个人头脑里的故事和幻想写下来都是难得一见的优秀小说，所以写作只要追寻心迹，随性所至就好。推理写到极致可以做钱德勒，言情叙至巅峰可以做张爱玲，不过归根结底他们是传奇的人物，他们身处的忧患重重的年代也是难以遇求的。我要写的只是某一年的某一天，是一段平凡而独特的生活。

第十五届全国新概念作文大赛二等奖获得者。

张珂

笔名以梁，1994年生于安徽省六安市。

年青的时候是个喜欢旅行的瘦子，长大了是个爱吃的胖子，热衷旅行和美食，性格自然乐观。

第十五届全国新概念作文大赛一等奖获得者。

盛之锴

1995年深冬生，生性冷漠，不爱学习，不爱人群，讨厌说话，逃避一切，所以爱上文字。奉行及时行乐、随遇而安，毫无信仰毫无价值，愤愤不平却从未正视。很高兴从未认识你。

罗从政

男，1989年生，陕西安康人。中国散文家协会会员。

出版有散文集《连根草》《童年的小河边》。

丁洁琼

女，1987年生，西宁人。毕业于湖南某大学汉语言文学专业。

热爱文学，曾在《学生家长社会》杂志发表作品。现工作于中国建设银行湖南分行。

刘彦夔

男，1987年正月生于金城，长于婺州，向往长安。

爱好音乐、足球。2011年新闻传播系本科毕业，此后疲于为现实奔命，创作较少。

现为上海某公司企划。

徐　里

笔名许炎，双子座。家乡四川遂宁，求学于四川传媒学院。热爱生活、甘于平庸，居于成都。心思一直都固执在信念之上。

做过青春文学网管理员，做过自己的网站，做过《萌芽》和新浪斑竹编辑。兴趣爱好：写字、唱歌、听歌、看书、说话、睡觉、吃东西、看电影。

对于文字的感觉是：如同一个可以让人经久不厌的游戏。常常在别人问起自己的理想时告诉别人，我要做玩家。

第十届全国新概念作文大赛二等奖获得者。

李　晁

男，现居贵阳。

在《上海文学》《山花》《大家》《芙蓉》《青年文学》《小说界》等刊发表小说六十万字，著有长篇小说《迷宫中的少女》。

第三届《上海文学》新人奖获得者，
首届《创作与评论》年度作品奖等获得者，
第九届全国新概念作文大赛获奖者，
第十届全国新概念作文大赛获奖者。

宋文静

1992年生，山东师范大学文学院学生。
自幼喜好文学，热爱文学创作，自2008年开始陆续发表一些文章，文章散见于《校园写作》《中学时代》《感悟》《西部》《全国大学生作文选》等刊物。
第八届全国大学生作文大赛二等奖获得者，
第九届全国大学生作文大赛一、二等奖获得者，
第十二届全国中学生作文大赛二等奖获得者，
第十四届全国中学生作文大赛一等奖获得者。

李倬尔

江苏常州人，扬州大学学生，动物医学专业。
对文学感兴趣，喜欢关于文学的探讨和工作，喜欢古代文学和现代文学，希望和更多志同道合者一起交流。

王光龙

男，安徽人，华南师范大学文学硕士，安徽省作家协会会员。
作品散见于《文学界》《百花园》《散文诗》《岁月》《短篇小说》《当代小说》《羊城晚报》等刊物，入选过漓江出版社、重庆大学出版社等各类出版社选集。

北　西

原名占晖，实为詹晖。1989年11月出生于江西乐安，南京大学毕业。
听人间的故事，写世间的戏，讲时间的遗憾。当过演员，写过剧本，做过导演。对自由人生的渴望超过世间任何事物，包括爱情。
已出版作品文字《将爱，遗憾》，微电影作品《小丑》《女王》等

多部，现在影视公司任职。文字散见于《青年文学》《萌芽》《盛开》等杂志和系列书籍。
第九届全国新概念作文大赛获奖者，
第十一届全国新概念作文大赛获奖者，
第十三届全国新概念作文大赛获奖者。

万霁萱

女，1992年出生。笔名鼓楼八爪，就读于内蒙古师范大学。
作为狮子座中最软弱的人，虽然胆小如鼠但是一直向往轰烈永恒，外表强悍但内心敏感和软弱。一直憋在心口的是想要大声告诉你，希望你能懂我，不要待我像一个童话。喜欢细腻的表情和情绪，因为总认为在最细微的角落才能看到人的软肋，所以才热衷从逼近边缘的角度来记录和表达，用一个人的力量为爱护航。这座城市的每一个角落、每一处碎片都有你的印记。好的与坏的，不善良的与幸福的，请都要倾心接受，接下来的任性梦游，闭上眼睛，我带你一起走。
剧本《我》和《人形立牌》在内蒙古“儒志杯”微电影剧本大赛中

获得一等奖；
自编自导微电影《再见，旧时光》《我》《大风》；
在微电影《人形立牌》中担任编剧；
第十七届全国新概念作文大赛一等奖获得者。

Kidult

女，1994年出生，处女座。出生于江苏扬州。
就读于厦门大学广告专业，作品散见于《萌芽》《爱格》《紫色年华》《中学生百科》《中学时代》等十余家报刊杂志，以及《第十三届全国新概念作文大赛获奖作品选》《盛开·处女座·炫星系》等文集。
曾获得完美世界影视杯“中国好故事”每日优秀故事奖；
第十三届全国新概念作文大赛一等奖获得者。

涂早玲

女，河南人，90后作者，在东北师范大学就读，喜爱文学。

金俊宝

男，生于湖北丹江口市一个农民家庭，大学酷爱文学，毕业之后开始小说创作。

罗　磊

毕业于江西师范大学文学院。

王宇昆

男，出生于1996年3月，山东人，求学于厦门大学。
13岁开始创作，作品刊登于《萌芽》《中国校园文学》《紫色年华》《爱格》《青年文摘》《格言》《美文》《最小说》《小说绘》等主流文学期刊，迄今发表作品六十余万字。
《青年文摘》《读者》签约作者。
已出版《当世界已无法深爱》《最美好的陪伴，是并肩乔木》。
第四十一届香港青年文学奖获得者，
第一届新蕾杯青春文学新人选拔赛小说组全国人气冠军，
江苏卫视《一站到底》校园精英赛守擂者，

“萌芽新概念之星”获奖者，
第十五届全国新概念作文大赛一等奖获得者，
第十六届全国新概念作文大赛一等奖获得者。

夏　言

男，网名夏雨辞。出生在革命老区江西，现在风光旖旎的海南岛，毕业于海南大学法学院，学的是专门锄强扶弱的专业——法律。有少量文章发表和出版。
第五届全国新概念作文大赛二等奖获得者。

张海磊

1991年出生，中文系出身，认为写字和阅读是最美的事。如果我在公共生活中有一个立场，那它应该是八个字：客观、理性、人文、公民。如果我在个人生活中有一个态度，那它应该是一句话：即使走在沙漠中，也要有颗戏水的心。

刘华一

男，天蝎座，属兔，出生于山东省惠民县。毕业于四川音乐学院，现在北京从事电影营销宣传工作，于暗无天日的苦苦挣扎中，于是去是留的生存思索中，坚守着写作的最后一道防线——无论如何，至少还有你，至少还不想承认自己的满盘皆输。
第七届全国新概念作文大赛二等奖获得者。

李靖财

笔名麦壳，求学于甘肃中医学院。
人笨，相貌丑，不会说漂亮话，没几个朋友，觉得自己没用，所以选择读书。读书明理，冷暖自知，分得清黑白好坏，摸得着是非曲直。

范尔乐

生于深圳，祖籍上海，求学于上海海关学院。
感觉自己是一个严肃的人，生于青春都市深圳的青春少女，在摩登城市上海读书。是“小清新”，也是“高冷女王”，是“小逗逼”，也是“女神”一枚。爱生活爱写作，热爱一切能让自己开心的东西，愿意努力追求，愿意不停奔跑。
第十三届全国新概念作文大赛二等奖获得者，
第十五届全国新概念作文大赛一等奖获得者。

任　腾

女，笔名槿小夏，1997年出生，水瓶座，求学于山东省邹城市某中学。热衷于一切事物，但总是空有一腔热血，只有在写作这条路上走得长久些。
第十届全国新奥赛作文二等奖获得者，
第十五届全国新概念作文大赛二等奖获得者。

黎梓杰

出生于1993年12月。广东省佛山市人。
曾获第十三届、十四届全国新概念作文大赛二等奖，钟爱余华和韩寒，同时希望自己能成为作家，与各路有着文学梦的孩子统领90后文坛。
有少量作品发表于《美文》《萌芽》《创新作文》等杂志。

李林芳

笔名风茗麦，生于1991年末。求学于湘潭大学法学院，冷淡也热情，低调也张扬，随和也偏执，特别也普通。喜欢观察微小的人事，感动于细枝末节的幸福。喜欢安静的友情、爱情以及亲情。有点轻微的漫游癖，希望可以背着行囊走过世界的每个角落。喜欢安静美丽的人文景观胜过自然景观。
第十二届全国新概念作文大赛一等奖获得者。

林为攀

1990年4月出生于福建龙岩，金牛座。
喜欢绕着稻田漫步，张开环抱迎接那在鼻翼缠绕的稻香，微风拂过的地方总能留下自己泼墨般飘逸的文字。时时陶醉在马尔克斯那天马行空的梦幻中，在心中许下愿望，背着行囊向麦田进发，用手中的笔描绘天空那抹最绚烂的云霞。文章散见于《萌芽》《中国校园文学》《短篇小说》以及若干文集中。
第十届全国新概念作文大赛二等奖获得者，
第十一届全国新概念作文大赛二等奖获得者。

这一刻，
夏季已经结束了。
漫天飞舞的虫子钻进了未知尽头的黑色夜空。

一

画着麒麟的吉他

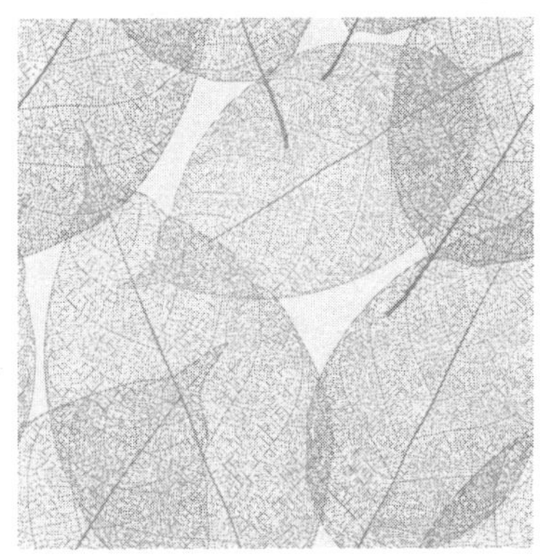

我毫无指望地等着我的戈多，这种等待注定是漫长的，我在深似地狱的没完没了的夜里等待，生怕在哪个没有星光的夜里就会迷失了方向，开始是等待，后来我发现等待成为了习惯。

——塞缪尔·贝克特《等待戈多》

在演绎情绪方面，男人就像斗牛犬一样笨拙不堪。
但是很不巧，直到故事收场的时候我也没能跨过性别这道鸿沟，
它就像拉斯维加斯某个角落里的博彩机，从来不让一个诚实的过客遂愿。
我猜这反而就是它们永恒魅力的源泉所在。

风中麒麟

文/单超

差不多是在2009年的夏天，我开始用近乎疯狂的渴望来揣测一个女性的嬉笑怒骂——你不得不承认，在演绎情绪方面，男人就像斗牛犬一样笨拙不堪。但是很不巧，直到故事收场的时候我也没能跨过性别这道鸿沟，它就像拉斯维加斯某个角落里的博彩机，从来不让一个诚实的过客遂愿。我猜这反而就是它们永恒魅力的源泉所在。

夏至过后的一个懒洋洋的傍晚，我从K大学宿舍搬进望京东区一幢贵得离谱的招租公寓。这意味着我作为一个德语系学生的生活即将告一段落，也更符合我打工仔的身份。

“在你决定虏获一个人的心灵和肉体之前，切莫轻易交出你的底线。”在红白两色的公寓基座下，卢兰西娅的告诫我至今仍谨记在心。而作为这句话的创始人，

她也牢牢把握着对我的神秘权。那时候的卢兰是一只生活在热带丛林里的夜蛾，很危险，也很诱人。

卢兰的话句句属实，而且贯彻着箴言般的不朽和简洁，在我以后的人生中也像虹桥一般艳丽夺目。只是那时我才刚刚晋升为首都公民，未听到她的话之前也只是个庸庸碌碌的青年。因此，得以与这位姓氏古怪的芳邻比邻而居，也算是命运女神对我的慷慨之举。

她大概是在我安顿下来后的一个星期内入住这幢公寓的，具体到哪天我无从得知，只记得在那个晨光晶莹的早晨，像天堂之门一样紧闭的邻户一夜间推开细细的缝隙。我驻足走廊，忍不住让目光游离进去——毕竟是攸关邻里的社交，如果能确定他是何方神圣也算明智。

下一秒，我的这位芳邻——卢兰西娅已经扶着门框送给我一张媚人的笑脸。

“乔迁之喜，我们要不要庆祝一下？”

于是我绅士派头十足地握了握她布丁似的温软手掌。

但是在这之后，当我们真的踩着树荫夏阳在南锣鼓巷吃起奶油布丁时，卢兰却异常伤感地说：“布丁这种食物，在自己最棒、最完美无瑕的时候找到了自己最正确的位置，女孩儿们至死都办不来的事，却让它办到了。你现在拿给我吃是不是太讽刺了点？”

同她的词句一样，她的房间也整理得井井有条、一尘不染，沙发、冰柜、厨具等各归其位，而且是我无论如何都置办不来的高档品。仓促一瞥中我产生了这样的印象：说不准她就是在自己家里支起手术台替病患排忧解难的。

之所以我会这样想，是因为除过这次乔迁之贺，我第一次在公共场合遇见她就是在充斥着冷光的候诊室。

我每个月都有雷打不动的两件事要办：参加德语学术讲座和患一场无足轻重的感冒。经年累月下来，医院采光不足的候诊厅成了我常常光顾的地方，久而久之便有一种亲切感油然而生。那次，我照例夹在人头攒动的队列中以极其缓慢的速度向前蠕动时，卢兰西娅远远就瞧见了我并且急匆匆穿过人群走过来，拉我到设置在长廊两边的凉椅上安坐。她坐到与我相隔的长椅上，大半个侧影被一盆巨大无比的绿色植物挡住了。

我没想过像她这样俏丽的摩登女郎会是一名救死扶伤的护士。

“你得了病？哦，你的脸色很差。不过不要紧，我可以向你打包票，你这样的病人我见得多了。”她像熟识已久的朋友一样关怀我。在我大为感动的同时也不禁为自己的小疾病而惭愧——我应该患一种配得上她关心的病才对。

“只是上呼吸道感染，还不至于送命。”

卢兰透过盆栽观察着我——猫一样的双眼。“如果有什么不好的地方，就说出来，大部分时候我都伸得出援手。”她站起来，拨了拨睫毛，用鞋尖吧嗒吧嗒地敲打着大理石地板，“既然只是感冒，就不能再待在这儿了，会闷坏的。”

卢兰不容分说地把我拉出去塞进一辆黄白色的出租车里。司机立刻心领神会，一溜烟地驶进被霓虹灯穿刺得四分五裂的夜色中。也许是我见识太过短浅，总觉得自己处在某个惊天陷阱之中。

狭小的三人天地里，卢兰西娅的气质陡然释放出来。车外经由速度分化的景色残影劈头盖脸袭来，暴风雨一样堵得我喘不过气，卢兰却像天生有着抗体似的不为所动。她穿着粉嘟嘟的护士服，过分苗条的服饰从空间中凭空绷出一具匀称诱人的身体。她的嘴唇小巧，安静而有光泽。这样，虽然她以这副半微笑半忧心的面孔示人，但外头那些迷乱光辉还是只能驯服地绕行——它们能轻易摧毁一个初来乍到的外地人的心灵，却接近不了卢兰西娅心里的长堤。

“司机师傅，我的朋友到了。”经过三里屯时卢兰善意提醒。

“怎么？我……”

我狼狈不堪地注视着卢兰西娅，像一个狠狠摔倒在舞台上的演员一样不知所措。卢兰温柔但坚决地把我推下车，轻声说：“好孩子，乖乖等我。”接着她向司机优雅地抛去一个手势，车子便野蛮地驶走了。说真的，那部车粗鲁无比的尾气跟卢兰香奈儿般的娴静真是格格不入。

感慨过后，我感到强烈的愤慨。北京街头的晚风带给我种种假说的灵感：阴谋、诈骗、谋财害命，当然还有早就与她串通好的谢顶司机。我几乎已经肯定自己被卷进一桩什么事件的迷雾里了。然而这个想法又令我扼腕，毕竟她看起来是那么地不可玷污。

我拍打自己发僵的脸颊，努力摆脱掉夜都市招人迷幻的气息，开始琢磨怎么返回红白公寓。说实话，对此我任何头绪都没有——这些看起来大同小异的街道的名字我一个也叫不上来。身后是一家苹果产品店，巨大招牌上乔布斯果敢而故弄玄虚的头像盯着我看个不停——这下你得意得够呛吧。我赌气似的往前走，打定主意不去找人求助。

倒不至于客死街头，但想碰运气摸回家也不大现实。两难境地中索性信步随心，走到哪一步是哪一步。

这时候大约已经过去了二十分钟，我一手掂着外衣，在车速并不快的街头走走停停，兴致来了便跑到停车道上逐辆逐辆地研究汽车型号。再加上冷饮和快餐也随处可买，我即便迷了路，心情也不算太糟。

就在我蹲在地上欣赏着一辆卡宴的壮硕排气管时，一个圆筒状的东西忽然抵住了我的后脑勺。

有那么一会儿，恐惧源源不断地涌上来，沮丧和慌乱直往脑袋里拱。不过我还是回头看了一眼，因为一阵略带魅惑的味道飘到了我的鼻前。

“你很惊讶，对不对？好了别反驳我嘛，你要给女孩子自赏的机会。”卢兰把卷起来的一本小册子收回去，若无其事地笑起来。随即，她开始用挑剔的目光打量我的衬衫——那是从五道口买来的廉价货。

我这才发现卢兰已经换下了粉色的护士装，代之以一套贵重的铁蓝色晚礼服。她的脸上闪着亮晶晶的汗滴，仿佛刚刚骑着马跋涉过半个亚细亚洲的版图。

“你要解释一下吗？我会尽量保持绅士沉默。”我颇为不悦地说。

“那怎么行，你听过一句话吧，叫‘平凡是女人最大的敌人’，”卢兰柔声细气地说，“我保证没有捉弄你就是。”

我并没有听过这句话，九成九是卢兰随口杜撰。刚才的出租车还在我脑海里盘旋不去，即便是正在和这样一位打扮入时的姑娘并肩而行。

卢兰用她布丁似的小手够我胡子拉碴的下巴："你真的不要再生气了，我当你是朋友。这里的人一天到晚无聊得可以，所以我就顺手演了一幕滑稽戏让他们更朝气一点。"

我装作意兴阑珊的模样，听她说下去。

"刚才那个司机大叔可是一直往我身上瞄咧，"卢兰得意地说，"我只好给他一点暗示喽，于是在你下车的第二个路口我就装出来没有零钱的样子。'啊，还好有便利店'，我这么跟他说，然后他就乖乖打开车门让我下来了。"

"然后？"

"对啊，是然后。当然那个浑蛋没忘了摸我一把——足够付他车费了。本来我想躲起来看他会等到什么时候，可我硬不下心肠，而且我又担心你。"

"那你的衣服怎么说？"我有心讽刺。

"经过干洗店的时候，如法炮制嘛，虽然女人比男人难应付得多。"她亲切地拍打着我的后背，仿佛在爱抚她的宠物犬，"这要求你勤加练习，有时候你觉得这很卑鄙和无聊，但有时候它会帮你的大忙。"

卢兰西娅的了不起之处就在这里：当她嘲弄这个世界的时候也依然保持着绝伦的优雅和镇定，好像那些法则和铁律在她面前都是一箩筐的笑料。

夏风吹拂，落叶摇荡。我晃了一眼卢兰洞开的礼服衣襟，不禁心慌意乱。

卢兰在与我相邻而居的日子里简直安静到了让人发毛的地步——我是说从来不会听到什么乒乒乓乓、推杯换盏的声音。就她的姿容来说，即便是有整支摇滚乐队在她公寓里进进出出，我也不会过于惊异，我总觉得，笙歌达旦、夜不归宿才应该是她生活的核心。

住在楼下的一位证券投资人太太似乎也和我持有相同的评断，因为她每次都会用激素注射者的复杂眼神盯着卢兰从自家门前跨进电梯。一想到不经意间竟和这位体面的太太结成了同盟，我就感到羞愧难当。

她听唱片，靠叫外卖生活，偶尔会抱出品柱都快磨平的吉他弹弹。有一两次我叨扰做客的时候，她蜷在红沙发上边弹王若琳的《迷宫》边对我说："我特别想要一把马丁牌吉他，就是价格奇贵无比的那种，虽然也并不见得怎么好，但我就是想要。然后我要在上面画一只麒麟，等到风和日丽，白衬衫被吹得哗啦哗啦的时候我就带着我的孩子们到花园里，给他们弹《柠檬树》，弹《送别》。嘚儿啦啦，啦啦啦。"

卢兰说这话的时候脸上充满了向往，使得她比以往哪天都更加漂亮。刚开始我不明白她为什么要画一只麒麟，日后才渐渐知道，麒麟也好凤凰也罢，那代表着她真心追求却永远不能得到的东西。她对这个世界永远怀有敌意，这不在于伸出水面的睡莲，而在于我们看不到的、深植在泥淖里的根。

我曾劝卢兰养个活物，一只猫或者蝴蝶犬什么的。谁知她异常严肃地说："我怎么能那么自私，把它们关在这种水泥笼子里？我忍受不了活物被关起来。我当你是朋友，再别说这种话了。"

于是三天后我找了一张宣纸写下四个大字送给卢兰：有女如玉。

她兴致勃勃地穿着睡衣到处找木框要把它张挂起来，经过我身边时又仿佛很歉然地吻了我一下。"你真是个称职的朋友，一个大好人，我都快喜欢上你了。"

这是我出生以来第一次收到陌生女人的亲吻，不知道当时脸红成了什么样子，它很烫，像蒸汽机车一样灼热难当。

每月的例行德语讲座总让我头疼不已。日耳曼语是一门不大容易变通的语言，丝毫不会顾及使用者的感受，总是在那里编啊改啊地捍卫沉闷的语法和音调。有时真想一走了之，可怒气一消便又缺乏了先驱者的无畏，最后总是屈服在德意志的权杖下。

酒仙桥路上的某座饭店门口立着很不起眼的一块纸板，上面贴着一位已趋谢顶的中年欧洲人的半身照，底下则写着一行小字：欢迎施魏因·冯·弗里德里希教授与会交流。字体如此纤瘦，以至于给人一种里面正在举行纳粹秘密集会的印象，生怕给人戳穿。我举起胸牌给把守门关的工作人员看了看，道了句“Guten Tag”（早安）。头发绑得一丝不苟的绿眸女郎随即回给我一个爽朗的微笑。

投身到会场暗涌的人流中后，我胡乱找了个位子坐下，静静等待着开讲。弗里德里希教授在啪啦啪啦的掌声中走到台前，简短进行了一阵寒暄便开始大谈魏玛之于德意志文学的意义。台上两旁一脸呆相的工作人员不择时机地调试投影设备。教授每次不悦地找准间隙抱怨几句时，工作人员都会奉上一个诚挚的笑脸，教授只好退兵不谈。

笔记可有可无，我记得也心不在焉。一方面因为灯光昏暗，令人想起挂满冷光灯、寒意咄咄的候诊室；另一方面则是因为弗里德里希教授的相貌实在酷似安东尼·霍普金斯，现场光源一晃我就理不清他的真实身份了。

联想到候诊室的时候，我闻到一股红白公寓里的矢车菊气息。

起先我把它归于错觉，是安东尼·霍普金斯惹的祸。但是当一条频频挥动的丝巾闯进我的视野时，我顿生逃跑的念头——卢兰西娅小姐棕色的长发高高盘起，戴着一副遮住半片脸颊的墨镜，理直气壮地坐在角落的座位上向我颔首微笑。天哪，她的妆容真是诱人，究竟是怎么混进来的。

我猫起身子横穿过去，一路上说的“Entschuldigung”（对不起）之多令人倒胃口。卢兰体贴地扶我坐下，赶在我发问之前说：“别那么惊讶，这又不是你第一次见识。老实说吧，你是不是觉得我很有神通？喂，这个老头儿很有意思，他叫什么来着？”

“老冯！”我没好气地说。德国人一向把姓氏看得比制造汽车更重要，要是给他听到我这话铁定会愤怒得变成公牛。

“老冯……老冯……”卢兰像含橄榄一样反复叨念，咂咂嘴说，“还不错嘛，我猜他很有钱。”

彼时老冯教授正站在讲台上，滔滔不绝地讲述关于席勒和歌德在魏玛皇宫前的铜像。“können sie das finden， dass Goethe seine Blick auf den Himmel legte，aber Schiller vorn blickte？”（你们可曾注意，歌德在远眺蓝天白云，席勒却直勾勾地看着前面？）

于是我们都伸直了脖子去看，果不其然，两人搂着肩膀一个凝眉平视一个抬头仰望，当真气度非凡，比弯弯曲曲不知所云的现代雕塑好得太多了。

老冯教授对自己吸引注意力的这一手极为满意，直到切换下一张幻灯片时还带着日耳曼人那种睥睨众生的神情，他完全没有注意到一个美丽动人的东方女子正陷入他的情网中，我心里的敌意嗖嗖地向上蹿。

卢兰百分之百听不懂他的任何一个字，但这没有妨碍她支起下巴打起精神，注目讲台上灯光缭绕中教授的一举一动。这位蓄着短小胡须的少壮派教授绝对算不上名流，恐怕连德国中产阶级的行列都难以跻身，他平日里靠旧得可以的大众车代步，周末还要和主妇们去各类打折的百货市场角力，但这些通通被他魁梧的躯体抵消了。我能看出来他已经俘获了卢兰的心，这种失衡的心理让我不堪承重。

幸好她没有来找我翻译，不然我肯定会最大限度地冷嘲和讥讽。

掌声，致谢，继而主持人收场。弗里德里希老冯教授在灯光大开中走下讲台。我正想拉着卢兰离开这个是非之地，不想身旁的座位早就空了——这个女郎已经奔到了德国教授的手边。

两个人活似在演出无声剧，用眼神爱抚对方的心灵。我猜弗里德里希教授未必不会几句简单的中文，只是不想打破这种默契而已。大多外国人都会着迷于东方人的古典气质，何况卢兰又是这么一个皮肤细腻、脸庞稚嫩型完美的漂亮女人。他立刻为之倾倒，伸出粗壮的手臂和卢兰西娅的纤纤玉手交缠在一起。

我目瞪口呆之余又感到头晕恶心，仿佛被人从脑后敲了一记闷棍。那是我第一次见识到卢兰的任性并为之羞愧。她怎么能委身于一个才见了不到三十分钟，以前素未谋面的德国佬？这已经不是嘲弄的问题了，这种行为本身就不能让人接受。

我抢在他们两人之前堵到门口，向卢兰抗议说：“你不能这么做，你怎么可以在朋友面前这样？”

“听着，你是我的朋友，但朋友也有朋友的责任范畴，别让我为难，好不好？”卢兰一字一句的气势与名媛无异。

我强压怒火说：“我猜你要从这人身上赚钱也很为难。”

卢兰的表情迅速冷淡下来，看着我说：“你还有体现风度的机会——花一秒时间从门边挪开，不然你要跟保安喝下午茶了。”

在气氛行将崩溃的时候，德国人插了进来，礼貌地问：“Sind Sie ein Freund der Frau？Was hat sie gesagt？Ich kann Chinesisch nicht verstehen.”（您是这位女士的朋友？她说什么来着，我不大懂贵国语言。）

留下几秒空隙后，我看着他貌似霍普金斯的面孔说：“Sie sagt，dass Sie wirklich eine Arschloch sind.”（她说，您是个地地道道的浑球。）

连着两周我都托病没有参加学术讲座，并且首次意识到这类频繁的交流会真是廉价得可以。一个叫施密特的德国人中间来过几通电话，言辞不大客气，让我无论如何都要去参加下一场。我暗暗为他惋惜——他们总是拿出公事公办的姿态，却不晓得这在中国并不通行。比方说我出于心胸问题，虽然已经过了两周，但和卢兰的冷战状态并没有结束。

其实细细想来，我的脾气发得完全没有道理。假如卢兰真的坠入爱河和弗里德里希教授携手而行，我应该恭贺才对。但我打心眼里明白，卢兰不可能真心爱上某人，而教授也不会真的和她相守以老。

最后的结局再明显不过，只是我把愤怒和难过搞错位置了。

我靠着白皑皑的墙壁坐下来，就着一罐喜力啤酒开始看东野圭吾的推理小说。那时候我真希望能从隔壁传来几声淳朴的吉他和弦。

会场一如昨日，纸板好好地立着，弗里德里希教授也依然在纸板上向行人木讷地微笑。再往里则黑黢黢一片，一点影子都瞧不见。绿眸女郎仍旧把头发绑得干净利落，热情地招呼各具派头的院校专家。我担心被她认出来，刻意绕开，就势在酒仙桥路上走去。走了一阵子，抬头发现自己进了798艺术区。

还没有到夏天最热的天气，太阳不温不火的绅士气息弥漫着大半个“798”。俄制式工厂改做的画廊里悬展着来自地球各个角落、让人摸不着头脑的艺术名品，供熙来攘往的游客们品评。偶尔也会有几个名气响亮的艺人出现在画前和艺术家谈谈笑笑，但露出的大部分是一知半解的苦恼表情。

“这里可不准拍照哦。”一位穿制服的大叔满头大汗地向观光客解释规则。我自告奋勇地帮他写了英语和德语“严禁拍照”的告示牌，换来他严肃的答谢。

“这下可帮大忙了。”他说。

“哪里，小事一桩嘛。”

途经一家名叫“常青”的画廊时，我不自觉地被吸引进去，这种感觉很难表述出来——知道那种以招财猫为外形的储钱罐吧，当时我就是看见，或者应该说是感觉到它在向我挥手。

十五坪大小的画廊前厅里，一个穿着脱俗的高挑姑娘正在和店员模样的人交涉，声音一路传到了玄关。

“不，你们不应该收钱，这样就违反艺术的初衷了，跟商人有什么两样？”

“我们就是商人啊，小姐。”店员大方地承认。

“你们应该长久经营，鼠目寸光生存不下去的，”姑娘苦口婆心地游说，“你们惹恼了我很不划算。”

店员露出愚钝的表情，似乎并不打算让步。

确定她就是卢兰西娅无疑后，我走过去把票钱塞进立在显眼位置的纸箱里，拉着她的手臂将她拽进展厅内。两个店员对这种事司空见惯，大度地抢来掀起遮光的布帘，颇有些请君入瓮的味道。

卢兰快活地哼着歌儿，早就把刚才的争执抛到九霄云外——这也是我所喜欢的她的神奇之处。她今天穿了一件绿横纹短袖衫，罩了件轻便的白上装。下身是绷得紧紧的咖啡黄直筒裤，像骑装一样，一双枣红色普拉达鞋嗒嗒作响。此外，卢兰还戴着一副大得诡异的蝴蝶形墨镜，仿佛是栖息在交际花脸上的万圣节面具。

我实在不应该看到，更不该情不自禁叫出来："这个狗杂种，他要是敢再动你一下，我就让他一辈子不能坐马桶。"

画廊内客源稀少，我们几乎可以算是独处。卢兰盯着我看了几秒，徐徐把墨镜摘下来，露出一处无论怎么施粉涂黛都盖不住的瘀痕。我心怯地瞄了一眼，见她不反对，于是堂而皇之地看过去，那像一朵开错地方的桃花。

我想卢兰也许并不怎么介意，但那是日后让我放弃德语的重要因素。

"好了，展销结束，"卢兰重新把墨镜戴回去，"你可千万别去做傻事，虽然你这么一说，我觉得你是个正义感十足的人。"

"我害怕的是我会成为一个不能为这里挺身而出的人。"我捂着胸口，搬出一句忘了从哪本小说里看来的句子。卢兰好笑地看着我："难道我要遭遇上一个肯为我画麒麟的男人了？别犯傻朋友，你知道那人……冯教授会帮你的。我会让他帮你，他欠我的。"

"你说这话真伤男人的自尊，如果你把我当男人。"我面露不悦。

"我当然把你当男人，我反对男人柔声柔气像个姑娘，"卢兰怜爱地刮刮我的胡楂儿，"我认可你做我的朋友，这还不够？"

这时离我们最近的一台电视机播出一条新闻，吸引了我们的注意力："本社讯报道，一对北京青年情侣于本日午后街头相拥，因为拥抱时间过长而在对方肩膀上沉入酣眠之中，过往行人几乎未曾发觉。一位环卫工人借来摄录机，拍下这段奇景。"

"真是浪漫得一塌糊涂，"卢兰边笑边皱眉，"摆明了是画廊自己做的小把戏。"

"不过，或许我也可以在哪个男人肩头午睡一会儿。"她喃喃说，提议我来抱她一下。

我断然拒绝："不行不行，这方面我还是个相当保守的男人。"

"哦，那可太遗憾了。"卢兰不甘心地从我的肩膀上把手臂拿下来，目光不住地向展厅一侧的一对异国情侣身上瞟。那恰好是两个德国人，或者奥地利人，也可能是瑞士人。我不大能分辨口音，但几句耳语暴露了他们的身份。郎才女貌，真是招人羡慕的一对。

他们忘我地拥在一起，像要努力确认对方存在似的一动不动。然后他们旁若无人地贴住嘴唇，在漆得白莹莹、顶棚高阔辽远的巨大展厅里吻成一尊雕塑。

“男孩儿是个军官，可能是个中尉。女孩子是他在家乡的意中人。”卢兰把墨镜推到发际，望着他们动情地说。

“痴情苦恋，终于迎来了没有人情味儿的战争，这准是分别的一幕，让恋人柔肠寸断。战争多残酷哇，随时都可能会有死神把他召走——不是还有个凡尔登绞肉机吗，好冷的名字——所以她需要尽可能地多占有他一会儿，因为片刻之后就要目送他到战场上葬送生命了……于是男孩儿体贴地和她吻在纷飞炮火里，什么保家卫国啦，尽忠天责啦，这时候把它们通通甩到脑后。”

我看着卢兰充满生机的腰肢和兴奋的眼神，有些后悔刚才拒绝了她的提议。

“喂，我……”

“嘘，他们开始说话了。”卢兰做出噤声的手势。

我顾虑重重地把注意力转向那边，看到那对恋人正絮絮低语。偶尔传出一声痴笑，女孩便带着甜蜜的懊恼掩住嘴。

“你还好吗？”

“不，一点都不好，我伤心欲绝，为你的生命忧虑。”

“唉，这是命运的安排，我无能为力。”

“……”

卢兰活灵活现地扮演起两个互诉衷肠的角色，一会儿皱眉娇嗔，一会儿又化身决绝的士官长。胡诌的对话有一股莎翁剧本的味道。

“恕我直言，你能懂他们的意思？”我禁不住问道。那断然不是战地离情中的恋人，至少不是生离死别，因为我听到一句“Ich habe Zahn Weh”（我的牙有点疼）。

“一个字都不明白，简直像天外来客，”卢兰坦白说，“但是我和他们心有灵犀——这是人类的共同点。我们中国人这样爱，外国人也这样爱，而且我总觉得这些漂亮的人儿比我们更能专心地对待感情——虽然我刚刚还为这种念头摔了一大跤。”她是在指冯教授跟她的韵事。

“看，看，他们又开始说话了！”卢兰受惊似的喊叫着，重新回到她的配音话剧里。

“你要保卫祖国，那我们的生活呢？”卢兰声音凄楚地说，但转眼换成一副低音，“我热爱祖国，更珍视生活，你是我躲开死神追捕的唯一动念。”

“所以你是爱我的了？”

“你要证明我的爱情吗？假如你知道罗密欧是不是爱朱丽叶，白瑞德是不是爱斯嘉丽，你就明白我是不是爱着你了。”

“德国，德国，你一定要回来！回到你的家园，回到你所有记忆的所在之地。只要炮火炸不平山峦，烧不尽湖水，我就会日日夜夜为你祈祷！”

卢兰竟抽抽搭搭起来，紧紧捂着口鼻。我固然诧异万分，但更好奇的是，她如何得知这对爱侣的祖国。

“你听得懂他们在说德语吗？”

“我不懂，”卢兰擦擦眼睛，把墨镜放下来，“但大体知道他们和老冯用的是同一种调调——我要是说我没有和老冯上床你信不信？别，不用勉强，就算你认为我是婊子也没关系，我还当你是朋友。”

这是我认识卢兰以来她第一次为自己回护，这意味着我触及了她的内核，一个由铁门钢网重重封锁起来的空间。不过我非但没感到受宠若惊，反而一阵喉咙干涩，如同被人掐紧了脖子。更要命的是，她还在和我无声地对峙，好像在向我索要某种珍贵的东西。

“是婊子，是婊子，准没错！”住在二楼的证券投资人太太的细声细语无端从脑海一角飞过去，不怀好意。

“你要是对这个有疑问，”卢兰用指尖点了点遮在两片玻璃下的瘀伤，“我可以告诉你，这不是老冯干的。你可能不相信，但他是个和蔼的老头。他会坦率地摸我，好过其他男人的拳头。”

我无暇重新审视弗里德里希教授，不得不慌里慌张地追出去——卢兰和她身上的骑装一样轻便，像片叶子似的这一刻要转身下一秒已经出去了。

画廊四下环绕着一个五十厘米深浅的水池，有气无力地游动着几条大约是画室主人弄来的热带鱼，不过即便是它们，恐怕也不怎么欣赏北京八月份的午后阳光。卢兰走过搭在水池上的木板时摘下墨镜，向池子里看了一眼，又回身向站在门口的保卫走去。

“鱼食。”卢兰对着年过四旬的保安朝水池那边比画了一下。

“什么鱼食，没有那种东西啊。”保安感到莫名其妙，听口气好像从不知道鱼食为何物。

卢兰有些失望，在那名保安肩头拍了拍，重新踏过那座微型木桥。

“我不喜欢这里，”卢兰正经八百地说，“他们应该受罚，给动物保护协会缴罚金。”

“那恐怕没什么效用，”我说，“因为你比他们好，比他们所有人好太多了。”

卢兰想了想，没有回应，像听了句歌词一样带过了。我盯着她高高盘起的棕色秀发，为窥见了她内心一角而难过。

转眼到了立秋，窗边荡来荡去的白杨树枝叶渐渐转黄，露出萧条在即的端倪。

近来我很少见到卢兰西娅。偶然在楼梯里头碰到头，她也依然温情似水，只是脸上神色匆匆，总像处在忙碌的旅行期里。我相信这个世界上没有什么能迫使卢兰去旅行，因为她在心里藏着一些东西。假如她去旅行，这条战线势必会被人为地拉长，进而使她心力交瘁。或者毋宁说，旅行这种和普通人的幸福标志紧密相关的东西，从来涉足不了她的领域。

至于我呢，最终还是接受了卢兰的帮助——在老冯的穿针引线下就职于某个学术机构的北京分支。我不认为卢兰是为了我才去跟老冯周旋的——还不至于那么一厢情愿，她只是尽可能地发挥着自己的价值，而作为朋友我恰巧处在她的光环下罢了。

倒是二楼的激素注射者——那位证券投资人太太，经常在上下班的时间里同我寒暄——由于我进入了规律的作息表，她只消算准时间守株待兔便可。

“怎么样，她是勾搭上你们那位教授了吧。不止呢，前天我还见她钻进了Y先生的车。”这时候投资人太太一脸得意，向我汇报她的谍战成果。我在心里勾画出一位克格勃女特工的形象：体格健壮魁梧，身着紧绷绷的军装，黄油似的丰满曲线起起伏伏。

“别看她那样，她可是圈子里的红人，”投资人太太鄙夷地说，把我假想成了卢兰，轻蔑的眼神毫不吝惜地投向我。“姑娘家早早就吃上这碗饭，可是拼着不要名声了。不过凭着长得娇媚穿得光鲜就不把别人放在眼里？想也别想，还不是要给原配揪住了打……”

我实在没耐心听完她的愤慨，道了声“抱歉”便甩开步子上了楼。经过卢兰门前时我并拢双脚留意了一下，没有发现半点生气，嗒嗒在门上叩几声，好长时间也不见动静。确认她不在后我走进自己的公寓，拽开领带倒头便睡。

整个九月里都持续着这种宛如闹钟的步点，咔嗒咔嗒，准确无误。落叶的势头也越来越猛，铺天盖地向下飘坠，月末的一个星期更是陷入了持续的暴雨里。

初秋的冷雨气味格外合我胃口。我抱出冷藏的啤酒边喝边看积了厚厚一层灰尘的影碟，韩石圭的《八月照相馆》、约翰尼·德普的《断头谷》、达斯汀·霍夫曼的《克莱默夫妇》，等等，一应俱全。荧屏闪烁出来的画面扯上了不同年代和国家的情调，有时候是空旷草原，有时候又转到拥挤的小街。加之窗外风雨大作，我也不由得恍惚起来，连着几天都踏空楼梯，险些滚落下去。

转折点发生在九月最后一个星期天的夜里，那时我正着手修改一篇关于《浮士德》的文学批评。原稿系一位正统的法兰克福文学学士所写，这人用词相当考究，把一个男人老来思春的故事分析得头头是道，并且不吝篇幅地讲解了“Erz hler”（述者）与“Ich”（我）的区别。

我对着桌子苦想半天，总是难以下笔——关于这种区别让我知道又有何用？难不成知道它就可以安抚以色列，进而使埃塞俄比亚人民丰衣足食，并永远解除全球范围内的核威胁？

脑袋里充斥着这些杂七杂八的废料并且疼得嗡嗡作响时，一阵寒意袭击了我的肩膀。本来外面正大兴风雨，灌进来冷风也很平常。但我总觉得那里有什么特殊之处，有什么不着调的东西，比如月亮和着提琴声啦，《莫斯科郊外的夜晚》啦，一片片的乌云鳞啦。我被吸引着推开窗户，朝楼下大声呼喊。卢兰站在那儿，娇小的身躯被淋得通透，雨水在脸上流成小河顺着袖口滴下去。

“我不会给你开门的，贱货！戈先生也不会给你开门的，我把什么都告诉他了。”

我这才留意到在我之下还有一颗脑袋突伸出来。

“你不会给她开门吧，戈先生？”二楼的证券投资人太太扭头向我确认她空想的同盟誓约。我真担心她的脖子会不会脱节。

卢兰垂手立在雨幕里，两颊的酒窝被水光点染后蔓延在那具让人无限向往的躯体上。只要看上一眼，心里的那面小旗子就会不住地摇荡。

又过了片刻，卢兰西娅举起湿答答的手臂，伸出手指对着证券投资人太太打出一发并不存在的子弹。

“啾！”

“子弹”迅速划开雨幕，精准地击中太太的脖子或侧脸。她闷声叫了出来，软绵绵地耷拉在阳台上。

我匆匆抽出一把伞奔到楼下，心想这到底是在拍戏还是做梦。

卢兰拨开贴在额头的棕发，附声说：“她呀，是那玩意儿来了。我一眼就发现这种迹象，然后因势利导，喏，就气得晕过去了。”

“你的洞察力真是厉害，我是望尘莫及。”虽然我没有理清楚个中的联系，但还是小心地赞叹。

“可是她倒下去的时候也太丑陋了，像一口袋面粉扑倒一样。女人啊，就算是倒下去也不应该松懈。”卢兰严肃地说，“把那东西丢开，看着可怜兮兮的。”她一把抢去我的雨伞，摔出去老远。我眼睁睁看着那顶涂着大麦町犬花纹的伞在雨里翻滚了几下，就枯萎下去。

雨势大得出奇，像是非浇化我们不可。卢兰的长风衣和滚边衬衣已经湿淋淋地积水成汪，顺着白花花的小腿流进红皮鞋里消失无踪。她笑着打起圈，唱蔡健雅的《达尔文》，她的声音略略发哑，但是意外地动人，跳过耳膜直接走进胸腔里，和心脏的突突声汇成同一个频率。

“求你了，这么唱下去我们会被关进医院的。”我告饶起来。虽然经历过不少事情，但在大雨天里陪一个妙龄女郎唱歌我还是头一遭。

卢兰挥挥手示意我噤声，巧妙地从《达尔文》切到了孙燕姿的《雨天》，而后又不露痕迹地变换为莫文蔚的《广岛之恋》。

“喂，唱支诺拉·琼斯的曲子好伐？”

一扇窗子呼地拉上去，露出一个高中生模样的脑袋。

卢兰做出一个抱歉的手势，喊道：“哟，这人我不认识啊。”高中生好像大失所望，把脑袋缩了回去。

继高中生后，旁边又亮起几盏橘黄的吊灯，大概也是为了一窥卢兰的身姿。这一幕让卢兰既害羞又得意：“瞧，他们都来听我的演唱会呢。”

“怪事，到底哪里来的这么多不务正业的家伙？”我挽起湿漉漉的袖管，看到手表上明明白白显示着凌晨两点半，心想再这么唱下去非出事不可。

在我发愁的时候，一个腰粗膀阔，举着一块塑料膜的巡警跑来制止了卢兰，以免演唱会事件的继续扩大，好说歹说地把她劝进我撑开的外套里。

“喂，你们，留神把窗户关好，忙自己的去吧。”巡警从塑料膜下探出头，交叉挥舞胳膊，那模样俨然在引导起落的飞机。

我和卢兰饶有兴味地看着这个警务员料理妥当，等他过来呵责我们一番。孰料，他只是说了句“天气不好，危险，还是回家吧。露着月亮下雨，恐怕不是什么好兆头”便要离开。我道过珍重，目送他走远，不免心下歉然。

“陪我去个地方，好不好？”警察走远后卢兰拉动我的衣角问。

我摇头，把不擅长文学批评的事给她解释一番：“德国人的脾气就是这样，不留情面，也不通融。要是明天空着手去了，那个讲师怕是会掀起世界大战。”

“那也对，你有急事，我就该放手了。”卢兰叹了口气，把湿漉漉的头发盘在一起，“可是呢，我还是要求你陪我去个地方。”

她是个俏丽的姑娘，这我不能否认，而且她这样求我，我就不能拒绝。当你明知一只水晶杯要无可挽回地摔碎时，只有真诚地欣赏它飞翔的那几秒。也罢，什么德国教授和批评，这时候只好麻烦它们闪开道路让我去追赶卢兰了。

“思来想去，总觉得你还是不要生活在这个年代里为好。”和卢兰跨进一辆出租车后我诚心诚意地说，“我很难过你总是不能开心，你这样的人是应该愉快地活着的。”

卢兰双手支在胸前，斜过身来在我脸上吻了一下。“别担心我，真的。你看这辆车它会一直跑下去，因此会开到哪个时代的入口也说不定，那时候我就下车，重新变个好人。你关心我，还是第一个愿意给我画麒麟的人，我会记得你。”

随后的时间里，卢兰一语不发，只是偶尔会播动起被冲洗去脂红的嘴唇。有时候啊，你看一个熟睡的婴儿，也会惊喜地看到那种激起爱怜的播动。我想上帝过于残酷了——世上有那么多以邻为壑的人形动物，他却偏偏不放过这样一个女孩子的纯真，非要把她拉进泥潭里不可。说来奇怪，我不怀疑证券投资人太太所说的关于卢兰的每一句话，但同时也深深相信卢兰怀有的那份烂漫。

要是这辆车可以驶过能包容卢兰的时代的入口，我自会奋不顾身地送她过去；要是不能，我也希望它就此在雨里开下去，一直驶向死亡。

卢兰所指的地方是那家我久去生情的综合医院。因为已经过了凌晨三点，只有几个满脸倦意、穿行在走廊里的医生和护士，唯一神采奕奕的是装在天花板上的灯管和扩音器。

“怎么样，医院是个绝顶神奇的地方吧，不论你什么时候来，这里的人都是一副刚丢了百万中奖券的表情，而这居然是救死扶伤的地方。”卢兰一面说一面向迎面走来的医师打招呼。医师惊愕地看着卢兰，问道：“你怎么搞的，溺水了吗？”

“您的眼力真不坏。我给一头麒麟追着跑，结果落进湖里啦。”

医师来回打量眼前的女郎，摇着头走开。

一路上看着白森森的医师袍和墙壁，我的眼睛都要灼伤了。卢兰拉着我走进立着六七排柜子的房间，隔着柜子则摆放着一条条裹着绿色皮垫的长凳，油油的像一片碧色的温带草原。我猜这八成是一间更衣室。

“咱们要把湿漉漉的衣服换下来才行。”

说完卢兰把一件件滴水的衣服抛过来，一点都不避讳。我顺手接下，蒙在鼻梁、眼睛和耳廓上。我自知难以做个货真价实的绅士，况且衣服针脚里余留的香气还在咚咚捶打我的脑袋。

换衣服的窸窸窣窣持续了一会儿就停了。我估摸她已经穿戴停当，于是把面具摘下来，当眼就看到了卢兰苍白的裸体，顿时无比愁苦。

卢兰可没有忸怩，停了片刻后拉过文胸扣上，接着套上崭新的、闻起来有香水味的白衣服。

“你现在回去再写那个什么德国字，可还来得及？”她装束穿戴完毕，坐到我附近发问。

“那没什么意思，不去想它了。不过有一件事能肯定，”我想着文学学士发怒的样子，尽可能栩栩如生地给卢兰描述，“那个讲师的脸会从猪肝色变到橘子酱，然后又变成铁蓝，就是bluenight。绝不夸张，跟理发店前的旋转灯一个样。”

卢兰禁不住笑起来：“真的？德国人也有这种洋相？”

“当然，而且哭爹喊娘的斯文劲儿比我们毫不逊色。”

“他是……”

“奥地利人，现在定居在德国康茨坦茨小镇，那地方离阿尔卑斯山近得不可思议。”

“阿尔卑斯山云彩飘来飘去，伸手就能揪几朵下来。”卢兰遐想起来。我不由得跟着她一起默想阿尔卑斯山分明的棱线。她说一句话，峰顶带着深海气味的山风就迎面吹来，山顶是积雪。

卢兰不住地看着圈在手腕上的一块浪琴表。眼看到了凌晨四点，夏夜蓝渐渐褪下去时，她抓住我，温柔地说：“我们去做一件很侠义的事，好不好？”不等我反应，卢兰便挽着我踏进通向手术室的长廊。

我已经年过二十二，正一点一点地迈向青春的黄昏。回首往昔，能带我历险的朋友屈指可数，岁月再往下走也一定会逐个减少。在这种对人生不确定的恐慌中，卢兰西娅光洁的侧脸给了我莫大的安慰，所以我甘心任其驱使。

“听！”卢兰停在半道上，让我注意楼下的动静。

“踏踏哒哒，和跑马场里一个声音。”我如实说来。

“那个啊，是院长带着他的虾兵蟹将在巡楼了。”

“这个点巡楼？莫非他脑子有毛病？”

“这又有谁知道。总之今天他们要走到这一层，然后把一个绑得结实的病患推进手术室，嚓，给切开胸膛。”

“那想必很痛吧。”我身上蹿过一阵凉意。

“何止是痛，简直是残忍，”卢兰指着钉在走廊壁上的一幅巨照给我看，“这个，胖得走路都气喘的男人就是待会儿要主刀的院长。”

我仔细琢磨，觉得这个人虽然故作和善，脸上两道长得几乎垂过下巴的法令纹暴露了恶毒之相。看得久了，借着楼下的脚步声几乎能想象出来他正大摇大摆走上来的模样，确实不怎么讨人喜欢。

卢兰看着照片，忽然害怕似的往后缩去。

“他是第一个占有我的人，这个胖乎乎，像艘汽艇一样的男人，”卢兰放低了声音说，“那时候我还不会用口红，也不会穿普拉达。你知道，当你有求于人的时候——我央求他救人——就必须得放弃一些东西才能换回帮助。他给我口红和普拉达，我救回来一两个人。”

她的话鞭打到了我的痛处，我一向不会轻易流露感情，只是有时会不知所措，而当机智也逃走的时候，我只能像乌鸦一样振翅而飞了。

“你在想什么？”卢兰斜着眼看我。

我沉吟一下，答道：“一般女孩子都梦想着有生之年里可以踩一踩柯达剧院里的红地毯，或者在第五大道上留一颗星星。她们这样未必就错，只是避免不了地也要丢一点东西。跟她们一比，我觉得你不一样，你只是想要在吉他板上画一只麒麟。”我顿了顿，又道：“话说回来，我虽然不会作画，给你印一只下来可好？”

卢兰坚定地否决。“那怎么行，这种关乎少女心愿的事如何打得了折扣？不过呢，”她说，“既然你和我站在了一条战线上，我就要带你去做一件事。”

她推着我的后背，蹑手蹑脚地溜进看护病室。那里两侧各三张病床，整齐码放在散着来苏水味道的空间里。卢兰绕过头两张，坐到最里面靠窗户的病榻上，守在一位慈祥的婆婆旁边。

挂在门框上的一只呼吸灯规律地闪动着，引诱我的气息也进入它的节奏。

“咱们要把她推走，不然就给那个男人割开肚皮了。”

“不行不行，”我大惊失色，“眼下她需要的是手术。”

“我一定要这么干，”卢兰拿起床头的杯子喝下一口水，濡湿没有搽口红的嘴唇，“我保证会给你解释的。”卢兰面色凝重，用这句话换得了我的信任。

于是我和她放下床榻的滑轮把婆婆推出病房，直奔楼顶而去。等我们前脚出来，长得像汽艇的院长和一大群靴子也咚咚临近，大约已经进了走廊。我猜他们发现病人不见后十有八九会暴躁，于是随手将楼顶的铁门一扭，和他们的暴乱隔绝开来。

楼顶上飘着些绿莹莹的小虫，托它们的福，一阵卷着雨味的清风时续时断。

卢兰扯开头绳，让一绺绺发丝卷曲着垂下来。远方渐渐泛白，在卢兰哼一支歌的间隙里慢慢把夜色往穹顶推去。天地间还是充斥着淡淡的浸过墨水的浅蓝色，一摇一摆，发出海水拍打礁石的沙沙声。我有预感，觉得一旦卢兰的曲子哼完，她的故事也就该告一段落了。

卢兰荡起双腿，露出白得没有渣滓的一截皮肤。“我啊，以前见过这位婆婆的女儿，她也被推上了手术台，嚓，给剖开了肚子。”卢兰举起手比画了一下，“可是呢，因为囊中羞涩，直到打开肚皮还是差了一截手术费。这怎么办，医生们耸耸肩，他们也没办法。于是她只好就那样被晾在手术台上了……”

“婆婆啊婆婆，我不希望你也受到这么凄惨的对待。”

卢兰的轻描淡写吓了我一跳。我以为她要伸手摸摸老婆婆的脸，看到的却是她嘴上的呼吸器被拔掉了。

我“啊”了一声。婆婆的胸口起伏了一会儿，潮汐退去了。

“你可真……”

卢兰身体晃了几下，我伸手扶住她。这时候能哭几声出来就好了。

“我要去旅行，到大溪地去。不是老说那里是最接近上帝的地方吗？我总听人提到，却一次都没有去过。我攒了很多钱，也许会在那里生几个小孩，住一辈子。”卢兰抚摸我的脸，“你真是个好人。二十年后要是他们不为难我，我就来看你。”

你是个好人。我一直想做个好人，是卢兰第一次真诚地赋予了我这个权利。她对我笑了一下，最后请求我把她那把品柱模糊的吉他和旅行包带来。

周二又下了雨，滴滴答答了一整天，直到周三上午才彻底放晴。傍晚时分，我在医院的格格屋子里办理了老婆婆的遗体交接仪式。说是仪式，那是因为院方相当重视我的申请，由院长亲自出马接洽招待，并且一再盘问我关于卢兰的情况。看得出他很沮丧，活似丢了食物的臭鼬。

婆婆的床位已经挪空，暂无新的病患入住。我在床头放了一束矢车菊，并找到一位年轻的护士询问是否可以让它留上几天。

“可以呀。”护士粲然一笑，露出洁白的贝齿。

其实卢兰西娅并没有拜托我放什么矢车菊，而且她是不是去了大溪地我也不得而知。红白公寓里的天堂之门又紧闭起来，一如卢兰搬来之前的样子。

“请问，您认识这位太太吗？就是这位婆婆的女儿。”护士走过来，把一个相框递给我，“我觉得还是交给您保管为好。”相片上是卢兰的身影，她周遭的景物退到了二三十年之前。少女质朴纯真，笑得如夏阳般温暖。一段发梢扑到了脸上，她正试图把它们勾回去。

“我知道了，她是我朋友的妈妈。她们简直一个模样，”我向护士笑着说，“很神奇是不是？时光总是能把两个人叠到一块儿。”

“我也常常有这种感觉。”护士回赠我一张迷人的笑脸，礼貌地退出去了。

后来，我曾无意中在五道口的一家服装店里看到一把别致的吉他。店主把它挂在一面照得到光的墙上，被几件衣服遮去了小半边。我走过去把衣服撩开，惊奇地看到上面画着一只红彤彤的麒麟。准确来说，我并不认得那是不是麒麟，我只是很欣喜，卢兰并没有完全从我的生活中剥离出去。

我希望，在大溪地能有一个黑黝黝的当地人给卢兰造出温暖的屋子，来偿还这个不太宽容的时代对卢兰欠下的人情。当卢兰坐在沙滩上，对着湛蓝的海湾给孩子们弹吉他的时候，我也希望她不会忘了我。那里白白的海浪线起起落落，时光静静流淌。

一

想找准最佳方法，就做一只桑代克的猫

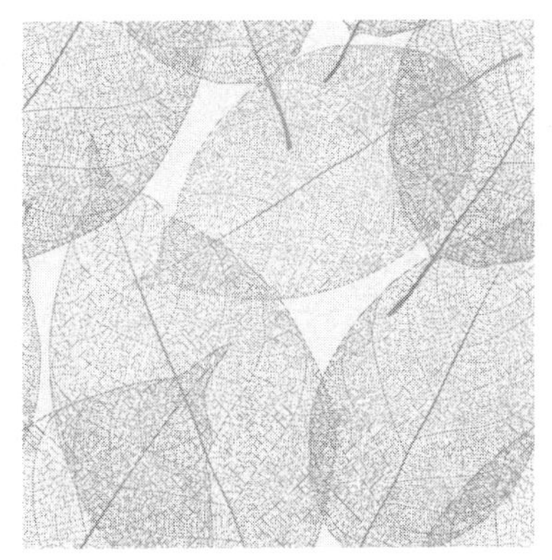

我以为自己会彻夜难眠、辗转反侧，但当晚正常入睡，我只在子夜时分醒来一次，再次看到月亮……透过夜色中发暗的枝条，月亮如同琥珀，里面包裹着一团寂静的阴影。

——周晓枫《琥珀》

这个世界上的想念如此漫长，漫长到我在孤寂的日子里幻想出了另外的故事。

那个故事不用刻骨铭心，也不用轰轰烈烈。只是在我苦涩回忆过去的时候能够聊以自慰，

而我也终于明白，情缘里千百种劫，眼泪和微笑向来并存。

终日漫长

文/张珂

1

我害怕除了虫子以外的一切动物，包括狗、猫、兔子。

小学时候的男生表达喜爱之情总是喜欢拽女生辫子，或是躲在女生身后偷偷打她一下，打完就笑着跑开。思想更成熟的在女生文具盒里放一只虫子，等着听她们被吓得放声尖叫。

我不害怕虫子，所以他们从来没有吓到我。

老海在班里所向披靡，用虫子吓到了一个又一个女生。直到我出现。

我依稀记得那是个夏天的傍晚，风扬起了厚厚的尘土，沙砾将我的双眼吹打得迷离。我抬头只看见火烧云将天空漫染上了重重叠叠的红，近处的云彩和晚霞交织

缠绕将黄昏的天色铺上了一层玫瑰金。红色和金色层层叠加压制，像是蓄势待喷的火山。

我打开文具盒的时候看到粉红色的米老鼠文具盒里静静地放着一只蝈蝈，我和蝈蝈对视两秒，捏着它的灰褐色的须镇定地将它向地上一扔。蝈蝈翠绿的身子刚冒个头就将我美貌的同桌吓得歇斯底里，蝈蝈从我的座位跳到了前面的座位，在此起彼伏的尖叫声中，神色如常的我和背着手的老海想看好戏。

我这个得道的高僧在放学之后抓了两只七星瓢虫直接扔进了老海的衣服里，并且在厮打中挠了他两下。我一直胆战心惊地等着他家里人找上门来，但是老海他爸爸看到他被一个女生挠了，又把他打了一顿让他有胆子给挠回来。

他当然没有挠我，儿时友谊建立得迅速且诡异。小学里有各种组织，我和老海也组织了一个抓虫子吓小孩的组织。

这个组织里只有我和老海，我负责给老海抓虫子，他负责吓完人之后给我买糖豆吃。但是我很快就厌倦了这个游戏，我发现女生对虫子的恐惧是与生俱来的，她们的尖叫一次高过一次，而校门口五毛钱的糖豆再也满足不了我的胃口。我开始想怎么才能委婉地和老海提这件事，毕竟他和我是一个同盟的。刚学完黄继光舍身炸碉堡的我，对于革命友谊这件事看得格外重要。

我终于鼓起勇气要和老海开口，那天傍晚出奇地闷热，遥远的天空像是被人突然画上了一道分界线，院子里的晚霞被铺上漂亮的紫红色，然而东南角的上空乌云聚集，堆成暗灰，仿若一道闪电蓄势待发要将天空劈开，像是我想说又不敢说出口的沉闷心情。草丛里的蝈蝈不时地发出声音，我捏着衣角像是要面临一场神圣的仪式。

没想到老海不耐烦地听我说完话，随意地挥挥手：“随便吧，随便吧，我还要打游戏呢，你去不去？”

我一时有些发愣，呆呆地跟着老海跑到了游戏厅门口。一条大狗横卧在游戏厅前，瞧见我们来了站直身子吐吐舌头，拴着狗的铁链发出轻微的震动声。老海激动地绕过老黄狗直接奔向里面，我胆战心惊地站在门外，一人一狗对视良久最后叹口气回家了。

因为那条狗，我和老海的生活渐渐偏离了轨道。开始他不耐烦地在游戏厅门口怂恿我进去，后来他也就不再邀请我。而我再见到他，他吊儿郎当地站在到学校必经的小巷里问低年级的学生要钱。十次有九次都是不成功，唯一成的那一次还是我给他的糖豆钱。老海没有那股狠劲，低年级的学生看到他都是哼一声就走过去了。

老海很失望，他问我："我是不是连个小混混都做不了？"

我和他说："当小混混多难啊。你要每天等人经过还要恐吓别人。你要是上学每天背着书包回家就能吃饭了。"

他想想我说得有道理，于是每天去勒索那些背着书包等着买早饭的学生。

老海家其实很有钱，他父亲是商人，母亲是学舞蹈的。跳舞的人都喜欢舞台上璀璨夺目的灯光，而舞台下的灰暗和一同在灰暗现实里的老海常常会被他们遗忘。很久之后我看到吴彦祖演的《警察故事》后激动地打电话给老海："老海你快看，里面有个神经病和你一样从小有钱长大变态。"

老海愤怒地挂断我电话："你有病吧！"

但我还是和老海一起看了这部电影，在他家巨大的客厅里，我们看到那个有钱长得又帅的吴彦祖拿着他爸扔给他的钱买枪的时候，老海潸然泪下。我问他你哭什么呢，他说不知道就是想哭。我咂摸咂摸嘴，实在不理解有那么多钱还有什么好哭的。

2

初中我依旧和老海在同一个学校。我们每天骑着自行车上下学，在各个路口穿行而过，在每一个好吃的摊点前停留，在网吧门口驻足眺望。老海班里的同学总是吹着口哨和他说："走，去网吧。"老海每次都淡定地看我一眼："我妹怕狗，我要把她送回家。"

我害怕狗的程度一般人难以想象，用老海的话说：我是可以在三米外看到一个空中飞舞的白色塑料袋就能联想到是撒欢奔跑的小狗，于是放声尖叫拼命找个人躲在身后的类型。从这点上来说，我很胆怯。但从另一个方面来说，不害怕虫子的我又是另外一种英勇。

于是初中开学没多久，老海班里和我班里的人都知道了我怕狗怕到不敢一个人回家。我每次都愤怒地和老海辩白："我家那条路没有狗，你不要不想出去就拿我当挡箭牌。"

老海依旧很淡定："他们找我出去玩是想花我的钱，你知道朋友的意义吗？"

这个问题把刚上初一的我弄蒙了。有什么意义，朋友这个词突然变得好深刻，好像怎么解释都对不起我的朋友。老海看着我："你看你什么都不知道，朋友是两肋插刀的，我不想变成混混，你为了我做一次胆小鬼怎么了。"

我愣愣地张口，觉得我确实太不够朋友了。

我觉得这个任务太光荣了。于是每天自告奋勇背着书包到老海教室门口堵他。谁找他打架去网吧我就对谁龇牙。老海很欣慰地说，虽然因为我他错过了很多条狗，但是他自己现在也养了一条。

那段时间我和老海的成绩突飞猛进。我依旧保持着上小学的作息时间，回家就写作业，写完作业到老海家看电视。老海家巨大的客厅里只有我们两个人，上下两层的房屋，我在楼下喊他都能听到回音。等到九点我回家了，老海家就只剩他一个人和空荡荡的屋子。后来老海常常跑到我家吃饭，有一次老海他爸回来找不到人，出门看见老海和我坐在院子里，甩下随身带的包又急匆匆地走了。

我问老海那是什么，他爸要去哪儿为什么不和他吃饭。我像是有十万个为什么一样好奇地坐在院子里的牵牛花藤下晃着脑袋，老海静静地坐在我旁边，夕阳下的他落寞安静。最终他什么也没说，摸了摸包里的东西："走吧，你想吃什么，我现在有好多钱。"

于是我每个星期都期待着老海他爸急匆匆地来再急匆匆地走。

学校组织的春游适逢我感冒被我妈私自取消了，老海也没有去。他一边吃着我妈给他准备的水果一边说："那些地方我都去过好几次了。"

我吸吸鼻子看着他一口一个樱桃连连感慨："有钱真好，想什么时候出去都行。"

老海吞下一颗葡萄，我跟着吞吞口水。他看着我："我给你画画吧。素描你知道吗？我给你画那个。"

我问他："在哪儿画？在这儿吗？"

老海摆摆手："去我家。"

我和老海偷偷溜出来，我裹着毛毯坐在他家客厅的大壁画前，我看着镜子里全副武装、鼻头发红还不时吸吸鼻子的自己不可置信地问老海："这样行吗？"

老海没理我自己支起了个画板："我说行就行。你别动啊，素描要耐心。"

随后我就像老僧入定一样在他家打坐了两个小时。两个小时之后我本来就僵硬的身子变得更加僵硬，我哑着嗓子问他好没好啊，他没说话。过了一会儿，他发出一声赞叹："太美了！"

那句话就像是瞬间解了我的穴，我迫不及待想站起身去看看，却发现腿不知道什么时候麻了。于是我带着迫切的心情揉着麻木的腿，蹦跶着跑过去就看见老海的画板上画着他家的大壁画和沙发。夕阳柔和地在壁画打着光，屋内折射得像是被镀上了一层光辉。那幅画神奇地包含了影视墙和大壁画，但唯独没有我。我愤怒地看着老海："我呢！"

他继续欣赏他的画："哦，我觉得你在那儿太突兀了就没画。你看我家多漂亮，再加上你太丑了。"

我："靠！"

中考前的晚上，我和老海放学回家看见老海他妈妈站在院子里，我拍了老海一下："阿姨回来了，你今晚别去我家蹭饭了。"

之后很长时间我都没有见到老海，我咬着鸡丁想这人太不厚道，有了娘就忘了我这个朋友。

中考结束后，老海窜到我们家，左看看右瞧瞧："试卷难吗？"

"你没考啊你问我这个。"我说。

"我是没考。"他突然说。

老海拿着我的准考证："我妈来接我去英国，他们送我去那边学画画，我要出国了。"他咧着嘴对我笑了一下。

"哦。"我说。

第二天我看见老海蹲在我家院子里，我上去拍拍他的头。他冲我噤声："我抓蝈蝈呢。"

"真恶心。"我翻个白眼。

"你不是不怕这个吗？"他问我。

我往后退了几步："我是不怕，但我现在爱美，蝈蝈跳到我衣服上就不好了。"

老海也翻了个白眼给我。

"你拿着。"老海递给我一幅画，是一年前他画的那幅壁画。"你收好了啊。"他看着我，"等我再回来我就成国际画家了。到时候你把这卖了能值好多钱呢。"

我撇撇嘴，但还是小心地将这幅画藏在我的箱子里。

老海没有带走任何的东西，他告诉我，到英国他就是重生了，过去的一切都不需要了。

一直到我上大学，我们都没有再联系过。

3

我终于后知后觉地意识到自己与普通的女孩为何如此不同，我开始学着面对虫子放声大叫，看到体型娇小的幼犬凑过去表达一下喜爱。而小学时的男生也终于学会将虫子换成钻戒藏在盒子里，惊吓转为惊喜扑倒了一个又一个女生。

在每个艳阳高照的午后或是藏蓝天幕下的操场，我总是想到老海，我想他会怎么画出我每天看到的天空，我想他是否还记着当年那个我。老海家的房子转卖三次之后我也搬到了新的居所，小区里十七层高的楼让我再也抓不到蝈蝈，而邻居的小孩都已经用iPad画了一幅幅作品，我想现在的技术真是先进。

老海回来的那天没有红旗飘扬也没有吹拉弹唱，我在机场接他的时候手里举个小牌子，他走到我面前拍了下我的牌子对我咧嘴一笑。

我审视他三秒点点头："还行，像个人，我以为你满头长发地回来呢。"

我看看他背后："你没带个洋妞回来？"

他冲我咧嘴："洋妞看不上我。"

我上大学无意中在玩"推特"的时候，一个老外给我留言说，你怎么那么傻啊名字都没变。我心说，奇怪了，我翻墙玩个社交网站还要费心起名字吗？然后那个老外和我说他是老海。

于是我就放心了，将他劈头盖脸地骂了一顿。

骂完我问他功成名就了吗，老海说还行，在国外学了一手好的烹饪技术，回国应该可以和"新东方"的一较高下。

一年以后他回国，带着浓浓的异域风情和画家天然的风骚，在机场，我看着汹涌而出的人群，想着穿牛仔披外套戴大墨镜的那个人千万不要是他，结果就是他。

我认命地拍拍老海的肩膀："你的新东方厨艺留到日后欣赏，今晚给你接风洗尘。"

说是接风洗尘，其实也就我们两个人而已，老海小学时候只树了敌没有朋友。上初中又全部以我为借口推掉了一帮混混，高中他就出国了。我们快走到饭店的时候，有女生带着狗出来遛弯，老海自然地挡在了我的前面。我没有看他自顾自地走了过去。他愣愣：“你不怕狗了啊？”

“哪能一直都怕呢。”我说。

老海在市中心租了一套房子，热情地邀请我和我的朋友去他家玩并且赏析他的画。我们很好地配合他，本来嘛，抽象派、印象派，反正我们都看不懂。每次我都是盯着他的画良久，然后恍然大悟：哦，这是火车吧。

他：“你个呆子，这是夕阳下的彩霞被拉长出了不一样的色彩。”

所以你看，根本不需要我的看法，世界在他心里是另外一个样子。别人都说艺术家是有毛病的，大多还都是心理上的。我问老海：“你有没有喜欢的姑娘啊？”

他瞅了我半天：“没有啊。”

我点点头：“那就行了，外国的艺术家总是为了喜欢的姑娘自虐，你要是有喜欢的姑娘告诉我，我看着点你。”

他很正经地转过身走了。

老海跟我说：“我们俩去看电影吧，午夜场。放的都是老片子，我在国外没事的时候就去看。”

我啧啧两声：“国外生活不是很开放吗，你天天午夜就去看电影啊。”我随手拿起了碟片：“不用那么麻烦，在家看就行了。”

我们重温了一遍《警察故事》。这一次老海没有哭，全程很冷静，而我在看到谢霆锋出来的时候就大呼小叫，看到吴彦祖被枪杀的时候倒吸了一口冷气。老海一直面无表情地坐在我旁边，等片尾曲响起的时候，他才终于说：“当年这部片子改变了我。”

我不乐意了：“我一直都以为是我改变了你。”

“傻子。”他看着我。

聊着聊着我说我饿了，老海说：“你坐着我给你弄点吃的去。”

看着他端上来的蛋炒饭，我更不乐意了。我说：“你就给我吃蛋炒饭啊。你‘新东方’的厨艺呢，没有红酒牛排吗？”

他没理我，自己拿了两个勺子："你尝尝，我里面还加了火腿的，我在国外就给自己做这个。"

我拿起勺子："味道和你在国外肯定不一样，家里是土鸡蛋，外面是洋鸡蛋。"

"傻子。"他又说。

我尝了一口蛋炒饭，没有什么特别的感觉，只是在午夜看完电影的寒冷后咬着鸡蛋有些温暖，我咬一口下去，火腿肠肉质鲜美。老海看着我："你会不会做饭啊？"

"不会。我准备学呢。"

"学那干吗？"他问我。

我觉得奇了："以后结婚不需要啊？我总不能顿顿都让我老公做给我吧，那我还真要找个'新东方'的。"

老海忽然问："你结婚想找个什么样的？"

"不知道。"我擦擦嘴，"有缘千里来相会，无缘我就去相亲咯。最好生两个小孩，再养条大狗，一家四口多温馨。"

他放下筷子盯着我，"你不是怕狗的吗？"他又问了一遍。

"哪能一直都怕呢。"我还是这样回答。

4

我在家里听音乐的时候，老海打了我的电话。他说："我要回英国了。"

他的声音被耳机过滤之后有种嘈杂感，就像是十年前夏天的傍晚，在蝉虫的聒噪声中，老海对我说："我要去英国学画画了。"

而我的声音由手机这头传来，在一个人的屋子里显得有些空洞："那我送你。"

老海没有什么行李要带走，临行前他整理了这段时间在家里的画作递给我："要是有喜欢的就留下吧，实在不行送给福利院。"

我笑嘻嘻地凑过去："上次我带来的那个朋友你还记得吗？矮个子头发卷卷

的，她挺喜欢你的，送给她她肯定很高兴。”

老海打过我的头也笑了：“随你。”

到机场的时候，老海最后拥抱了一下我：“不知道下次见面是什么时候。”他塞了一幅画给我，利索地放开手朝前走去，我隔着登机口和他挥手。最后在老海渐渐消失的背影中转头离去。

天空渐暗，晚霞呈着淡紫色。老海给我的画多少有些发黄了，在昏暗的天幕下更显得年岁悠长。我打开画，那是十年前我披着毛毯在他家大壁画前吸鼻子的姿势。没有现在他的作品那么精致，我的脸显然被修改了很多次。背景的壁画是模糊潦草的，我只看见我蜷缩在毛毯里，可怜巴巴的样子。

我卷起了画，想到当年老海在我家吃饭之后和我说：“我准备自己学着做饭了，不然天天来你家蹭饭怪不好意思的。”

我随口答：“那有什么的，再说你除了方便面还会什么啊？”

他说：“蛋炒饭啊。我看那个就挺简单的，鸡蛋和米饭随便翻两下就行了。你等我学会做给你吃啊。”

之后老海还没有学会做饭就被他妈带到了英国。

我的旧物扔了很多，却始终没有扔掉那个粉红色的米老鼠文具盒。

我想当年如果老海没有跟着他妈妈离开，没有在去英国的路上出事故，那么老海应该是和我想的那样，在“推特”中找到我。或是我一直寻找他，最后终于找到他，他会带着在国外沾染的随意风骚回来，随手抽一幅画告诉我那是难得一见的佳作。而我会在取笑他中暗自庆幸自己还有个如此酷炫的朋友。

这样，他画给我的画也不用在失物认领中被他爸爸发现送给我。

我想他会赢得很多人的喜欢，会给我做一顿饭。会和我看场电影，简单聊些人生。

而我也不用学会去面对自己本来害怕的事物。

我害怕除了虫子以外的一切动物，包括狗、猫、兔子。我的怪癖在成长中被社会一点点地矫正过来，我开始学会面对虫子放声尖叫，面对小狗凑过去夸它可爱。原因很简单，没有人再会冲到我的前面替我保驾护航。

这个世界上的想念如此漫长，漫长到我在孤寂的日子中幻想出了另外的故事。那个故事不用刻骨铭心，也不用轰轰烈烈。只是在我苦涩回忆过去的时候能够聊以自慰，而我也终于明白，情缘里千百种劫，眼泪和微笑向来并存。

同往常一样，如同一切从未发生。

你说那个告白

文/盛之锴

1

起初男孩听别人说女孩，是因为在校门外突兀地发现女孩的身影。女孩在校旁小餐馆里打工的事实，便从消息灵通的舍友那里打听到。“原来是这样吗？”男孩一边应答着舍友像上了发条般的喋喋不休，一边在脑海里假想出各式各样的疑问：是家庭贫困需要勤工俭学吗？是体验生活提早适应社会，还是因为花钱大手大脚，用光了生活费而不得已去打工？这些疑点似乎永远都问不完，也似乎永远都没有答案。男孩识趣地放弃了以上无解的问题，却又无可救药地投身于另一个幻想世界中不可自拔：或许我该谈一场恋爱……如果自己与女孩谈着恋爱，该是怎样的场景？这个幻想世界，又被形象地称为——白日做梦。

“她没有男朋友吗？”男孩抬起头，认真地问舍友。

2

如果我们仔细回想自己喜欢上一个人的过程，大抵就会发现，原来“喜欢你”，就这样轻而易举，并且自然而然地从内心里萌发。没有准备，没有铺垫，也没有犹豫，好像只是某一瞬间擦肩而过的对视。男孩当然觉得这一个擦肩而过很重要！嗯……她虽然不算特别漂亮，但她及腰的长发随风吹扬飘散时的样子很是舒服与自然。

在此之前……啊！在此之前男孩与女孩那重要的擦肩而过，要是男孩没有记错的话，那是在文学社团的招生会上，女孩突兀地出现在男孩面前问道：“你是不是刚刚课上回答问题的那个同学？”这种尴尬的问题究竟要如何回答呢……男孩自觉在课上回答的问题是那样糟糕，于是平静而认真地否定女孩的疑问。

如果这就算作命中注定的一面之缘。

每一天，女孩都会在下课后赶去小餐馆里打工，一直到九点半。女孩看上去总在工作与学业两边来回忙碌，特别是大一刚开学这一段时间，课程更为紧张。在男孩写满白日梦的笔记本里，是陪女孩一起去打工的剧本：男孩会随意在小餐馆里一个无人的角落坐下，打开笔记本开始构思自己创作的小说。他会在不经意时探出头，看一看忙碌中的女孩，送去一个鼓励与关心的微笑。中途难得的空闲，女孩可能会给男孩倒上一杯柠檬汁或者热牛奶，那是女孩提前在超市买好后，偷偷用小餐馆里的微波炉加热的。然后打工结束，两个人一起步行回校，在泛着微弱暖黄的路灯光下并肩行走，谈谈一天下来所遇见的令人开心的事情。

要是这一切果真如同幻想，要是……男孩从睡梦中醒转，洗漱过后习惯地拿出手机，刷着微博里的最新动态。男孩总觉得隔一段时间没有看手机，便会错过了什么人来找他，错过这世界上又发生了什么惊天动地的大事件，却未被自己知晓。就如同男孩的白日梦般无可救药的手机病。不过这次男孩看上去有些收获，他看见微信上有人转载说，大后天先锋书店要公映一场徐童的《算命》。

《算命》？印象里很少会公映的纪录片类型。“有小伙伴要一起去看吗？”男孩在群里粘贴了这则消息，想着要是有小伙伴也感兴趣的话，就可以一起去先锋书店快乐地玩耍了。女孩便在这时回了话：“我有啊。”

我有啊。

男孩很容易想起谁说过的“被注定的因果缘由”，无论听起来是多么荒谬。他点开女孩的私信，怀着期待与忐忑的心情问道：“你打算去吗？”不一会儿女孩回信说：“想。”男孩急忙回复说：“那么你有时间吗？我们可以一起去呀。”男孩等待着女孩的回答，同时打开电脑搜索关于那天所有的活动详情：那天刚好是没有课的星期天，时间是下午一点半到五点。不过学校离目的地很远，半小时地铁再加十分钟的步行，大概有四十多分钟。只要早点出发，活动结束后也有时间逛一逛先锋书店。如果计划不出什么变故，这应该会是一次很完美的出行。男孩正想着，女孩也回了话。

“好啊。”女孩如是说。

3

男孩喜欢南京这座城，喜欢满是梧桐以及古香味道的街道，珠江路便是如此。上一次来到这里究竟是多久之前？男孩行走在这一条记忆里走过无数遍的路。那时男孩参加艺术培训住的旅店便是在这条街上，十月末的日期满打满算到现在刚好一整年。

男孩的第一场恋爱便是在这里开始，一切如同从前，就连气温也好像并未改变。那个女孩俏皮而又认真地微笑着对男孩说：“你没有什么要对我说吗？你真的确定没有什么话要对我说吗？那么你会后悔的。”男孩和那个女孩也都没有想到，当男孩踌躇的这一句话说出口后，两个人才真正开始了漫长的后悔。

“做我女朋友吧。”

男孩站在街边那个熟悉而略带破旧的旅店，门口那个男孩和女孩的对话仿佛重新上演，下一刻却被快速掠过的车辆行人吞没。

往旅店旁边那里的岔口是一条长长的巷路，看上去一切如旧。

巷子中的一家旧书店里有许多男孩以前从未见过的书籍。譬如未经翻译的原版外国文学作品、时隔一个世纪的丛书，甚至是父亲那个年代的连环画。

男孩在那里看见村上春树的日文原版《挪威的森林》。他用日语轻声地对那个女孩读着：“你所希求的并非是我的臂，而是某人的臂。你所希求的并非是我的体温，而是某人的体温。而我只能是我，所以我觉得有些愧疚了。”

找不到了呢。

男孩穿过长长的巷子，并没有找到那家旧书店。或许已经关门，又或许搬去了其他地方。

再往前是男孩觉得全南京城最好喝的奶茶店，虽然他并没有去过几家奶茶店。一年前的奶茶店与一年后并没有区别，除了它的奶茶杯从原来会写上名字的创意杯，换成了现在普通的纯白纸杯。依旧狭小的店面里透露出昏暗的光，墙面上贴的复古纸页又多了几张，依稀看见里面那张女孩曾经写过的纸，铅笔字却已模糊。

男孩点了抹茶奶绿和爵士。

从奶茶店里出来，男孩便准备去不远的先锋书店赴约。

“你迟到了哦。”男孩对女孩说。

女孩连忙道歉：“不好意思，我亲戚请我吃饭，刚吃完就着着急急地赶过来。”

“喏。”男孩给女孩递过奶茶，说，“给你的，赶快进去吧，希望现在还有座位。”

先锋书店的门面很小，但是向前走一个转角，就可以看到一个大得无法想象的书店。可能是因为书店是用地下停车室改建的，整个书店充满油墨与金属混合的味道。这使女孩皱起了眉，她说："我讨厌金属味。"

果然没有了座位，就连后排走道上也站满了人。"没想到会有这么多人，好像全南京城的文艺青年都聚集过来了。"男孩无奈地说，"跟我走。"女孩喝着奶绿，对着后一排的观众说："不好意思，可以稍微挤一下吗？"观众竟然配合地向两边移动，刚刚好空出两个人的位置。男孩惊异地望向女孩，女孩回应似的露出骄傲的表情："看后面那些不好意思说的人，还是我的脸皮厚。"男孩坐在女孩身边，悄悄竖起大拇指。

男孩看着时不时摆弄手机的女孩，怕她有些无聊："你觉得有意思吗？""很有意思啊，因为我喜欢电影。"女孩点点头疑惑地看着男孩。男孩说："没有，因为它是纪录片而怕你会有点无聊……话说，你是不是打翻了你的奶茶？"

女孩这才反应过来，原本放在脚边的奶茶被不小心碰翻，绿色的奶茶漫延了一地。女孩手忙脚乱地翻出包里的餐巾纸，看着一地狼藉吐了吐舌头："算了，就这样放着吧……继续看片。"男孩无奈地耸肩："难道你完全没有察觉？""没有啊。"女孩做出一脸无辜的表情，"不过也好，现在空气里都是抹茶，也就不用担心金属气味了！"男孩苦笑地摇了摇头。

于是三个小时的纪录片在抹茶的气味里宣告结束。男孩跟着女孩离开放映场，低头看见女孩一步一个绿色抹茶的脚印，忍不住又笑了起来。女孩回过头，撇了撇嘴。

接下来男孩与女孩逛起了这家全国著名的书店，女孩每抱起一本书，都会可怜兮兮地对男孩说："你听见了吗？这里的每一本书都在对我说，快点买我快点买我。""书店乃是非之地不可久留。"男孩言简意赅。女孩赞同地点点头，然后又向下一本书伸出了魔爪。

4

傍晚，男孩与女孩在书店旁的一家麦当劳解决了晚餐。他们坐在靠窗的位置刚好可以看见街边正在发生的一切，玻璃内部却满是温暖的气息。女孩将头搁在桌子上，说："不行了，实在吃不下了，这个汉堡交给你了。"男孩眯眼："你当我是猪啊！我吃饱了。"女孩挑眉，视线似要将男孩全身贯穿。男孩无语，避开女孩的目光，他从口袋里掏出一根烟，几步走出麦当劳。女孩紧跟着三两步跳出来，拉起男孩的手，把汉堡直接塞给男孩。

"喂……"男孩还没发声，女孩已经一溜烟跑进店里，并以一种什么也没发生，什么也不知道的状态，无视玻璃外男孩已经抓狂的表情。"啊，真是。"男孩因为点起了烟，不能进麦当劳把手中的累赘放下，但拿着一个汉堡站在麦当劳门口抽烟这种事……男孩环顾四周，恰好看见一旁在地上躺着的衣衫褴褛的流浪者。天无绝人之路，男孩这样想着，转手就将汉堡递给了流浪者。

男孩吸完烟，重新走进店后径直走向点餐台，又要了一杯可乐。女孩好奇地跑到男孩跟前问："怎么，你这么喜欢喝可乐啊？"男孩选择无视女孩，接过营业员递过来的可乐转身走出麦当劳，然后蹲下身子将可乐放在流浪者身前的地上。

女孩急忙跟着男孩出来，说："你怎么给他可乐？""有汉堡怎么能没有可乐！"男孩偏执地说。"可是你怎么能给他冰的啊，他会生病的。"男孩一愣，用一股被女孩完败的口气说："拜托！我要的是去冰可乐。再说，你把这些流浪者看得太脆弱了吧，喝杯冰可乐就会生病？喂喂，你要知道，这些流浪者的身体可好着呢。对于他们来说得病就意味着死亡，所以通常他们的免疫力比我们还厉害！""可是……反正你就是不该给他喝冰可乐！"

女孩的不依不饶让男孩抚抚额头一阵眩晕，直觉认为再纠结这个话题真能把自己气死，于是男孩急忙转移话题。这次男孩发现了女孩脚踝的红绳，问道："这是什么？""这个吗？"女孩抬起脚，说，"这原本是一个铃铛，一个朋友送的。可是前两天坏掉了，于是摘下了铃铛寄给妈妈去修了。”

5

女孩似乎只要在交通工具上就会犯困，前一秒还活蹦乱跳的女孩，登上地铁靠在椅子上就像一只慵懒的猫般缓缓睡着了。

南京城一号线地铁分为直行线和南延线，男孩很光荣地坐错地铁，受到了女孩的奚落。“我是路痴不识路就算了，你怎么能不识路呢！”女孩指着男孩义正词严地批评。而男孩在一旁小声嘀咕：“说得好像你是路痴就天经地义一样，真是……”傍晚的一号线人头攒动，地铁上甚至连站的地方也令人感到拥挤。让男孩无法想象的是，女孩就算这样，也可以站在墙角边，倚靠扶手睡着了。

这真是一种让人羡慕的技能啊，男孩如此感叹。

下了地铁还有四十分钟的车程，虽然大巴车站就在地铁站旁，但这个时间男孩很怀疑到底还有没有班车。于是他提议说：“坐黑车吧，拼车的话也不是特别贵。”女孩犹豫了一下，点点头表示赞同。等到汽车发动，女孩才很突然地说：“我晕车怎么办？”男孩疑惑地问：“出租车？”“嗯，只晕小轿车一类，时间一长，头就会很晕很难受，严重的话有时候还会持续两三天。”“原来晕车还有选择车型晕的啊，长知识了。”男孩说，“那你上车前为什么不说？”“我忘记了。”女孩理所当然地回答道。男孩无语半晌，从牙缝里挤出三个字：“你赢了。”

抵达学校时，天已经完全黑了下来，校门口各种小摊逐渐热闹起来，空气里飘浮着烤串特有的孜然气味。男孩像是想起了什么突然问起：“听说你在这里的餐馆里打工？”女孩说：“是啊，不过现在不打了，大一课程特别紧，作业又有好多，每天下课就要赶到店里帮忙，一直到九点多，作业都来不及写。”

男孩与女孩走在校园里的小道上。因为学校在郊区，空气格外好。要是晴天，夜晚抬头总会看到很多闪亮的星星，闪烁光明。这个场景如同男孩幻想中的剧本一般，而不同的是，并不是在等待许久后陪女孩一起下班，也并不是肩并肩。他们一前一后，女孩低头跟着男孩，沉默蔓延，无人开口。男孩不用回头去看女孩还在不在，她走路时鞋跟敲击地面的声响告诉男孩，女孩一直在跟着自己。

男孩开口，开玩笑般地说："你的鞋跟有声音，这样也不用担心路痴的你会跑丢。""铃铛……"女孩依旧低着头，正在想着什么的模样。"嗯？"男孩没听明白。"铃铛。"女孩抬起头，"以前可以听铃铛的声音呢。"

"哦……那么，晕车的状况……现在好些了吗？"

"嗯，好多了。"

6

新的一周同往常一般开始，男孩原本也应该同往常一般的剧本，现在却被女孩打乱了节奏。男孩不知在何时开始习惯对这个女孩说早安以及晚安，开始关注淘宝上琳琅满目的脚链铃铛，苦思着女孩究竟会喜欢哪一款。他记得女孩说过讨厌金属气味，那么纯银脚链应该不错。他也会情不自禁地关注空间里是否有女孩来过的足迹，或是在上课时注视女孩的背影，又在女孩有所察觉之前迅速转移视线。

但是女孩似乎从没有来过男孩的空间，也从未主动找过男孩说话，这让男孩觉得很是气馁。男孩自觉不该这样，因为他理智地想到，照这样发展下去原本所有可能可行的剧本都会向着悲剧结尾。于是男孩决定主动出击，那么主动出击的条件呢？男孩苦恼地思索着。

与此同时，远在南京大学的朋友给男孩发来私信：周六的南大讲座，很难得的哦，来不来？

在此之前男孩也去过一次南大，找小伙伴的同时顺便蹭了一堂号称南大文学系最美女教师的外国电影史课。记得那时走在南大那大得出奇的校园里，朋友对男孩说："有没有在这里看到很多美女啊？"男孩诚实地摇摇头："并不是很多，但也有很漂亮的。”朋友拍拍男孩的肩膀：“当然不能和你们艺术学校比啦，但是你要知道，你在南大看见了美女，你想的是去和她聊聊天或者邀请她去喝一杯咖啡，而你在艺校看见一个美女，却只会想着和她上床。”

也不是啊，男孩自顾自地想着，我见到她只会想聊聊天，或者再结伴出去看场电影，倒是请她喝咖啡……没有这么文艺吧，大概不符合美女这个前提？男孩摇了摇头，向女孩发去了私信：周六南大的讲座，有没有兴趣呀？男孩记得之前向女孩提起过自己在南大的蹭课，引得女孩一脸羡慕嫉妒恨。似乎女孩对这一类新鲜事物都有尝试的欲望，上次还说要和男孩一起去酒吧玩，因为她自己从来没去过。

那么拒绝的概率应该会很小吧。

事实上女孩拒绝了这个提议，虽然女孩看上去真的非常想去。但是女孩说那天她最好的闺密要来，她必须去市里陪她玩。“你认得路吗就去当导游？”男孩表示怀疑。“我有嘴呀，还可以问路的！”女孩立即反驳道。戳到女孩痛处的男孩哈哈一笑说：“对哦，忘了你还有问路这种失传已久的技能。”

男孩最终决定陪女孩一起去新街口。“因为我的小伙伴也要来南京玩。”男孩给出这样的理由提出要与女孩同行。为了增强可信度男孩还顺带添入了些细节，“小伙伴要来看什么谭杰希的签售会，是在新街口那里举行的。”顺便还吐槽了下自己不理解小伙伴为什么会喜欢快乐男声这种东西。

女孩信以为真。

7

这周六是男孩认为人生中过得最无聊的一天，可以载入人生史册的那种。他在送走女孩之后便一个人在新街口闲逛，然后从新街口一路走到鼓楼，在鼓楼地铁站旁听流浪歌手唱歌。换了七家麦当劳，把麦旋风所有的口味尝了个遍。最终虚度到下午五点半，在约定的地点与女孩碰面后一同回学校。

男孩不着调地与女孩聊着天南海北的事，逗女孩笑，心里却在盘算着该如何对女孩开口。表白这种东西真的很能折磨人，或者还是不说的好，但是只做普通朋友真的好吗？还有可能说出来之后似乎连朋友都做不成。表白的成功率该有多少，真的不需要精心安排一场浪漫的表白？

男孩与女孩一同坐上了回程的大巴，不同的位置一前一后。男孩后座靠窗，注视车内灯光而反射出女孩身影的玻璃出神，女孩坐的那个位置却根本发现不了男孩一直在看着自己。

然后车行，灯灭。黑暗，沉默。直至下车。

这次换作男孩跟在了女孩的身后。男孩沉默无声，谁也不知道他在思考着什么，只是突然间，男孩停下脚步，叫出了女孩的名字。

“你有男朋友吗？”

聪明的女孩像已经猜到了什么一般，说：“没有，快点走吧。”

快点走吧，潜台词难道不是：让我不要再往下说了……这样的意思吗？

“做我女朋友吧。”

这真是史上最糟糕的告白了。男孩心想。

“你在开玩笑吧？”

你是在开玩笑的。潜台词难道不是：已经给了你台阶，快点乖乖走下去……拒绝的意思已经很明显了吧。但都说到这一步了，不得到明确的答案会很不甘心吧。男孩自己都不知道哪来的这么大的勇气，果真今天早上不该喝三杯白开水？

“做我女朋友吧。”男孩十分认真地、一字一顿地说。

“那个……我不打算谈恋爱呢……至少三年内不打算谈恋爱……我们快点走吧。”女孩快步向前，如同是怕被什么人撞见。

“那是拒绝喽？”男孩继续保持平静地追问，稳稳地跟上女孩。

拒绝的意思不是很明显吗！自己求打耳光的游戏很好玩吗？

女孩没有说话。

“那是答应了？”男孩咄咄逼人。

“不是……”女孩连忙说，声音却越变越小，“你很好，但是……”

“那是拒绝了啊……”男孩把这句话说给了自己听，女孩在前面依旧小声地说着拒绝的理由。

他突然间觉得很难受，仿佛夏季闷热午后的气压重新显现，心口莫名涌上彷徨的窒息感。原来他在那四十分钟的车程里所构思的剧本，真的很完美地发生了。果然剧本上是这么写的，导演就没有一个镜头拍错，没有一点点出乎意料的对话，就连同这所有的反应，也倏地令人感受到厌烦。从开头，就有了结束的台词。那如果让我早猜到了开头，究竟能不能，不要让我对这个剧本的结尾感受到无趣与荒谬？不要让我觉得，原来做的这一切，看上去那样无聊以及可笑？既然不能，那么在接受与拒绝简单的选择题上，至少也不该有这么多令人挫败和失望的借口吧。

8

男孩与女孩在宿舍门口相互道别。

同往常一样。

如同一切从未发生。

一

与众不同的自负：若以此为省，便会感知她的谦虚和宽厚

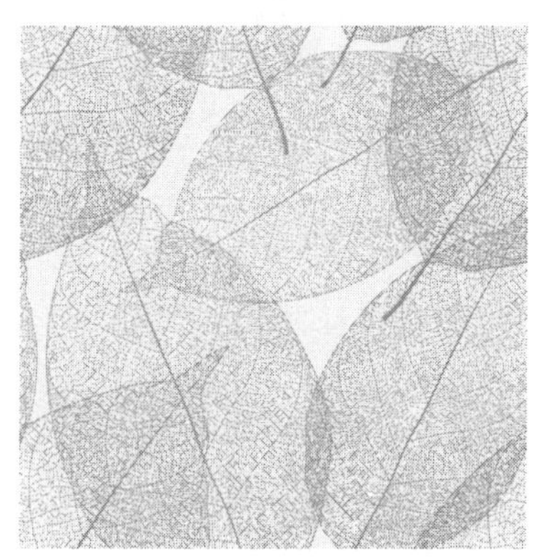

我在古老音乐的一个个节拍中，感受到了不朽人物那冷静、明朗、坚定地微笑着的全部智慧，感到与他们近在咫尺。这情景突然又在我脑际升腾，发光，熄灭，然后睡意如山一般沉重地压上了我的额头。

——赫尔曼·黑塞《荒原狼》

走过了，经历了，拼搏了，沉淀了，
大学也就是如此，重要的是我们成长了。

毕业，不说遗憾

文/罗从政

大学毕业前夕，经常思考一个问题：我在大学收获了什么？

即将走向终点的旅途，都在惊叹时光的飞逝，记忆中的昨天那么清晰，却那么遥远。总结是应该的，没有句号的句子不完整，无法找到下篇的开端。然而，这转瞬即逝的四年，人生最美的黄金时代，迷茫而繁复的大学时光，经得起我们用不断变幻的眼光去度量吗？

毕业季时，见到同样即将离校的同学，多会问同一个问题：你觉得你的大学有遗憾吗？答案不用说，谁的大学没有遗憾呢。很多人倒惊叹于问题的严肃性，似乎问题的本身就是个小儿科的常识。当然，我也听到有人对我自信地说，我的大学应该没什么遗憾。

接着肯定会问，你们都遗憾什么呢？有人说，大学没拿到奖学金；有人说，没看几本好书；有人说，没结识几位好老师；有人说，没交到几个好朋友；有人说，没找到牵手一生的女孩……

成功的理由多种多样，造就遗憾的事实五花八门。总结起来，无非是浪费了四年的好时光，很多事情本该做，却没做，或者没做好。大学是青春最美的季节，谁不是怀着缤纷多彩的梦，走进让人无限憧憬的大学校园？可时光是无情的，它不为任何人停留，不为任何人逆转。

我也一度深深地陷入毕业季的遗憾。离校前的一个月，几乎每天都会想，这些年我都做了什么，用什么来纪念自己的大学？最后得出的一个答案是，做了很多事，却没有一个值得言说的成功点，换一个角度说，这些全是失败和不满。跟别人交换意见时，我惊人地发现，其实跟我持同样想法的人太多了，似乎每个人的大学生涯都可以写成一部“失败史”。越是临近毕业，大学留给我们的挫败感和失望越发沉重，仿佛一个生命走到暮年，内心深处感觉到自己“罪孽深重”，自责与愧疚充盈其中。

人不能总停留在失败的阴影里，阳光不会因为我们的情绪决定出没。在一场毕业聚会中，酒过三巡之后，兄弟间相互倾吐这些年的点滴。浑浊的话语，最显肺腑，说者有诚意，观者是真心。一顿埋怨，一通比较，一片赞许，总有人是其中的佼佼者，然而，却没有人承认自己的大学是完美的。华明的一句话点醒了大家：什么是大学啊，走过了，经历了，拼搏了，沉淀了，大学也就是如此，重要的是我们成长了。华明是我们公认的“大学模范”，做过学生会领导，拿过奖学金，和学院最漂亮的女孩约会，出没在各种风光无限的场合。于他而言，大学留给他的也只是一句简单的阐释，瞬间我们似乎看到他褪去华丽外衣的内核，却是那么朴素。

那晚之后，我们都释然了，其实大学留给我们的不仅是遗憾，还有更宝贵的是成长。那一晚，我们学会了用另一种角度来看待自己的大学，也学会了承受自己的人生路。

匆匆的四年，时光像杀手般追赶着我们。大一匆忙地去适应校园生活，大二开始忙碌着应付各种事宜，大三就不得不去实习，做职场准备，大四似乎知道怎么上大学了，却面临着马上就业的严酷事实。与其说大学是浪费过来的，不如说我们是探索着完成了一段旅程。校园生活看似宽松，实际上每学期、每个月、每个周都要面临各种不同的召唤。回首四年，经历了拼命熬夜的考试，承担过以“科研”为名义的课题，大多也到校外做过社会实践或是各类兼职，偶尔也会站在某种领奖台上，还有人总是牵着手演绎“花前月下”……

回顾起来，我们做的还少吗？或许很多人都说，可我一件事都没做好啊！没有一件事让我做到可以感受成功的喜悦啊！

其实，这就是大学，这就是青春。大学只是训练场，果实不是最重要的，丰富自己、充实自己，才更有益于未来的选择。在大学，应该有尝试，而且范围越广越好；应该有失败，碰壁多了才知道自己锋利的刃在何处。大学是个积淀的过程，无论是书本上的知识，还是适应社会的能力，我们都在一步步的前进中积累，是超越于物质的精神财富的集聚。

想到这时，还有什么遗憾呢？

我们总觉得自己的大学错过了好多事，失去了很多机会。殊不知，我们也在无形中，收获了更为重要的成长。对比刚进大学和毕业时的照片，生活似乎没有太大的波澜，气质上的改变不可回避，究竟改变了什么，又无从道出。这就是成长，岁月给予我们的生命财富。

毕业了，还有什么可遗憾的呢？且不说人无完人，在成长的旅途上，即使遗憾，也是值得怀念和珍藏的一页。

当你面对她的时候，

你自以为是的与众不同及过分的自负都会显露出愧色，

若以此为省，你便会感知到她的谦虚和宽厚。

心中的古琴

文/丁洁琼

古琴的静，应是在你心中的。

当你恭敬地坐在她的面前时，目视着她沧海桑田后的沉稳与安宁，心中所有的波澜都会归于平静。在她的身边，你的呼吸与心跳就都是自由的。

琴音自山间缥缈而起时，巍巍山巅也为之触动，洋洋洒洒地流动与穿梭时，溪泉鸣涧，江河湖海都为之和声。伯牙鼓《高山》与《流水》，意志满满，子期为之慨叹与赞颂，佳话流芳，知音却再难寻觅。

利益纠缠中的陷阱，困境中遭遇的背叛会让你怀疑自己的判断，或憎恨虚伪的友谊。如今的友情早已不配与传说中那张被摔碎的琴相比拟，随着时间推移而损毁的，无法再去修复，在历史文明进程中丢失的，似乎也难以再弥补。

而古琴的品质，却是激烈和壮美的。古时，聂政刺韩王，他的斗志与反抗，英勇与不屈，让人激动而愤慨。一曲《广陵散》，杀伐斗气中喷涌而出的悲壮激昂，动人心魄。

司马昭暗下杀心久矣，嵇康却依然保持着玄秘、狂傲、不羁的本色。“临刑东市，神气不变，索琴弹之，奏《广陵散》。曲终，曰：‘袁孝尼尝请学此散，吾靳固不与，《广陵散》于今绝矣！’”此般气势恢宏的诀别，更像是他为《广陵散》所作之续篇。

嵇康对曹魏的忠诚，对浊世的厌恶，使他显得突兀而矛盾。他如痴如醉地追求理想，执着不已地坚守信条，古代文人身上所有的风骨与气节，都被他演绎得淋漓尽致。

嵇康的痴是对国家与理想而发出的，蔡邕的痴却是对古琴与音乐而发出的。三年创作，《蔡氏五弄》直至唐，依旧盛誉天下。伯乐相马，伯喈裁琴。吴人烧饭时，他于偶然间侧耳听音，那木材爆裂的声音里包含着动人的琴响，那已被炊火烧焦的尾部，让残缺与遗憾化身为美。“焦尾”一称，道尽世间偶遇。偶遇中，或擦身而过，或相识相知，或机缘巧合，或造化弄人。生命的往复与未知，都似这焦尾琴的身世般非同寻常。

古琴焦尾，美音与缺憾的融合，即便如此，她依旧质朴无华，低调不张扬，她从不因非同寻常而沾沾自喜，依旧会绽放出引人入胜的琴音。当你面对她的时候，你自以为是的与众不同及过分的自负都会显露出愧色，若以此为省，你便会感知到她的谦虚和宽厚。

古琴不但谦逊，而且浪漫。当司马相如的“绿绮”奏出那热烈直率、真挚缠绵的《凤求凰》时，卓文君也许早已毅然决定与之私奔。当司马相如“欲聘茂陵人女为妾”时，卓文君发出了“凄凄复凄凄，嫁娶不须啼。愿得一心人，白头不相离”之叹，终使相如回心转意。这浪漫的琴与曲，浪漫的人与事，有如细风密密地吹入湖心一般，荡开你心头一圈圈的涟漪。

你开始向往古琴的浪漫，她在你的眼中便是“见之不忘的美人”，那“一日不见，思之如狂”的感情如溢出之水般不可掌控。你愿轻抚她的发丝，凝视她的双眸，拥抱她的身体，你会聆听她的倾诉，感受她的心声，领略她的风韵。你爱她，爱她的温婉端庄，爱她的不可亵渎。

古琴似水，音色九德。她的奇，让人惊叹；她的古，写满沧桑；她的透，空灵修远；她的静，使人安宁；她的润，婉转悠扬；她的圆，回环流转；她的清，肌骨玉洁；她的匀，平缓流畅；她的芳，空谷幽兰。她有使人为之倾倒的人文情怀，她有无数骚人墨客最理想的寄托，她凝结了从古至今人们的美好想象，她怀抱着完美无瑕的道德情操。

从未有哪种乐器，会如古琴一般，让你真正地体味“淡泊明志，宁静致远”。而你心中的古琴，到底是会让你继续爱慕与迷恋的。

尽管冷风袭人，不如沐风旋舞。

后记·沐风舞

文/刘彦夔

那一整年，沐风而舞。

总是在想天堂的基调应该如何涂抹，是冷色抑或暖色，是否应该森林郁郁莺飞草长，还是那绚丽夺目的金黄殿堂。

谁都不知道那些想象的花朵会有怎样成长的旅程。然后为了美好，所有一切不属于现实的美好，沐风旋舞。记录不是为了忘却已在时间的灰烬中飘飞的日子。

暖色·雪舞

那是来自天堂的贺礼，温暖的南方已经渐趋失却白色的纯美记忆。

装饰华丽的迎新会场没有属于应届毕业生本应该有的位置，他们为了远方的幸福拒绝了眼前的快乐，其实那些有关壮烈的牺牲都是阴暗的无奈。谁说他们愿意放弃那仅有的愉悦？只是无数无奈编织的现实让他们丧失反抗的勇气。

我透过朝北硕大的玻璃窗，看见大片大片的雪花犹如一个个懵懂的小天使散落到物质富裕精神落魄的人间。它们欢快地覆住了圆形花坛的花草枝叶以及大理石围栏，纯洁炫目的姿态静谧悠然。刚刚步入成年世界的我们看到这童话般绚丽景象，都不会愿意接受自己已经长大的现实。

让可恶的羁绊滚蛋吧，我们依旧是能够和童话中的小天使一起旋舞的天真孩子。打雪仗吧，堆雪人呀，滚雪球啊，把消失的和雪花一起舞蹈的幸福都补偿回来吧，看，一度灰蒙蒙的苍穹如今是幸福的银白暖色调呢。

呆呆地站在雪地上，然后仰头看天，看大片大片的雪花纷纷扬扬迎脸而来，一个个小天使安抚我曾经忧郁不休的脸庞。如果不是上课的铃声无情地昭示着我要重上战场，那这雪花纷扬多久我就能享受多久。

然后我想，这世界多美好。尽管我们依旧为了未知的明天低头赶路，从教室到寝室，没有丝毫的停留驻足。尽管我们依旧为了世界的美好苦苦鏖战在郁闷的海洋。可是我们一直在一起，可是这世界原本就是那么美好的呀。

那时的我们都在一起跟着雪花舞蹈呢。那时的我们都坚信这一整年是属于我们的，是应该属于我们收获的一年。那句话怎么说的，瑞雪兆丰年嘛。我们都会在五个月的决战后，在六月里幸福地微笑，不，是如葵花绽放般肆意地大笑。

现实 · 成长

久违的雪花遗落人间的时候，我们不得不告诉自己，我们在时间的奔跑之中终于长大了，无论怎样沉溺在拥有天使的童话之中，我们都斗不过现实。现实真的是太伟大了，伟大到我们都对它丧失了语言。

在即将成人的那些天，我不停地问比我年长一年的薛薛说，你是怎么样长大的，你是怎么样接受自己十八岁的现实的，你又是怎么样在那临界点上，纪念自己的孩童时期以及迎接成人世界的。

面对成长，我怕自己会措手不及。因为一切还没来得及准备，一切来得如此突然，我就那么无缘无故地长大了。只能苦笑着想这一切竟是如此伟大。

相同的深邃苍穹之下相同的尘土飞扬，相同的岁月洪流之中相同的人生跌宕。不同的只是十八岁之后长大的苍白以及种种失却纯真的涩涩的滋味。

比我年少一年的晶晶时常奚落我说，从此以后你就不叫男孩，而是男人了。那我还是男生吗？虽然我并不知道这些称呼的意义，但总觉得成长的代价就是越来越多沉重的负担，负担生活，负担那伟大的现实。成长有时候就是一种不能言语的疼痛。

可是更多的人都是和我一样，一夜之间就突然长大了，还没来得及回想这究竟是怎么回事。有人说："只有彼得永远不会长大。我呢，我会有儿女，我的儿女也会有儿女，儿女的儿女又有了儿女。"有人说："也许离五世同堂不远了，其实是青春把我抛得越来越远，把我踢上了层楼。"彼得·潘生活在梦幻岛——永无乡，在那里，几乎所有的孩子都不再长大。童话里说："孩子们现在懂得太多了，他们很快就不信仙子了，每次有一个孩子说'我不信仙子'，就有一个仙子在什么地方落下来死掉了。"从前的我会想那些死掉的仙子就化为了雪花，它们会去安慰那些依旧相信仙子的人们。

成人的世界里是没有童话的，那些善良与纯真都在这个世界里失却光芒。伟大的现实吞没了长大的孩子。抵抗无效，毫无原因。

我始终想，那是一场多么伟大的改变啊。

冷色·落寞

月考之后是难得的休闲，整齐的教室已是分崩离析，连大家常窝着的寝室也毫无人影了。我在寝室用冷水洗了头，头皮被冰冷的凉水浇灌得疼痛不堪直至麻木眩晕。

然后看着在空荡荡的寝室橘红的灯光下，自己的影子静静地影映在冰凉的地板上。窗外的公园在冬日暗淡的黄昏之下使尚未消融的冰雪延伸在广阔的大自然之上，直至另一头低矮的山峦。早已不见了花，它已凋零入土化为灰烬；那枯萎的树木零星挂满了雪花，化成一排排的冷艳，是多么苍凉。

低头下楼，路过小桥，却不见流水荡漾。踱过篮球场到排球场，再到广场发现自己始终是一个人，看到原本喧嚣不休的足球场上荒无人烟，落寞的感觉侵袭全身。快步走进教室试图寻找熟悉的影子，但依旧是徒劳。同学们都不在，教室就变得异常陌生，甚至对自己也越来越无法把握，开始无措。

看天，是看不透的黑暗；看地，是雪后潮湿的冰凉；看自己，这个世界似乎没有安排自己的位置。是落寞，让自己迷失了旅途。

冰雪开始慢慢消融，寒意袭人，越来越冷。

他们都去哪儿了，怎么就留下我一个人了呢?

他们不在我身边，这个世界就会变得异常寒冷。

溃败·哭泣

一次次模拟考试到底是让我们变得渐趋坚强还是渐趋麻木了呢?

数学成绩下来之后，我看见善良漂亮的清清哭了，她试图强忍漫溢出眼眶的泪水，但还是决堤了。这是一场很大的溃败，因为数学是我们为未来投下的最大赌注。当作为文科生的我们花费大部分的精力艰苦鏖战于数学题海中，甚至在孤注一掷的时候，我们告诉自己不允许失败。真的，我们输不起。输了的，可能是整个未来。

我看着她们哭泣的脸庞原本是如何坚强，而如今——这只是一次模拟的试验，就让她们轻易地哭了。我转过脸，不忍再见。

那些坚强的孩子被分数无情地击溃，谁是赢家？到底是谁赢了她们昂贵的眼泪?

擦干了眼泪，她们继续孤注一掷。因为别无选择。

像是心甘情愿地托付终身的幸福。海子说：远方的幸福，是多少痛苦。

她们相信远方的幸福不远，相信快乐总会在勤奋之后统统变为现实。如果说这是游戏，那么游戏的规则只有四个字：天道酬勤。谁都不会怀疑的规则。

我说会好的，再坚持坚持。

友情・音乐

有音乐在，会让人非常幸福。如果青春散场，讴歌还在，那是生命中如此盛大的安慰。

那些总在我身边的女生总会记得让我为她们唱的一些歌曲。比如Jay，比如朴树，再比如水木年华。不停用别人的爱情祭奠自己的青春岁月，在别人的伤感中流淌我们未知的情感。一点点，水滴石穿般的速度，那些几乎永恒的执着。

从方刚那里找到了很多优美的旋律，也在彼此之间捕捉到了很多共同点，以至发现原来自己唱的歌都有他在场。后来他去了画室，很长一段时间没有见到他。忽然之间找不到适合自己唱的歌了，原来一直是他陪我唱，他是我最棒的听众，也是我一直挂念的无比善良的朋友。

可爱小女人璐璐喜欢的陶喆，多愁善感的贾书记喜欢的JJ……拥有旋律流淌过的生命都是如此鲜活富丽。这些那些，我总会在记忆深处拾回遗落的友谊，像音乐一样飘逸在我的生命中缓缓镌刻成隽永的光芒。

张萧和狗娃是经常和我同床共枕的同志。寝室里总是充斥着疯狂喧嚣的声音，那是为发泄谱满心胸的歌。唱不断风花雪月，唱不断悲欢离合，唱不断那年代里为青春发的愁。

时常抄写并默写歌词的小蔡，在某个一起回家的夜晚对我说过，我发现年轻的我们会生活在别人的故事之中不能自拔，并在别人的音乐之中，感受那些离去的记忆犹如岁月洪流一去不返，然后慢慢地开始不自觉地感伤。然而我也曾想过，其实感伤未尝不是快乐与幸福。

这些善良执着的孩子已经长大，在歌唱的时候都不会轻易悲伤的孩子，都在一起。

疼爱·退场

很像一个故事，高考之前两个月的下午，我被确认病毒感染。我的血里不仅仅流淌着寂寞的毒素，还有很多其他让人厌恶的病毒。报告单宣布：我的血是不纯洁的，那一刻我并未意识到这到底有多严重。

一直坚信我健康无比的母亲不愿接受这样的现实。复查，结果是一致的。母亲的脸色变得苍白。第二天早晨我再见到母亲的时候发现她一夜熬白了许多发。这些东西突兀得像个故事，让人觉得结局是应该改变的，难道不可以改变吗？

母亲开始在别人面前潸然泪下，说我原本怎么样怎么样健康，从来没有挂过点滴，连一点点感冒都不会有的啊。她说得那样绝对，以至让所有的人都知道她是在自欺欺人。我看着她这样说着说着就慢慢伤感起来。爱一个人是这样爱的吗？

医院诊断说需要患者马上住院，别妄想可以去高考了。我的脑海里反复想的是那个游戏的规则，可是这个结局竟然会是这样。我不想住院，那样会疯掉的。还是躲到家里休养吧。从此以后，我每天早上醒来的第一件事情就是应该庆幸自己竟然还活着。

并不是我坚强得像块石头，我还是在夜晚捂上被子偷偷地淌下了很多泪，很多，以至于让我一遍遍不停地摸摸被子是不是湿透了一大片。我在那场鏖战中退场了，而仅剩两个月就能高昂着头颅骄傲地离开战场。留下我那可爱的同志们，他们依然没心没肺地在暗无天日中争斗得硝烟四起。我是那个叛离的逃兵，唯一的、不可原谅的叛徒。

十年不敢懈怠、挥舞练习的剑一夜之间突然生锈了，想到这里我就非常难过。

再也不能为了理想而奋不顾身了，再也不能为六月之后的风流猖狂了，再也谈不起不久之后的光明与自由了。

我告诉他们或者她们，我不想读书了，我去卖唱了或去写书了，或者背着吉他去流浪了，是我抛弃了可恶的应试教育，我多酷，谁有我这能耐。我对着他们哈哈大笑，他们抬头用无比羡慕的眼光仰望着我说：“真的吗？你真的是太幸福了。”

原来，我和母亲一样，在疼痛的时候学会了自欺欺人。

祭奠·散场

高考刚刚结束的那一个晚上，好朋友冯攀打来电话，激动得语无伦次，问我去哪里疯呢，去哪里玩呢。终于可以卸下那一担担负重了，郁闷好像一下子就散场了。我们有理由为自己祭奠一下从前了，然后用一把火把它烧为灰烬，任风吹净烟消云散。

开心的时候等来告别，那是一场告别的聚会。告别的不仅仅是此前的暗无天日，还有那些同甘共苦的朋友。曾经一起背负着未来，小心翼翼地承受重大的未来，用尽一切办法不让它跌落摔破。这些一起在郁闷中歌唱宣泄，在苦痛中成长的孩子。

包厢里亮起零星的霓虹灯光，用浪漫的氛围囊括起彼此的情谊。女生们都穿起平时不敢穿的衣服，甚至有人裙摆飞扬。唱歌吧，跳舞吧，碰杯吧，让思绪随梦流淌吧。

接着拥抱，然后合影，最后散场，像是青春的散场。陈旧的东西就把它忘了吧。

那天我唱了一首老狼的歌：那时候天总是很蓝，日子总过得太慢，你总说毕业遥遥无期，转眼就各奔东西……

我唱着唱着就笑了，也不知道为什么。

重复·空荡

我还是去高考了，尽管对习题已经生疏了，结果是显而易见的，连“一本”都够不上。但我和许多没有好成绩的朋友不一样，我可以心平气和地接受这种结果，我甚至想过好的成绩对我已经没有任何意义了。我还得休养，对自己的生命负责。

但这并不代表要我放弃未来，所以——复读。听说去复读的人很多，但是留在本地的不多。和我同甘共苦的孩子也没剩下几个，但还是可以相互取暖的。攀攀的成绩越来越好，媛媛也在慢慢靠近理想，楠楠的分数一直鹤立鸡群，我也在为英语做着不懈的努力。

七月要去美院了，班长要去上海交大了，他们都去圆梦了，留下我们继续奋斗。

但小日子过得不舒坦，复习班的日子很难熬，原本信誓旦旦绝不可能再重复的日子而今实实在在地正在重复。或许承诺也是一种自欺欺人的方式，因为什么都可以改变，什么都不会一成不变。

在原来的学校里步入实验楼里复习班的这段路程，总觉得风刮得越来越大了，这是否也是一种孤独的错觉呢？因为物是人非，离群索然，谁也不再是谁可以挡风的墙。想着想着，干涩的风吹落了干涩眼睛里干净的眼泪。想这不是难过吧，应该是风的缘故，应该不是难过。

我想，我是不是应该在空地中沐风而舞，舞在风中，舞在从前往后，舞在那角这边，舞在开始直至结束。

从一楼到四楼再到一楼，我的脚步越来越沉重，越来越慢，越来越觉得这世界空荡荡的。少了很多很多东西，少了什么呢，最后发现除了自己什么都不在了。

沐风而舞吧，趁这世界空荡荡的。

繁落·远方

这像一座寂寞的森林，长久不见阳光，生成暧昧的空洞。杭州，冗长不灭的阴天。那时的西湖爬满了阴冷的苍凉，只是没有苔藓丛生，与这事实不相符合。白堤很长，我总在想远方是不是还是一样。荷花残了落了枯萎了，漂浮在水面，像零落的尸体，像烟花繁华绚丽坠入黑暗毫无踪影。

我是来看病的，病重到全县最好的专家也不敢看我的病了，他吓白了脸让我马上去杭州最好的医院。市中心的人潮，没有熟悉的安全。车水马龙，有种南唐后主被俘之后的悲伤。印象中的美好只能存放在梦中品尝，现实中的东西就是不一样的。

幸好还有阳光。拔地而起的十六层现代楼房都有明亮的外部走廊，我在十三楼病房之中透过硕大的玻璃窗户时常看着远方，但那些石头堆砌的森林阻挡了我的视线，我说幸好，还有阳光。明媚的东西延伸在阴暗的角落里总是令人欣慰的事情。

这个都市其实和我们的县城没什么两样，只是楼房高了，街道长了，陌生的脸庞多了。感觉繁华在心里纷扬落尽，只能期待远方。

医院的生活让我变得烦躁，母亲越来越憔悴与苍老。我天天看着白色的衣服白色的墙，只会徒增恨意。每天刷牙吐出的都是血水混合的血浆，然后是无休止地干呕，几乎欲把所有的内脏都吐出来，好让自己不用承受那么多的痛苦。鼻孔也开始脆弱不堪，有时用手抚动自己的脸之后发现手上和脸上竟都是鼻孔里淌出的血迹。嘴唇也莫名地干裂，血丝常常游离到舌头上去，有种诡异的味道。每隔几天都会有护士在凌晨时分夺门而入，拿出针筒抽去我满满三筒的血液做化验检查，以便掌握我的病情走势，我终于知道血液和自己一样是如此不甘寂寞，常常会选择逃遁，就如流水一样容易。每天起床的第一件事情不是穿衣服，而是看看枕边落了多少头发，接着测量体重和体温，看看又少了多少肉，然后告诉自己今天一定要争取吃多少饭，可是每当下肚几口之后便难以下咽。我成了所有食物的绝缘体，有时发起狠劲儿囫囵塞进去几口之后，就有种强烈作呕的痛苦与难受。

二十四小时有四个小时在挂点滴，四个小时看电视，四个小时发呆，至少有四个小时的空虚和八个小时的睡眠。被程序化的生活与不甘羁绊的心绪挣扎在无奈之中，是一件几乎心力皆疲惨绝人寰的事情。难道我所能做的竟然就只剩下这些了吗？然而，我面对这一切依旧无能为力。

我总是无限期地期待远方，不停地数着日子，想着到底哪一天可以走出这个巨大的樊笼。

那天下午，我躺在病床上和母亲一起看央视的电视频道，看到一段剧情：已死了丈夫的年轻、漂亮、坚强、隐忍、善良无比的女主人公，在醉酒之后很煽情地对公公婆婆说我有多爱你们，可是我知道你们已经开始讨厌我了。婆婆之前对她不满，这次听了她酒后真言，察觉到自己的过分，心中有些悔意。待她和衣沉沉睡了之后，婆婆去帮她褪去外衣看到了她眼角的泪水，她的枕边是她深爱的人的照片——婆婆自己的儿子，他在天堂里微笑，她在尘世间流泪。婆婆心酸地说，看这孩子，连做梦都流泪了，想这孤独无助的生活对她来说太沉重了，太累了。

那一刻，我的泪水决了堤。我用被子捂住了我的整个身体，泪水肆意不止，却不想让母亲知道。我想这一辈子我再也不会有这么多眼泪在这一瞬间奔腾了。我是想到，太累了，所有人都太累了。

活着·旋舞

在杭州住院的那段时间里，我唯一的快乐是去大学校园和曾经的同学一起吃饭、逛图书馆、上网消遣，纵然可以多么坚强隐忍，我也无法承受独自空虚沉溺寂寞流淌的痛。在浙大的小蔡说杭州的夜里总是不能看到星星，在仰望的时候，你会觉得很空虚。他说大学的岁月总是无聊的，整天迷惘，不知道应该干什么。我想，这就是人生的写照吧，活着活着我们就会发现自己竟然迷失了方向，不知何去何从。

有个病友，是位年轻有为的高中教师，他跟我说自己是暂时放弃学业，休息一年再复读，其实这只是再晚一年工作而已，没什么大不了。一年又一年，我不知道青春这东西到底怎么了。时间可以化为灰烬，任风吹为虚无，而我的青春，竟可以与这脆弱的时间等同吗？

原本以为可以回家过圣诞节，但医院一再拖延我出院的时间，主任说虽然医生要对我的健康负责，但更重要的还是让我对自己负责。我终于和主治医师争吵起来，我绝对不能再忍受如此空洞苍白的生活。最后是医院妥协了，我终于可以不用在医院里结束我的那一年了。那是十二月二十九日下午三点半的列车，我和母亲终于踏上了回家的旅程。

我在候车室里买了曾经常阅而今许久未看的晚报作为旅途的消遣。晚报里有一个年终总结的专栏，有一篇文章写到了一个故事：一个老头子敲着破铜盆沐风歌舞，衣着落拓，神情却淡然安详，路人问他为何敲盆歌舞，他说，我妻子死了，不如为她歌唱，庆祝生命盛大的回归，亡魂将在天地荒芜之中安稳静谧，为何要以哭泣惊扰她，她在天堂会为我因她歌舞而欣慰安笑。那个老头子就是梦到蝴蝶的庄子。那一年，发生的事太多了，死去的人也太多了，作者说，无论这一年苦痛如何，生活还是要继续的，活着是多不容易，为自己能够继续生活而舞蹈吧。

我转头看看身边的母亲，看看自己，看看旅途上的陌生人，这一切都异常安详，都活得好好的，尽管冷风袭人，不如沐风旋舞。

一

最初的诉求

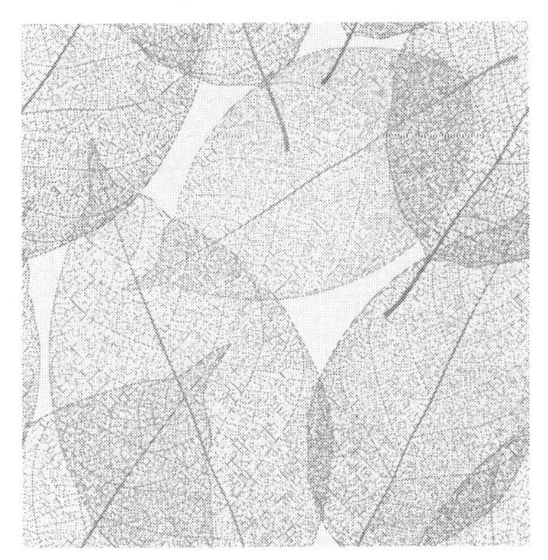

入室，觉伊不见。室冷帷空，天胡不吊，厄我至此。又不禁仰天长号，泪尽声嘶也。余述至此，肝肠寸断矣。余书亦从此辍笔矣。

——陈渠珍《艽野尘梦》

可是任谁都不知道，此时的柳丝丝，替昏迷的公羊磐承受着无尽的痛楚。

这痛楚，也许会持续一生吧？而公羊磐欠下的债，也恐怕是一生吧？

愁肠剑

文/徐里

一夜无话，天刚蒙蒙亮的时候，大家就已经准备好赶路了，锦城此刻还在朦胧的睡意中，路上只有早点铺的小贩在沿街清脆地叫卖。可就在那好端端的时候，忽然下起雨来，本来就未完全亮透的天竟然渐渐黑了下去。此时的公羊磐一行人刚从客栈出来，到达北街。北城门就在远处，模模糊糊的，隐约可见。雨中响起嗒嗒嗒的声音，就像是一匹马忽然奔跑了过来。公羊磐示意大家停下，柳丝丝转过头道：“我们有客人来了。”

话刚说完，她却忽然一震。公羊磐也察觉出她的异样，将马头掉到她旁边，就看到对面的黑幕里走出一个人来，打着油纸伞，就那么轻悠悠地，像在散步，但是速度却快得让人惊讶。

难道那嗒嗒的马蹄声就是他走路的节奏？那……未免也太惊人了。公羊磐如此想道。

不消片刻，那人影已到了近处，距离公羊磐等人仅两马之隔。公羊磐手里紧紧攥着枪柄，因为两马之隔对于他来说，也是一瞬间。对面那人穿着一袭灰青色长衫，也不见有什么利器在身，眉眼英俊，面目间隐隐有些病容，苍白无色，真应了那句“细雨轻衫掩沉疴”的景象。

公羊卢驾马上前和公羊磐并排，喝道：“来者何人，挡了我们去路。”

那人小咳几声，用左手握拳挡住嘴巴，嘴唇翕合：“病……病书生，袁初衣。”

公羊磐蓦地脑子一轰，竟然是他！病书生袁初衣，江州南七剑之一，传说十几年前以一人之力，怒斩江州南部研毒世家欧阳一家，名震江州的欧阳家主被他足足刺了七百余剑，血流至尽而亡。这个人最可怕的不是他的一手愁肠软剑，而是他神鬼莫测的速度和最使人无解的幻术的精神打击。

看来柳丝丝就是先中了这一招，同样修习了幻术的她，更容易直接地被打击到。可是……是在什么时候，他就已动了先手?

“阁下就是公羊磐？是在想那个姑娘为什么中了我的幻术吗？”袁初衣问道。

“是，不但如此，我还很疑惑，就算你速度惊人，竟然敢走到我两马之地，不怕我忽然发难，置你于死地吗？”公羊磐问道。但是在雨中，他的后背已经感觉到了一丝冷汗。

“哼！”袁初衣冷哼一声，“尽管你两马之地无敌的马上枪术有些名气，但是我还没有放在眼里。”

“啊——”公羊磐一行队伍的后面忽然传出两声惨叫。

“你——！”公羊磐呆了。对方动也没动，但是自己的人已经中招了，“你到底使用了什么幻术，竟然能这么迅速地打击我的部下？”

“你是想说他们都是你精挑细选的武士，意志都不同常人是吗？你可派人查证，他们两人都是后颈中剑而死。”袁初衣答道，人就站在那里，动也不动，就仿佛发生了什么，都与他无关一般。

公羊宣从后面勒马过来，小声道：“公子，是后颈中剑而死。”

再看袁初衣，他的脸上难得地露出了一个微笑：“我要杀你们，很轻松。费这么多事，只是想让你们知道自己死在谁手里，最好是乖乖自裁。自从十多年前屠了欧阳一家之后，我已经不想再杀生，也不喜欢出汗。”

“你口气倒不小，我们这么多人，你一时难道就杀得光？”公羊卢怒道。

“等，等一下。”柳丝丝终于挣脱了精神束缚，但是脸色苍白，好像经过了一场大战，“袁初衣，你，你打不过公羊磐。”

众人俱是一震，如此厉害的人物，他们已经见识了对手的可怕，就算公羊磐是年青一代的翘楚，也不可能是他的对手吧？两人根本不在一个级别上面，怎么可能有机会——甚至感觉以柳丝丝的口气，公羊磐若与袁初衣一战，仿似将可完胜一般，这简直是天方夜谭，连袁初衣也以惊诧的眼神看着柳丝丝。

“打不过他？”袁初衣用伞指着公羊磐，根本无视雨水打到了自己身上。

“是，否则，你们大可尽情一战。袁初衣江州南七剑之一，人称病书生，不可能没有与后辈晚生一战的勇气吧？折杀了自己的威名，同样折杀了南七剑的威名，就算杀了我们，以你书生性情，自己心里那一关也过不了，对吗？那你的武道也就算走到了尽头，怕是日后只退不进了。”柳丝丝说道。

“哈哈哈，好，那我就与他一战。你这小女孩，煞是有趣，不愧是那个老妖怪的弟子。”说完，他重新将伞遮到了头上，转身走向北城门，五十步后停下，又拿伞指着公羊磐，“你——来！”

“柳姑娘，我真的可以赢他？”公羊磐问道。

“能独力斩杀苍狼虎，漠州公羊磐想必忍耐力也不寻常吧？你们对战，你可采取守势，虽说你防守比较差，但是好歹中了几剑也不是问题。我师傅说过，袁初衣这个人心高气傲，必不肯一击置你于死地，而他的精神攻击对于你这样的武士，几乎可以忽略。那么采取圆的守势，把枪织成网，而他耐力很差，你明白了么？”

“燕周剑术？以柳姑娘的意思是——”

“拖字诀，待他续备不足，杀他一个措手不及，去吧。”

“好！”话刚出口，公羊磐已提马奔出，以柳丝丝的判断，加上他在马上，使的长枪，优势明显，那么在守前，他想先雷霆一击，给对手一个压力。

远处的袁初衣摇了摇头，在他看来，公羊磐即使是在马上，速度依旧很慢。他的手缓缓抛开了伞，从腰带里拔出了他的愁肠剑，再走着七寸方圆步法，他已经跃到了公羊磐背后，一剑刺中了奔跑的马腿。“嘶——”马忽然跪倒。公羊磐一惊，硬生生将枪尖刺地，挑起身体跃到马前，才将堪堪落地，袁初衣那可怕的面容已出现在了他背后，袁初衣轻喝一声“一剑”，公羊磐只觉得左小腿一痛，回头一看，腿上已破了一个细小的洞，血从里面流了出来，再看袁初衣，他依旧打着伞，站在原地。

真的动也未曾动过吗？连和柳丝丝一起的众人都瞬间停止了呼吸：太快了！

“你还以为，那个小女孩说的是真的吗？”袁初衣冷冷道。

“公羊磐！织网！”柳丝丝拼尽全力大喊，不妨身体受不了负荷，从马上坠了下去。公羊磐在凌晨这雨中的黑夜里看得清晰，无奈腿脚已不利索，还好公羊卢反应迅速，将柳丝丝拦腰提到了自己的马背上。

“好，那就织网。”公羊磐暗喝道，将手挪到枪的中间，以两端做头织起了片片枪网。

“噢？燕周剑术，这失传很久的剑术竟然都出现了，倒是见那个老妖怪用过一次，不过用在你手里的枪上嘛，有点不伦不类。”袁初衣话方说完，身影已再次出动了。“叮叮叮——”软剑刺在了枪身上，连响数声，紧接着又是公羊磐一声痛呼。

袁初衣还是站在原地，公羊磐的胸前却又多出了一个细小血洞。“你的网，刚猛有余，却缺乏柔韧性，精妙的剑术，哪是这么硬来就可以的？”

公羊磐没有说话，按了按自己胸口，怒吼道：“来！”

袁初衣笑了笑，剑光又出，但是接着他却笑不出来了。公羊磐在他迫近自己的一瞬间，忽然放弃了守势，将枪滑送出来递向了他。这是毁伤的精义吧？袁初衣急忙收身转开，公羊磐的枪尖扫破了他的衫尾，但是自己的胸口却又多了一个洞口。

但是，这一次袁初衣回到原地时，油纸伞掉了地上。他的速度被拖住了！

公羊磐心中信心大增，又开始织起了枪网。

“有点意思。”袁初衣看不出喜怒，一脚踩破了油纸伞，等到公羊磐注意到他伞破时，自己的肩膀已又中了好几剑。

“公子！”公羊宣急道，拔出刀跃跃欲试。

“阿宣！”哥哥公羊卢在一旁喝道，“不可妄动！公子眼下还不要紧，若是我们逼得急了，恐怕病书生恼羞成怒，狠下杀手。我们不是他的对手。”

“那怎么办！”公羊宣急得两眼通红。

公羊卢看了看昏倒在马背上的柳丝丝：“只能相信她了，相信公子可以战胜眼前的必死之局。”

另一边，短短几息之内，公羊磐已连中了无数剑，袁初衣口中念念有声“八十四”“八十五”“八十六”……公羊磐并不懂得燕周剑术的精义，仅凭着见过一次化名柳应生的杨安使过一次而依样画葫芦，效果可想而知。

“你这样下去，恐怕也只能落得个血尽身亡。”袁初衣对公羊磐说道，提着的软剑上，血顺着剑身一滴一滴地流到地上，和雨水混作一团。才战了片刻，公羊磐就已身中数创，但是他跪在地上，只顾着珍惜时间喘气，瞪着袁初衣并不答话。

对，休息，和苍狼虎那一战就是这样，只能靠苍狼虎扑咬过后的瞬间来补充精力，在那种时候，随时都可能被强大的对手杀死，或者因为自己精疲力竭而瞬间土崩瓦解，唯一能做的就是坚定意志休息，迎接下一次的狂风骤雨。

他眼前的袁初衣，已不再是袁初衣，而是一头苍狼虎，但是却比他杀死的那一头苍狼虎更快、更强、更刁钻狠毒！袁初衣的剑又一次刺进了他的腿里，公羊磐吃痛惨叫，趴在了泥水里。

到底什么时候才是尽头呢？有点……有点撑不下去了呢。

柳丝丝却在这时，悠悠醒转过来，发现形势不利，拼尽力气大喊道：“公羊磐，你可是青年翘楚，我们无数女孩子心中崇慕的英雄，你不可以倒下！”

是谁，在我耳边轻声呼唤呢？公羊磐此时已失血过多，两只眼睛也有些模糊了。是阿妈吧？他想起了阿妈，远在殁汗，他的阿妈抚摸着他的头：“磐儿，累了就休息吧，不要每天练枪，把自己搞得那么累。你看你，身体弱成这样。”对啊，是阿妈索杏，作为族长的夫人，殁汗城的百姓们爱戴的她，都说自己那么弱，难道我真的应该休息了么？

不，不行，我不能休息。他的头脑里出现了该兰奔跑而来的样子，她那么美丽而纯洁，她爱他，他也是深深地爱着她的。可是，为什么该兰竟然掏出剑刺在他的胸口上？她已经不爱自己了吗？那她爱的是谁？自己，自己又该爱谁呢？是……是柳丝丝吗？怎么可能是柳姑娘呢？

他睁开了眼睛，噢，是袁初衣。是袁初衣？他情不自禁地将枪拍击而出。“当——”袁初衣这一剑被挡住了。

“阿宣，看见了吗？阿宣，公子的枪术又进步了！是断流啊！”公羊卢兴奋地叫道。

“断流？暴悍枪法中集攻守于一体的断流？哥，公子已经掌握了第三式吗？”公羊宣也兴奋了。

有了断流，公子应该可以防守得了了吧？毕竟，断流是自家的武术，不生疏，也不会受武器限制。

袁初衣愣愣地看着手中兀自震颤不已的愁肠软剑，对刚才公羊磐的那一招有些难以置信。打了这些回合，只有这一招，公羊磐完完全全挡住了自己密不透风的攻击。这个人，中了自己四五百剑了，竟然还能在这种时候挡住自己，真像那个女孩子说的，他可以打败我？不可能！

他走着七寸方圆步法，再次靠近公羊磐。“当——”还是那么清脆的一声，剑又被挡开了。枪势霸道，力量丰沛，完全控制不了自己手中的剑，只能被挡住。

那究竟是什么枪法？

袁初衣不相信一般，连续又攻入了十多剑，但是无论从哪个位置突破，无一不是被干净利落地震开，就像水流被断一般。袁初衣双眼一眯，公羊磐这个年轻人，到底哪里忽然变了？他琢磨不透，正如公羊磐也琢磨不透他一样。

在公羊磐看来，对方的速度似乎都变得慢了起来。自从领悟断流的精义，他忽然觉得自己双目清晰了许多，看很多东西都不再模糊，也不再是以前那种颜色，世界对于他来说，显得清澈了不少，连雨水打在水面上的波纹，都可以一一数清。是掌握了断流，他心里有些明白。否则，那干净利落的格挡，他还做不到。只是……身体负荷太重了，不知道什么时候就可能忽然垮掉。

忽然，他的眼睛被袁初衣锁住了。袁初衣终于还是发动了幻术的攻击，他不自信了，在公羊磐身体承受不住，继而精神衰弱的时候，忽然发动了幻术，以精神锁死对方。只能这样了，他病书生不能败在这样一个年轻人手里，他已名震天下二十多年，而这个年轻人，不过是个初出茅庐的小毛孩罢了！即使用了些手段，也只能如此了。

柳丝丝这下才急了，她双手开始结印，要破解掉袁初衣的幻术，否则公羊磐只能任人宰割。破不了，破不了，袁初衣的攻击就在一瞬间，怎么才能救公羊磐？袁初衣就要动了！好吧，柳丝丝心想着拼了，然后她咬破了食指，把血抹在自己另一只手掌心，双手合十，轻喝道："秘术・地狱之身。"

公羊宣被吓了一跳，但是另一旁的公羊卢却事先已注意到了柳丝丝有所动作，他心里为公子担忧，没有阻止，但是没想到柳丝丝本已受创的身体竟然施放了这么华丽的一个术法。只见柳丝丝全身燃烧起火焰，一个人形从她身上分离出来，瞬间射入了公羊磐的身体。

梦中的公羊磐正被人一刀一刀割着身上的肉，忽然却硬生生被一股巨力推了出来，然后是袁初衣的脸。袁初衣发现柳丝丝的秘术时，就已闪身出剑。但是幻术的体力耗费太巨大了，他的速度已经大为降低，公羊磐用胸口接下了他的剑，作为回礼，也将枪尖刺进了他的腹部。

他真的打败我了？袁初衣睁大了双眼，不，这不可能！自己一身的技艺，几乎是一个传说般的存在，竟然真的被这个小孩子打过了吗？真是个讽刺吧，自己已动用了幻术，放弃了一生的尊严，却……还是败了。他微微闭上了眼睛。

"柳姑娘！""公子！"等到公羊磐清楚自己已杀掉了闻名天下的病书生袁初衣时，才听见阿卢和阿宣在叫自己，他们还在叫谁呢？不管了，太累了。公羊磐缓缓闭上双眼，叫的应该是我的恋人吧？叫我们回家，叫我们去见阿妈。是柳姑娘吗？和柳姑娘一起去见阿妈，阿妈应该很喜欢她吧？

可是任谁都不知道，此时的柳丝丝，却仍旧陷在死去的袁初衣的幻术"刀雷"中，一刀一刀被割着身上的肉，替昏迷的公羊磐承受着无尽的痛楚。这痛楚，也许会持续一生吧？而公羊磐欠下的债，也恐怕是一生吧？

一切都是未知的，可是历史还是要奔跑向前。

他用左手食指推推方形厚框眼镜，

把头探过来低声说，医生，我不需要精神治疗。我没病。

分裂

文/徐里

我闻见一丝霉味，夹杂在冰凉与糜烂中，令人眩晕欲呕的感觉袭来，我明白这是死亡的气息。至于为什么明白，我也不清楚。因为闻见这气息，我挣扎着睁开眼睛。目及的一切都是灰白，包括KFC招牌。世界像被扭曲的机器榨干了色彩，抽走了繁华。人们都从我面前逃离，惊恐与丑态糅合，使我对这陌生的景象不明所以。

接着我看见自己手上沾满黑色的液体，黏稠感陡然爬遍全身。我右手握着一把尖刀，我更清楚地忽然明白过来：

——我杀人了！

我忘记自己是怎么来到这里，忘记了自己叫什么名字，也忘记了家在什么方向。我只知道自己在一条宽阔的大街，手上沾满血还拿着刀，若不尽快逃走的话警察势必将逮捕我。即使不会被抓住枪毙，但坐牢和进精神病医院我肯定躲不过。于是我伸手招出租车，心急如焚地想去一个陌生的地方，蹲在没人认识的角落想想自己到底杀了谁。但是所有的出租车都漠视我，将我当作隐形。我绝望地意识到，以自己目前的形象，所有人都不敢靠近我。

跑！神经里仅残留下这一个动机名词，肌肉与骨骼已快速磨合触发了事件。我喘着粗气越过围栏朝大街对面跑去，心脏的轮廓在胸腔中抖动，忽大忽小忽上忽下，汗水瞬间淹没了我。

去哪儿？

村上春树说那是一个叫作“出口”的地方，每个人都找不到，但每个人都在找。只要逃去那里，就没有人会发现我，没有人会计较我做过什么。我全然忘记了自己存活在这个世界的意义，也全然不顾自己根本不知道那所谓的“出口”在什么地方。在后来我才逐渐明白过来，并暗自庆幸：倘若当时就去想那自己回答不了的问题，那所有故事就会在刹那间支离破碎，变成崩溃的沙丘，像古代的文明一样蒸发。总之那一刻我心里打定了主意要去找到“出口”，还要带上我心爱的姑娘。

我也不记得为何会在脑袋的记忆里卡着关于她的样子。她在A街C记面包房工作，叫小E。

很快，C记面包房的橱窗出现在我的视网膜内，印着白胡子老头的KFC招牌就在不远处。我浑然不觉自己跑了一个大圈子又回到了原地。人生也不过是兜圈子，这没有什么不可接受的。我进店后从放面包的精美玻璃柜上伸手拉住小E的手：

和我走吧！我杀人了！

小E没有任何惊异的表情，为什么要和你走？

因为我爱你。

你以为爱是什么？小E冰冷地问。

我猜小E一定是神经出现了短路，满身一种现实主义味道。这种味道使我澎湃的心凉下去，沉到深渊，接着她使它冻成冰块：

你以为你是谁？神经病！

最近我一直在研究人类发展史，我发现历史在前进中竟然出现了倒退。我们现在正处于“后野蛮兽态时期”，每个人都是穿着衣服的怪物。根据我的研究成果表明：人类将极有可能回到撕掉衣服的原始社会，与现今的文明分裂。

我的女友小E在我发现这个惊人秘密时，要我给她买一件3000元的衣服。

你要知道，人类都快抛弃衣物的伪装了！我告诉她。

笨蛋！小E轻蔑地说，人类只会更习惯伪装，比野兽还可怕。全世界都是人吃人，到处都危机四伏！说完她摔门而去。

那天晚上小E带着两个男人悄悄进到我的房间，我鼻孔里飘进陌生古龙男士香水的味道。我早知道她会回来杀我，于是我提早在枕头下放了一把尖刀。他们逐渐靠得近了，我爬起身，尖刀赫然出现在我手中。

但是，——嘭！我什么都不知道了。

迷迷糊糊中，我听见手术刀的声音，刺鼻的消毒水味道也钻进鼻孔里。刀在我的脑袋中搅动，过了许久听见针线缝合的声音，质感非常清晰。

没有问题了，他在这个世界，还算是很正常的人。医生完事后说。

听见这声音，我的嘴巴虽然动不了，但是心里却平静了。原来我没有神经病，身体的健康支持着我的正常存在。真是个万幸的消息！

不对！我们把他的中枢神经接在哪一根上面了？另一个声音忽然说。

拆开！快，快拆开！

快，剪刀！

麻醉药已渐渐退去，我睁开眼，两团影子在我面前飘动，手术刀和其他医疗器具的声音又在我的脑子里回荡开去。也许，回声在我昏迷时发生了性质变化也说不准。现在的教科书没准说它产生的距离是15厘米。15厘米？那是圆的直径，手术刀在中心，这么估计，回声产生是7.5厘米才对！

不想了不想了！我痛得泪腺分泌出了遗物。

明灭恍惚之中，小E从远处走来，她的脸可以清楚地映在我的直觉中，不带任何表情：

艾立，送给你一个咒语。——你，将杀了你爱的人，并且毁灭你自己。

我叫艾立！

天旋地转的感觉过去了，我什么都记得了。我眼前是A大街，KFC的招牌鲜艳夺目，小E在面包房里工作。

一切原来都是梦，发生的一切都是我精神另外割出的幻象。

我嘘口气，顿时惊觉我手中握着一柄坚硬的物体——刀！

小E的眼球凸出来，她张大了嘴，脖子上勾勒出一道浅浅的裂缝。那缝隙迅速撕开，像舞台剧幕布拉开的感觉一样，接着血涌出来。她倒在地上。

我冲进店内，看着不可置信的一幕：她死了！

谁杀了她？

不是我，不是我。我喃喃道。可是血液从地底生出，朝我的手掌、手中的刀上面蔓延。A街会聚了大量的人，他们围着我指指点点窃窃私语，我一点也不害怕：

他杀人了！他杀人了！他是神经病！

听完来人叙述，我在资料册里登记他的姓名：马慕。

医生，你写错了。他说，我叫艾立。

他用左手食指推推方形厚框眼镜，把头探过来低声说，医生，我不需要精神治疗。我没病，病的是世界和所有人，我们一起拯救他们吧！看，我带上了它——

他的右手，赫然握着一把尖刀！

这一刻，夏季已经结束了。

漫天飞舞的虫子钻进了未知尽头的黑色夜空。

最初的诉求

文/徐里

这一刻，夏季已经结束了。漫天飞舞的虫子钻进了未知尽头的黑色夜空。你的手拔出了刀。

你的刀是我送你的，斩空——斩尽一切皆成空。你的刀法，如翅飞舞，是我传你的扇翅刀法。而今，当你拿着刀面对我的时候，我竟然忘记了当年师傅传授给我这套刀法时的情景，只觉得心里装满了凄凉。

我是星辰九宿的第一星，我的荣耀属于皇帝，我的命也属于皇帝。可是，在你面前，我什么也不是，只是一个影子，挨着你却无法和你重合。

遇见的那个冬天你刚入宫，而我在内宫当值。那晚，路经凉雨亭，听你独自吟了一句："天上宫阙似迷林。"而我，正站在你的身后，月光照着你的半面轮廓，妆容已被泪水染花。

我随口接道：“挥刀斩林翅可伸。”

你转过头来，怔怔地看着我：“将军，笼子里的鸟可以飞吗？”

我自觉失言，对你抱拳一揖。

你便笑了，笑得那么绝望：“亏得一句男儿豪迈诗，却没有那样的心胸。天下皆小人，皆是不堪。”

我不知如何作答，只能将头更加低了下去。

你走过来，将手搭在我肩上：“教我剑法吧。”

“不可。”

“为什么？”你怒道。

“臣子与后宫妃嫔应保持距离。”我唯唯诺诺。

“哼，好一个距离。”你转身离开，我惊出一头冷汗。

次日，我在家看书，忽然有宫女送来一盒糕点。

“这是晴妃娘娘赐予你的糕点，要你晚间到内宫见她。”

我一时竟不知道该接还是不接。

那晚，你在我面前哭了，哭得我不知所措。你在天空之上，安知我只是一介凡尘之人。凡人若是不懂得曲意逢迎、察言观色，便死得如蝼蚁般。而我的主子，是皇帝，我应对他忠诚。

你抱住了我，在我耳边讲你的父亲，讲他为了荣华而将你抛进了深宫。“你可知，一入宫门深似海，这辈子都不再是自由的了。”你看着我的眼睛说。

我躲开你的视线，只觉得喉咙里干渴难耐。我从小习武，后来效命于皇帝，二十七年都过着规矩的生活。你像一只魅，夺走了我的心神，你是一束漏出灯罩的光线，是想出逃的嫔妃啊！

你吻着我的唇，轻言絮语：“宋将军，带我走吧。皇帝派追兵，你就教我武功，我们可以逃到没有人的地方。”

我转过头来看着你，眼神里那么期盼、恳切：“我教你一套刀法，可在被追杀时，阻挡敌人。”

“你会和我一起走吗？”你拉着我问。

“晴妃，我……”

“不，——叫我晴儿就可以了。”你按住了我的唇，指间微香缭绕。

此后，我便开始教你刀法，也跟你讲我幼年学艺、跟随皇帝打仗的往事。你学武学得很快，一套扇翅不久就掌握得八九不离十，纵然在武道上被称为天之骄子的我，也不禁赞叹。女子里的好手我遇过不少，但你已可位列三甲。然而你不满足，要我教你别的。

“要是皇帝派许多人围追我们，我就可以自保了！你还可以多杀几个！”你笑着说。

我只是摇摇头，解下了自己的配刀：“刀是我师傅赠我的，今日便赠给你。晴儿，刀不一定是杀人的，知道吗？”

你接过刀转开头，嘴嘟得很高，有时候我觉得你还是一个孩子。所以才不小心，忘记了防备你。

你可曾记得元夜那晚，你刚学扇翅刀法一半时，我们去了京城里最大的闹市，看灯、看花。那天你穿着白色的绸衣，美不可方物，在一个老伯的大西洋鱼缸面前，你手指着游来游去的金鱼，问我好看不好看。

“好看。”我笑，可心里却在问自己，那鱼缸是否就是琉璃宫殿，鱼恰好是我们自己呢。也许我们真的应该一起逃出去，对吧？我心里，也是真心喜欢你的，对吧？

可是一切都变得那么快，皇宫里突然传来消息，说你刺杀了皇帝。我从家里赶到内宫时，你已经逃走了。为什么要刺杀皇帝呢？他是一个明君。

“宋玉民，你可知她使的是谁的刀？”内宫里，皇帝只面见了我一个人，他盯着我的眼睛。

我跪下来：“陛下，是罪臣的。”那一刻我只盼你已逃掉了，那么我死，也心甘情愿。

“看来她的刀法也是你教的了。”皇帝站起来，来回地走，走得很慢。他心里在想什么呢？

我的心已经飞出了宫墙，跟着你走到天涯海角。

“糊涂啊！”皇帝忽然长叹一声，“怪只怪朕，没有小心防备。宋玉民，你跟了我好像已经八九年了吧。”

“回陛下，罪臣十九岁下山，跟随陛下八年零七个月了。”

“你可知她父亲是谁？”皇帝转身问我。

“罪臣……不知。”这时我才恍然惊觉，从来都是我在说自己，对晴儿了解得原来那么少。

“她是藩阳王的女儿。”皇帝坐到椅子上，忽然间像已经老了。

藩阳王是诸王里面最有野心的一个，皇帝和他之间的斗争已经持续了将近一年，但一切还在暗里。原来藩阳王竟把他的女儿献给了皇帝，那么晴儿，她是——刺客！她原本就是一个刺客，一个来探察皇帝消息的耳目，一个来迷惑皇帝让其放开戒心的棋子！难怪皇帝召她进宫，却从来没有亲近过！

原来，晴儿对我说的一切都是谎言。

“宋玉民，你带人去追她，务必将她捉回。”

“罪臣，领命。”我拱手俯身，心里却五味杂陈。

汗水浸湿了我的背，出宫时带的四星都被你巧设计谋除掉了。这两个月以来，你一直在前面像饵一般引导着我们，不时突施杀手。二弟、四弟、五弟和九弟相继死在你的手里，或是暗器，或是毒药，九弟甚至丧命在你收买的小孩手里。

原来你心肠那么狠毒，而我却一直将你当作……

终于将你逼到了这一大片草地里，你已经走投无路。我手里擎的是越星剑，星辰九宿的权剑。你站在我面前，脸已经被黑色的污渍染花了，一如初相逢时你的泪光。夕阳下的你，仍那么美。

“玉民，放过我吧！”你跪下来，将刀扔在地上。

“你骗了我，死有余辜！”我用剑指着你，“你从未爱过我，对不对？”

“不——！我爱过！”你开始力竭声嘶地喊，“我爱过！爱过！爱过！可是我有我的命，我是我父王的女儿，藩阳王的女儿，不能忘记我父亲和那些百姓！藩阳王境里，没有一个百姓愿意跟随朝廷！我走不了自己的路，我注定就是一只飞不出迷林的鸟！”

“陛下是一代明君！”我吼道。

“可他不是藩阳百姓想效忠的主子！”你也吼道，眼泪从你眼角滑下来，你趴在地上，“玉民，放过我吧！你，你还可以跟我一起走，我们去藩阳！皇帝不能拿你怎么样的。”

“不，我是陛下的臣子。为人臣者……”“——噗”，一支短箭忽然从我右肩穿过，射入你的胸口。那是三弟的鬼愁雕花羽，原来还有的四颗星，都在我身后么？皇帝……已经信不过我。

“大哥，抱歉，陛下派我们来跟着你。若是你捉了或者杀了晴妃，我们则不用现身了。但眼下来看，你很可能放她走。而这个女人武艺高强，我们只能及早下手，伤了你，还请见谅。”三弟和六七八三位弟弟从后面站起来。

“啊！”忽然，你扯出胸口的箭，抓起刀冲向了三弟。星辰三星的鬼愁雕花羽名震天下，弹指即可伤敌，“宋玉民，还愣着干什么？他们要杀你，你还不还手！”话说完，你已和三弟缠斗在一起。

六七八三位弟弟看着你和三弟，又看看我，逐渐开始拔各自的兵刃。罢了，我已心如死灰，不如救你。越星一出，跨越诸星。我的剑如飞影，在残阳中织出片片雨帘。七弟右臂转瞬伤了，而六弟的大锤正攻向我的后背。八弟凌空飞起，一脚朝我背后踢来。顾不得那么多，我弃开七弟，置六弟的大锤不顾，剑尖已变幻到了八弟的面前。

“哧——”长剑当胸穿过，八弟难以置信地看着自己胸前那支黑色的冷漠兵器。“大，大哥，我是老八。”原来他踢走了六弟的大锤，而我却误以为他是要夹击我。

“啊！你杀了八弟！”七弟大吼，不顾自己的伤，和六弟再次袭来。

我的心一阵绞痛，胸口中了七弟一拳。

“宋玉民，还手啊！”你在和三弟的缠斗中分心叫我，右腿又中一箭。

我心一横，剑锋掠过七弟的右臂，他的一只胳膊被我活生生卸了下来，而六弟的大锤也击中了我的后背。我一口鲜血吐出，不管身边的六弟七弟，直奔三弟而去。三弟大惊，要知我的射剑式一出，必然见血。三弟后坐如弓，无奈之下选择了两败俱伤。这是人马合一箭，他最后的杀招。

当我的剑插进三弟心窝时，他的箭也射透了我的胸口。

你，一刀劈掉了七弟的头颅。六弟已经身心皆惧，朝着荒草地外围逃跑，你将刀抛起来，反手击打刀柄尾部，六弟后背大开，倒在了不远处。你一步步走过去，将刀拔起来，指着我。

斩空——斩尽一切皆成空。

“宋玉民，我们不能在一起。”你说。

我丢掉了越星剑，看着满地兄弟们的尸首。杀到尽头才发觉，自己也是其中一个失败者，满盘都输。

“你究竟……还是没有爱过我的，对吗？”我无力地问你，转眼看着夜空。这一场打斗原来已经遮掩了天色，遮掩了我的一切过去。无论曾经多么荣耀，都已经和夏末的飞虫去向了未知的黑暗。

“我爱过，可是我不能。藩阳女儿，可胜男郎。为了父王，我必须除掉你们星辰九宿，这才是我的使命。大军早已备好，宫里的刺客也一直在待命，只要没有你们九宿，皇帝一死，天下就是父王的，我不能拖他——”

“哧——”剑刺透了你的身体，你的刀也贯穿了我。其实我什么都不是，在你面前一直都什么都不是。不是豪迈男儿，连痴情傻子也不是。

不如携手去天涯吧，那是你对我最初的诉求。

一

物是，人非

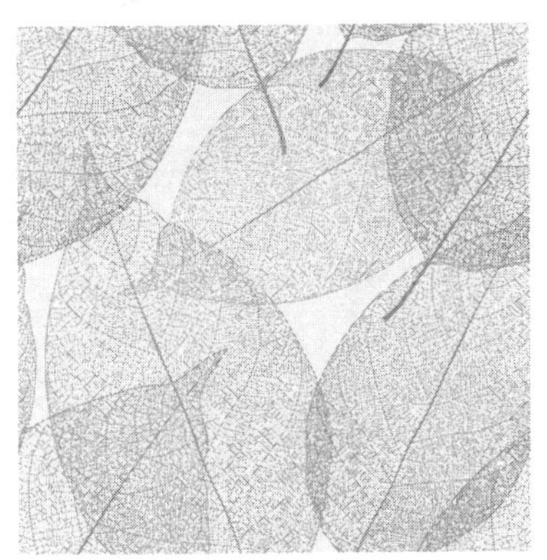

●

⁚

你默默地离开那片光滑的打谷场，你登上赤石嶙峋的荒山之顶再回头望去，一片悄然寂静的小山村正在那黄色的荒山浪谷里静卧着。

——张承志

她依稀记得他说的最后一句话，我买了个不倒翁，来看看?

真的很像你啊。

在乌江流域

文/李晁

1

思凡是十月初动身去浸底峡的。车在山岭间穿梭，像沿着大地的肠子滑行，每当转弯过猛，思凡的胃就会抽动一下。在连续下坡路段，犹如坐海盗船，心瞬时发生位移，都快顶到脑门儿上去了。如果再失控一些，可能五脏六腑都会飘离原来的身体，成为一具货真价实的空皮囊。

沿途的风景被这不适打了折扣，很长一段时间内，思凡无心欣赏窗外的景致，那些奇峰险境茂林修竹与他无关。他在漫长的旅程中打了几次时断时续的瞌睡，是车的震动使他的头撞向车窗他才醒来的。他望着车外青色的陌生风景，感叹地域的隔离。山势开始陡峭，那些巴掌大的地方都是庄稼。民居建筑又是另一番风格了，木质的平房或二层小楼，或瓦或平的屋顶，堂屋正中门楣顶上是饱满硕大的三个字，用不同的字体和颜料勾勒出来的。福禄寿被框在圆圈中，门旁还有对联，不是常见的红底黑字贴在门旁，而是直接书在墙上，无论岁月如何变幻，都是那样一段妥帖的文字，不再更改。

途经赶场的镇子，民族服饰才粉墨登场，其实说粉墨登场也不尽然，因为那些或繁或简的服饰在这里很是平常，只是内地人见得少，才有了些许惊叹。车上一对情侣尤为兴奋，女的大赞服饰手工的精巧，男的却把目光对准了那些身着华服的妙龄少女。思凡也在看人，不过不是服饰相貌，而是表情。在这里，人们的一颦一笑是那样天然，毫无伪饰，不设机关，连货车上的青年都是一副安静随和的样子，好像这样的生活已经足够美好，外面的世界与己无关，或者说，那既是一个遥不可及，而想想又能实现的梦，一切不必操之过急。

青年们围成一圈，有些围炉取暖的意思，香烟在不同的手中传递，身上的衣服并不干净，想来是干完活儿收工回去的。一个青年的形象长久地停留在思凡脑海里，以至货车消失许久，他也离开了热闹的集镇，那人的面容还印刻在眼前。

他不费吹灰之力就能使那张具有安抚力量的脸浮现在脑海里，如同电影的幕启。

青年侧着头，在一群青年青黑的脑袋中露出大半个脸来，应该说青年长得并不出众，长着一张极普通的脸，五官轮廓平淡，看不出上帝的特殊眷顾，但聚合在一起却自有一种不可抵御的亲切感。青年微笑着，或者说嘴角并没有动，只是一个淡淡的表情，眼睛却深邃，然而不是那种心事重重的幽深，而是那种与生俱来的深度，也许并没有想象中那样深，因为思凡一眼就可以看出他的满足来。

思凡的车跟了货车一段路，青年的表情未有变化，阳光变幻了几种色彩，一抹淡黄出现时，青年最后一次出现在思凡眼中仿佛沐浴到神的荣光。回忆起来时，竟有几分故人的感觉了。

2

车到县城时，天完全黑下来，县城的出现只是一晃眼的事儿，仿佛唰一下，风景变换，一个高高的山头被车超越之后，谷底县城的灯火才迎面而来。最凹处的河流暂时隐匿不见，只瞧见串串灯笼穿过黑夜，连接两头。两岸的建筑参差不齐，灯火或聚或散，映出繁华寂寥。进县城的路由高到低，一圈圈切下去，酷似一个锥形箭垛。思凡没有跟车下到最低处，而是在山坡中段一家酒店停下，那里有来接他的人。

在酒店后堂一字摆开的桌椅中，思凡倚着冰浸的水泥阳台对着烟雾中的县城发起了呆。蛇穴，这是思凡对县城的第一印象，无所谓好坏，仿佛只是一个客观论断。道路蜿蜒，从各个方向迤逦而来，最终融会在了这块依山而建的谷地上。

乌江对岸的山雄壮挺拔，凛然大气，又带有一种悲壮的味道，当断则断，为江水的奔流付出了犹如断臂的苦痛。不知为何，思凡想起一位古人来。

十余小时的跋涉，使思凡的思绪轻松得失了控。他想象千年以前，那位在乌江自刎的英雄，虽然此乌江非彼乌江，但又有什么分别呢？总归是一条永远无法泅渡的河，英雄长留岸边，而对岸青草依依，一代代人打迷雾中过来。

思凡想靠近些，可脚下湿滑，一个趔趄，险些翻出阳台。阳台下是落差近十米的断崖，靠近一座风铃摇动的寺庙。放眼望去，寺庙的黄色瓦檐在古松中翘出头来，没有钟声。

母亲穿过数盏灯光出现在昏黄的光晕中，身影颀长且瘦，不似人形。思凡有太久没有见到母亲了，算下来应该有两年了。自从父亲离家，母亲就开始在各个工地奔忙，思凡对她的印象就一点点减退。

从北方到省城，从省城到这里，二千四百公里的距离，他却走了这么久。这让他觉得不可思议，如此转山绕水，思凡不知为了什么？

和母亲相见？

当然。

可，还有什么呢？

十八岁离开西南之后，思凡在北方住下，融入不同的朋友圈，从事各种无足轻重的工作，日子就这么沉淀下来，他以为这辈子都不必为今后打算的，可母亲终究是那个最牵挂他的人，他不能不来看她。

母亲正在老去，人到中年的力不从心从皱纹中便已可见，然而她还是那个爱漂亮的人，看得出为了来接他，还特意打扮了一番。思凡把礼物（一套价格不菲的化妆品）递给她，母亲惊叹地扫了眼牌子，有些眼熟又有些摸不太清的样子，最后只是说，女朋友买的？也不带来看看。

思凡说，你见过照片了。

母亲说，那可不一样，来不来，不一样的。

思凡说，你说哪一位？

母亲一时语塞，想说什么，又找不到突破口，想教训儿子两句也做不到。关于男女之事，她认个死理，所以离异这些年来，一直没找别的人。

就那么手足无措地望着儿子，有些看不够的样子，又有些火，但出口依旧温柔，要好好对待别人，别朝三暮四，不能对人家不负责的。

思凡听着，点头，不置一词。

3

夜晚的行程显得比预期漫长，依旧是上山下山，好不容易车才在一处灯光大作的地方停下。那是栋二层小楼，楼下是办公区，楼上是宿舍。在母亲房间，原本摆放沙发的地方被临时安了张床，卧房在客厅后，布置得整洁素净，墙上竟有帧思凡的摄影作品。客厅不大，可窗临深渊，窗下三百米的地方就是那条叫浸底峡的峡谷了，水电站将在那里拦腰而起。

他临窗远眺，在谷底一些光亮依稀可辨，大部分被云雾遮蔽，只有那些移动的车灯看起来像巨大的流萤在飘移。似有水声传来，母亲说，这附近有瀑布，白天你可以过去看看，你是搞摄影的，可以好好拍拍。

有人来串门，左邻右舍，其中几人熟悉，少时曾在一个大院居住。她们无一例外感叹，哎哟，思凡都这么大了，还认得我吗……女人们在屋内叽叽呱呱，热烈回忆过往，思凡只装作没听见，心思全溜出窗外了。

小樊是随后出现的，也不敲门，像猫一样闪进来，无声无息。刚毕业的丫头，还露着几分学生气，目前是母亲的徒弟，母亲管财务。

看她介绍小樊时的样子，颇有些爱意，俩人站一块竟有些母女的意味了。小樊留着刘海，与母亲如出一辙，不知是否受她影响，脸蛋偏圆，不知为何，看见她，思凡不可抑制地想起儿时的不倒翁来，也是那样的刘海，那样的脸盘，那样的大眼睛。如果不是人瘦，思凡都有心去推她一把了。

看见她，思凡激动莫名，恍然觉得心爱的不倒翁突然间长大了，化成人形，来到他身旁。

母亲去办公室，女孩站起来却被按住。母亲说，你看你的电视，我家思凡不会跟你抢台的，他只爱看球。

女孩这才坐下，说不出的样子，红色絮状物在脸颊上扩散。

母亲走后，思凡说，叫你小樊挺别扭的，像自己叫自己，干脆叫你小不吧。

什么？女孩一头雾水。

小不。

什么小布？

就是不倒翁。

不倒翁？

你像我小时候的不倒翁。思凡坦白说。

女孩疑惑了，这是个什么人？居然拿她和玩具比？看他认真的样子，小樊不满道，你还蛮喜欢给人起外号的。

是你真的像。

像什么！哪有这么叫人的。我有名字，还有什么不倒翁，我有那么肥吗？说着还不解气，女孩干脆头也不回，扔下一句，算了，我走了。

没多久，母亲回来，问，怎么样？

什么？

小樊啊。

那脾气，我看你们倒像母女。

呵呵，母亲笑，说，你也看出来啦，都这么讲。

再晚一些，思凡躺在床上想小樊，不，确切的说法是，从小樊想到不倒翁。怎么就这么像呢？曾经多么痴迷呀，那个不倒翁。

在那个男生酷爱汽车模型变形金刚的时代，思凡的这一癖好险些为他招来女里女气的不良声誉。其实也只有他自己知道，他对不倒翁的情感源于何处。

每当遭遇不顺心的事，思凡便第一个拿不倒翁出气，无论他如何发泄，不倒翁都没有半点怨言的样子，总是带着相同的神情一次次立起来，一摇一摆间，好像对主人的痛苦感同身受。偶尔，思凡猛力一掌或者干脆一脚过去，不倒翁蹦跳着跌出思凡的攻击范围，来个周身一百八十度大空翻，随便摔倒在哪个角落后，也是独自恢复原状的样子，仿佛从不知委屈为何物。

从小到大，思凡一次也没有想过那张不变的笑脸背后，是否也隐藏了一张泪水涟涟的面孔。

4

持续不断的水声击退了思凡所剩无几的倦意。窗帘阖着，屋内光线暗淡，屋外的一切皆被水声淹没。思凡想，这瀑布究竟有多大？等匆匆吃过早饭，他才抓过相机出门。过道对面，数栋排列有序的职工住房沿公路一字排开，蓝色彩钢瓦之上便是青黑的山崖，未干透的地面还有泥泞的迹象，看来才下过雨，怪不得水声如此之大，都有些轰隆隆了。

小樊也在母亲办公室，母亲说，你自己走走吧，要不让小樊带你熟悉下？

不用，你们忙，我随便看看。

母亲说，记得时间，我们十二点开饭的。

思凡离开办公区，穿过楼前的停车坪，往有水声的地方走，在办公区左侧，凸着一座山峰，比这里要高出不少，瀑布应该就在山峰背面。

公路就在崖边上，车痕深处还有昏黄的积水，碎石路面，走上去发出细密的崩塌声响，像踏雪而行。道路两旁是叫不出名字的黄色花朵。山崖下是密林，层层叠叠三色，一路延伸至峡谷。谷地里却是另一番景象，山崖被炸药轰开，露出黄色山体，如同溃疡。挖掘机喷着烟雾正在作业，砂石系统的塔架像巨臂穿过崖涧的巨大罅隙，黑色皮带静止着，远远望去像一座座布满青苔的木桥。

思凡随手拍了几张，然后在水声渐亮的山峰前停下，路在此处被分为两截，一截仍是大路，往下，另一截则是上山的小路了，狭长的一条，蛇形般隐没在荒草丛中，只可依稀辨认。思凡分路，走上小径，却透过镜头望了望通往谷地的大路，思凡数了下，要下到底端，竟要途经十三道拐。

毫无来由地，抗战时的画面突然出现，思凡想起一位美国将军，此时的水声竟像是飞虎队的机群从空中掠过了……

思凡从几个角度为险峻的公路留下印记。

天空云气密布，像浮着匹布，山腰间也挂着那些或浓或淡的白棉，鸟声啁啾，林间弥漫出一股清新的草木味道。穿行一段，思凡的裤角已经被浸湿。他连连按动快门，在道路边缘，一小块开阔地，一群山羊骤然出现，二十来头的样子，各自埋头吃草。思凡的到来引起一只公羊的注意，它抬起褐色的羊角及灰须飘动的下巴，警惕地望着闯入者。思凡与它对视，咔嚓一声后，受到惊吓的头羊发出预警，羊群开始转移，几只奶声奶气的小羊跟在母羊身后，蹦跳着，隐入山林。

溪流在林间一块低洼地带，之前出没的羊群正散落水边，即使才打过照面，羊群与思凡重逢时，还是迅速离去。水流潺潺，在平缓地带，溪流的流进速度让叶子的漂浮显得没心没肺，走马观花。瀑布的轰响反而弱了许多，思凡觉得奇怪，直到他顺着水流绕了一个大大的弯之后，在一扇表面被雨水侵蚀又被青苔覆盖的山石之后，瀑布才显出它的真容。

前方的山石像被削出了一个缺口，地势渐低，水流越发湍急，打着旋儿往前涌。此前还悠闲的树叶此刻像被卷进了暴风雨里，顷刻就消失在水中。四周水汽弥漫，像闯入了一场梅雨里。

思凡一时忘了手中的相机，探身往前，在一棵枫香旁，将头探向了瀑布底端。只见巨蟒般的水柱贴着山壁，利刃般笔直切下，山体犹如蛋糕，被生生地划出一道痕迹。谷底，水流落在岩石上，腾起树高的水汽，一幅白龙入潭的景象。而潭水漫延出去的地方复又被林木所盖，经过一条迤逦的幽密路径，溪流再次飞身而下，再跃过一些落差极小的小瀑之后，这水，才真正抵达了乌江岸边，一偿夙愿。

5

回去的路上遇见小樊。咔一响，小樊挥手的影像凝固下来，额头的刘海被风吹成了斜长的一溜儿，眼睛格外亮了，脸突然变得棱角分明。她发现镜头仍对着她，扭脸便走，也不和他讲话了。直到思凡气喘吁吁地跑上前，问，怎么啦?

没经人家允许，拍什么拍!

对不起，没忍住，老毛病了。

你毛病还不少。

找我做什么?

谁找你了!

明明在招手。

招手就是找你了？打个招呼不行?

行。我刚去看瀑布了。

知道。

要是下去拍两张就好了，你知道路吗？

跟着大路走呗，不过挺远的，走下去，也就走不上来了。

有小路吗？

有，就在瀑布旁边，那路是当地人走的，听说很险，你不熟悉，就别去。

6

第二天下起雨来，起初是淅淅沥沥的，落在屋顶上几乎不闻声响，后来雨势渐大，像石子砰砰跳跳了。思凡关窗时，却意外发现了雨景的妖娆，山间的风追逐着雨，雨随风转，银旗般舞动，群峰氤氲在雾霭之外，酷似一幅米芾的山水图。

思凡出门，母亲在身后喊，伞，伞——

停车坪上已经布满一摊摊浑黄的水渍了，思凡举着伞，雨点打在伞上有些力度的样子，母亲仍在走廊上，思凡回望说，我去拍两张，就回来。

母亲晓得留他不住，只好交代，别去危险的地方，会滑坡的，早点回来。

思凡想去看瀑布，又想找一处制高点拍摄浸底峡的雨景与乌江在雨雾中流淌的图画。在岔路口，思凡再次把镜头对准了落差巨大的十三道拐。雨雾中，施工仍在进行，装渣车正沿着蜿蜒的道路轰鸣，蓝色烟雾一俟喷出便很快被风扬散。

思凡眼前再次浮现出数十年前抗战时的事儿，在西南运输线上，不知有多少这样的道路，多少行驶在这样土地上的军列，泥石流车祸轰炸也没能阻止人的抵抗热情……

思凡像受到鼓舞，向瀑布进发，不料身后却传来一声呼唤。

喂，思凡！

她来做什么？思凡想。他折回，打林中钻出，看见小樊艰难地迈着步子朝他走来，斜风下，那把雨伞摇摇欲坠，有些打不住了，雨丝纷纷从悬崖一侧钻进敞开的伞底。

你怎么来了？思凡大声询问。

你妈让我来，叫你回去。女孩把伞抬高，露出潮湿苍白的脸。

知道了，你先回去吧，我会回去的。见女孩还在靠近，思凡阻止道。

那不行，我有任务的。说着小樊就靠拢过来，跃过一眼儿水塘。

思凡再次回到那条通往瀑布的路上，林间一切仿佛都是水做成的，叶片挂着水珠，一碰就落，像下一场雨中雨。一些带刺的藤蔓划过伞顶，发出裁布般的尖锐声响。小樊穿着雨鞋，走路吧唧吧唧作响。两人边走边聊，主要是小樊在问，思凡回答，偶尔思凡也反问两句她的情况，并趁她不注意时偷拍下两张，惹得对方直嚷起来，删掉，快删掉！

小樊是南方人，叔叔是局里领导，一毕业便被招进来。

思凡说，你也待得惯？在这里，不寂寞吗？

习惯了，刚来时特想走，可我叔叔不干，你妈也不放我。

我妈这样？

也不能怪你妈的，是我叔叔，他们商量好了，让我待满一年，好往上调，说是能回总局。

那还差不多。

其实我倒不想走了。

为什么？

说不清，很多原因吧，你呢？

我？假期完就走，还有几天。

其实你该多来看看你妈的，她一个人，才寂寞呢。

我妈的事，你倒是很清楚。

那当然，师傅她……

瀑布边，两人的伞都打不住了，尤其是小樊，手中的伞几度被风刮成了一只碗，就那么朝天立着，像在接受上天的施舍。思凡让她把伞收了，躲到自己这边来。他选择好角度拍摄雨景，她为他撑伞，两人的身子时分时合，贴在一起时，一股暖流过电般传遍两人身体，可谁也没说什么。见思凡俯视瀑布，小樊突然想起来，指着一处灌木缺口说，喏，那条路，可以下去的，不过很危险，你想拍，还是坐车下去比较好。

思凡扫了眼那地方，记下来。有一阵儿，他跳出雨伞范围，在溪流的另一头，在一棵枝叶被风雨侵蚀得老无所依的树下，对着还在岸边的小樊抬起了镜头。

别动。他说。

这次，小樊很安静，任思凡数次按动快门，见他被雨淋得够呛，才嗔怒地说，快过来，都淋湿啦。

回去的路上，两人仍打着一把伞，虽然雨势锐减，失去了力度，打在伞面柔软无声，更像是一场雾了，可谁也没有离开这把伞。

7

后来两天，思凡哪儿也没去，窝在房里，偶尔出门散步，看民工们扎成一圈玩一种叫“三宫”的赌博游戏。他一心想下到浸底峡去，可母亲说忙完这阵儿再陪他，叫上小樊，让他好好拍两张。

第三天，母亲有事去县城，问思凡去不去。思凡说，去。

一大早就出了车，这次，思凡才能好好看看来时被黑夜掩住的风景。晨光下，田野山崖都显出了秋日的最后繁茂，绿色逐渐力不从心，大地呈墨色。还是上山下山，过地势低缓的地段，村镇出现，黑色瓦檐稀稀拉拉散落路旁。上学的孩子沿途行进，三五成群，在这里，跋涉已成常态。当车嘶吼着爬上附近最高峰时，阳光突然而至，在顶峰，东边群峰荡漾开去，漫无边际。而正中，一座火山似的山头昂然独立，锯齿状的山峰被阳光涂抹，散发着彤红。山中古木幽深，周遭群山围绕，犹如众星拱月，好像守着一处神祇。天幕真正拉开。

思凡从未见过如此庄严的景象。他的惊叹之情被司机看在眼里，漫不经心的一句话才让他彻悟过来。司机说，那地方是上古时的战场，有大片遗迹，听说正在开发，要搞一个旅游区。

上古战场?

思凡仿佛看见远古战事，旌旗猎猎，烽火连天，勇士个个神情肃穆，部落首领居高临下，发号施令，气吞万里如虎……

县城出现在视野中时，思凡的思绪才从远古闪回，他一路幻想了种种战争场面，泰坦、神兽、萨满纷纷登场，吞食天地的壮阔景象还未彻底消散，县城的世俗容貌便汹涌而来。

他下车，母亲去办事，两人约好时间地点。车刚消失，思凡就一头扎进小城的热闹中。他找到一家相馆，洗相片。剩下的时间是在闲逛中打发的，思凡数次裹挟在游人中，去了趟此前打过照面的寺庙，在大雄宝殿上眺望谷底的乌江，河底墨绿的青苔使江水望上去乌青发亮，仿佛正暗合了乌江之名。打寺中出来，思凡直奔江岸，江风很凉，江中一道横切的小型长堤被江水恰恰漫过，一块绿洲嵌在堤后，银浪滩滩，鹭鸟低空掠过。

在沿岸的商铺中，思凡偶然发现了货架顶端的不倒翁，是儿时的样式，还带有几分老气，倒也历久弥新。这里的不倒翁只剩三个，思凡让老板递出绿色那个，托在手上，竟有几分重量，身上的西瓜纹路和儿时的如出一辙，灰尘细密地铺展开去，脸像蒙着面纱。

思凡问，多久没人碰过了？老板憨笑着，用抹布粗略抹一圈，问起价来，却茫然了，一时想不起，只好搓着手说，你出个价吧，说多少是多少。见思凡不语，老板又说，这是老古董了，也不哄你，你随便出点，拿走吧。

思凡没理会老板的迫切之情，他端详着不倒翁。久违了，那肉色偏红的塑料脸蛋，睫毛根根上翘，都能数得出来，眼神灵动，樱桃小嘴，只是嘴角挂着一粒白色斑点，像涂料，乍看有些瑕疵，久了，竟也觉得舒服了。

托上那么一会儿，思凡的手臂都有些酸了，不倒翁底部的钢球已经锈掉，思凡的手上落满了黄色锈粒。

8

邂逅不倒翁的第二天，思凡再次来到瀑布边，寻找小樊告诉他的路径，巴掌宽的小径被藤蔓和灌木掩住，极难辨认，思凡找了好半天。

整条小路倾斜异常，有的地方几乎达到九十度，最窄处只能容一只脚站立，更多落脚点只是岩壁间凸出的石坎，圆滑无比，一不小心就有失足的危险。

思凡以为凭着儿时在山间度过的岁月，这些小路应该不在话下，可他忘了自己此行的目的，正是为了寻找一处绝佳的拍摄地点，才毅然往下，哪知还未下到一半，却出了事。

一块雨后松动的山石怎能承受突然而落的重量呢？哪怕是思凡这样瘦弱的身体！思凡还来不及调整平衡，脚下石块突然崩裂，从土中剥离，速度之快让他无法抓住一旁强劲的青藤，就此临空飞下……

思凡从未想过会以这样的方式来到浸底峡谷，在乌江流域。

人们是在傍晚时分发现思凡的遗体的，在离瀑布不远的位置，一个人静静地蜷缩在V形山石间，像睡着了。相机零件散落四处，长镜头跌到了潭水边，正是镜头的出现，人们才把目光对准四周的。电话居然还通着，却无人接听了。

小樊也在搜救的人群中，事实上是她把搜救队带往瀑布底端的，她无法相信眼前的事实，忐忑了一整天的心瞬时崩盘，所有的希望和设想灰飞烟灭。

思凡竟然走了，一声不吭的，像昨日将照片递到她手中时的样子。她依稀记得他说的最后一句话，我买了个不倒翁，来看看？真的很像你啊。

9

说不清多少天了，小樊一次次想，如果不是自己，那思凡是不是就不会走了。每每想起给思凡指明的路径，心里就一阵绞痛，悔恨交织，无法给自己一个交代。

好不容易见到从外面回来的师傅，想向她倾诉，但又碍着什么，终是无法出口。师傅的样子也变得吓人，已非憔悴可形容，整个人垮了。小樊叫了好几声“师傅”，她也只是愣愣地回望，好半天才说，是小樊呀！

思凡出事后，师傅打了离职报告，小樊想跟她一起走，暂别此地。

她给师傅整理行装，在房间，听见师傅对着套化妆品喃喃自语，想骗我，什么女朋友挑的，你哪儿有什么女朋友，他们都告诉我了，你说你傻不傻……

小樊细心收拾，该丢该留的，心中有数，直到发现思凡最后的遗物——不倒翁，心里才嗡的一下，昏天暗地。

在桌角，被窗帘遮掉的部分，绿色西瓜状纹路暴露出来，顶出一道弧形。抽开帘子，不倒翁竟摇摆起来，发出碾碎什么的声响，好半天才定住。小樊这才看清那张思凡倾心不已的人造脸蛋，红扑扑的，笑容可掬，简单至极。她疑惑了，想，这就是思凡眼中的我吗？

像不像？恍然谁这么问。

小樊到底不知该说像还是不像。

有时候，年龄，并不是羁绊。

阻隔成长的是世俗，是妥协，是懦弱。

物是人非

文/宋文静

有时候，年龄，并不是一份感情的羁绊。阻隔那份感情成长的是世俗，是妥协，是懦弱。

所以在一个人的生命中，喜欢的是一个人，而与之结婚生子的却是另外一个人。

——写在前面

他们只是在一起打工，他来自农村，她的家在城里。如果这个世界上没有一见钟情，那他们之间就肯定是日久生情。所以他们便相爱了，而且爱得轰轰烈烈，如胶似漆。

这年她二十岁，他二十六岁。

两个人在一起逛街吃饭聊天，她忽然一阵儿使小孩子脾气就一屁股坐在地上不走了，他笑着凑过去背起她，充当人力马车跑了几条街。他顺着她，他知道她毕竟还小，况且他觉得女人就是用来呵护的。

她总是忘情地依偎在他身旁，贪婪地享受着每一丝温暖。跟他在一起会很开心很快乐，跟他在一起心灵便有种找到港湾停靠的归属感，跟他在一起自己俨然成了一个要风得风、要雨得雨的小女皇。

他害怕她父母会拒绝这门亲事，所以他每次都不敢向她提起探望她父母的事。而她却在等着见了他的父母之后才领着他见自己的父母，因为她觉得她父母什么都顺着她，只要他父母点头就万事大吉了。

于是，他们简单地过着无忧无虑的生活，不受任何牵绊。

这年，她二十一岁，他二十七岁。

终于他忍不住说带我去见见你的父母吧，我们不能再拖下去了。

她歪着头问他为什么，现在这种生活不是很好吗？

他低下头没作声，他不能对她说农村老家那边又催他回家相亲了。二十七八岁的男子，在农村已应该是三岁孩子的父亲了。

她看见他眼睛里流露出的荒凉，心疼地说，咱们待会儿就去见我爸妈吧。

当他提着大包小包欣喜而忐忑地来到她家时，刚说明来意就被她妈妈推搡了出去。他整个人僵在门外，心里做着最坏的打算。

屋里不断地传来她的哭叫声，她天真地以为爸妈会轻而易举地像小时候答应给她买好多新衣服一样答应这门亲事，但爸妈的态度也很坚决，是个农村小子也就罢了，居然还比她大六岁！

然后那房门再也没有打开。他吸着烟想了一夜，第二天打点行装回到了农村老家。

回家的第一天，他父母便安排了相亲的事务，巴不得他赶快相中人然后看日子娶亲快刀斩乱麻地一气呵成。只是他没精打采地靠在被卷旁，嘴边茸茸的胡须都没有刮，在这一刻，他颓废得像垂危的老人。

相亲的女孩来了，他都没来得及看这女孩一眼，父母便拍板定下了这门亲事。或许这就是命吧，他想。

父母把他的手机卡扔了，让他不要再和城里的女孩联系，他瞟了一眼双亲额上深刻的皱纹，居然也点了点头。

就在他结婚的前两天，她来到了他家。

他顿时慌了手脚，他不知道从小娇生惯养一次也没离开过那个城市的她，是怎样一路颠簸来到这里的，他亦不知道她是怎样反抗父母，甚至不惜以自杀、绝食来威胁她父母的，他更不知她那疯狂的思念以及痛彻心扉的疼痛。

他在这一刻，才意识到自己是多么自私。他可以随便找个爱或不爱的女孩组成家庭，而她呢，谁为她想过？

她不顾惜名声节操，不在乎奔波劳碌，不惜历尽千辛万苦来到他这里，得到的是他即将结婚的消息。

你跟我走吗？她在做最后的努力和交涉。

他无奈地摇头，我得对我的父母和那个女孩负责。

她哈哈地笑出声来，脸上流露出他从来没见过的绝望，然后头也不回地走了，很坚决地，她知道他已不再是曾经深爱的那个人了。但是，谁来对她负责呢？

两天后，他举行了在农村而言还算隆重的婚礼。

两年后，一名女婴在这个村庄降生，他把女婴取为她的名字。

而她，一直单身。

这年她二十四岁，他，三十岁。

一

去到各自的湖泊

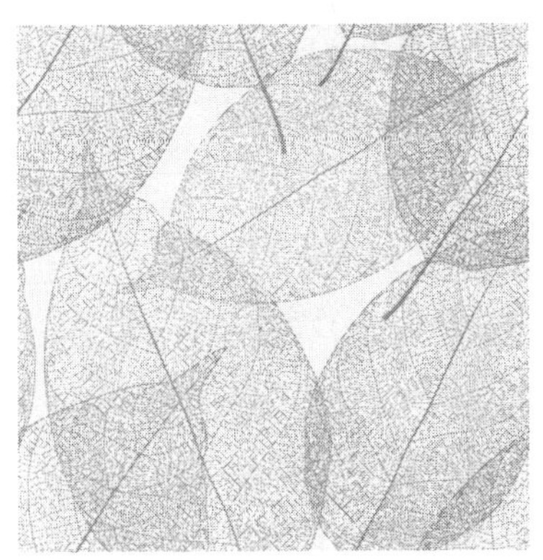

我记得四年前，我曾在今日重游的小城里度过一个傍晚。那时的季节也像如今一样，时值秋日。但不是礼拜天，炎热的时刻已经过去。

我记得也像今天，我在街上闲逛，直走到城边，那里有一个筑有台阶、居高临下的花园。

我沿着同一条路，重新看到了一切。

——安德烈·纪德《人间的食粮》

仅有在这种时候才能彻底明白，声音是具有能量的，
只有在心力交瘁的时候，才能感受到那穿胸穿脑而过的力量，
仿佛利刃般，刀柄还留在身上，弄得人直痒痒。

活着

文/李倬尔

我的口袋里有一张钞票，一张五元钞票。走出小区来到东门，我会在这里选购我的午饭。夏天是在这个月来临的，热得少了些食欲。众多鸡鸭肉块，看得直犯恶心，不过好在这些与我并没有太大的关系，我记得最不看好的炒饭也得值六元钱吧，然而我并不能花光我所有的钱。朋友，你若尚活在人间，就一定了解钱的好处，口袋里总得有些钱的。

望穿整条街，我终于明白花不到五元钱，很难在这个地方填饱肚子。于是我降低了我的要求，只求摆脱纠缠不清的饥饿感就行，何必饱呢？饥饿感的暂时摆脱已经能使我感到庆幸万分。晃眼工夫，我找到了合适的买卖，三元一份的凉皮，分量挺足，还有是他家的秘制辣酱，总能使人醒脑。据说只要是食材加上足够的辣椒，总是能够和着饭一扫而光的。何况有这种秘制辣酱，辣得人鼻子通了气不够还直

喘，汗珠满了全身，抖抖肩膀也有凉意。

此时正是南国的夏日，恰是夏日的午后。填平饥饿感，随之带来了口渴感，心中一阵阵因发干而想象出来的浪潮如夏雨般突至，我需要喝点什么了，我这样告诉自己，摸着口袋里的两枚硬币。就在十五分钟前，它们还是一张有足够份额的纸币，然而现在却成了零星的部分。我攥着它们，使它们发出螺纹相互摩擦的金属音。如果少了它们其中任何一个，就再不能发出类似的声响了。我还在犹豫，手心的汗液开始浸湿它们。从来都不知道是为什么，干涸的嘴巴能有咽下的口水，仿佛取之不尽，其实其中并不能有多少水分，只不过是受到了神经的刺激。不断重蹈覆辙的，只是一个机械的吞咽动作而已。也不知道是哪些神经经不住诱惑，抵挡不了刺激，牵动着紧绷的肌肉群。这时候一旦走起来，就很难停下了，凭着不断的行走来转移注意力，好从口干舌燥的窘境中得到片刻哪怕虚假的安定。

沈家叔叔的绿豆汤卖两元钱一杯，我明白我不能因为一杯绿豆汤而一无所有，那样面对以后的日子我将无所适从。古人说，望梅可以止渴，画饼也能充饥。虚假的幻象不过解一时之急，然而接下来将承受十倍的疾苦，无异于饮鸩止渴。

然而，我可以选择不去望向沈家叔叔的绿豆汤，却没法子阻止卖西瓜的田家奶奶的吆喝：“又大又甜的西瓜唉，麒麟瓜唉。”我仅有在这种时候才能彻底明白，声音是具有能量的，只有在心力交瘁的时候，才能感受到那穿胸穿脑而过的力量，仿佛利刃般，刀柄还留在身上，弄得人直痒痒。

不堪重负了，我越过巷尾。一个闪电般的念头疾闪而过，家里是不是还有半瓶剩下的纯净水？果真，有了目标，就拥有了跋山涉水的力量，不一会儿，便至门口。

“咕噜噜”喝下水，顾不得其他。我并不能说服自己留下一小口。喝完还觉得渴，开始后悔为什么没有留下一点点。欲望真是一件奇怪的东西，我没有能力与欲望作斗争，我屈服于它，然而同时也没有满足服侍它的能耐。渴的欲望持续了好久，在知道并不能收获到满足以后，欲望似乎也可以屈服，屈服于一种叫作现实的东西，然而这种屈服并不是消亡。

此刻的欲望，像极了卧薪尝胆的越王，如今的隐忍不过是为了他日的东山再起。

我闭上眼，或许只有休息能补足缺失。我知道，明天，我的口袋里只有两元钱。

许多东西就像我们童年玩耍的槐树枝叶，
随处可见，随手可扔，可是会突然有一天再也无处寻觅，
最后渐渐被人遗忘，显得如此陌生。

槐下时光

文/王光龙

我在这种树下生活了这么久，我贫瘠的乡村、饥饿的童年都和它息息相关。我早已忘记这种树的乳名，那是属于一个乡村口音和方言里的呼唤。直到二十年后，我才知道它真正的学名：刺槐。当我再次看到那些花簇、一串串花苞，垂吊在槐树梢头，如今想起，多么像是在重温一段古老的炉边故事，在唠嗑打盹中重新回到远去的童年时光。

刺槐在村子里随处可见，尤以池塘边为甚。刺槐身长刺，幼时刺芽柔嫩，橡皮材质一样，待到长成材，变成了赤褐色，粗大，刺尖如针。村子里的刺槐多半不能长成高大粗壮的树，它们的根聚在一起，往上散开生长，长成拇指粗细的一根根长条，枝头开花结籽。这种细软的刺槐不适合打造桌椅，但村里人喜欢用它来编织粪篼、箩筐。用刺槐条编成的粪篼像壳面朝下的乌龟壳，安个手柄，就是一个很好

的粪箢。那时农家以草木烧火煮饭，柴火是很金贵的，毕竟一年只收两季粮食，打下的稻草、麦秸、棉花枝、高粱秆虽多，可是要供一日三餐这样烧一年还是略显不足。天刚微亮，露水雾气湿重，村里的老人们已经拿着粪箢和长柄小铲子出门了。他们在村里转悠，看到牛粪便如获至宝，用小铲子小心翼翼地铲起，放到粪箢里。牛吃草，粪便也带着草味。用粪箢带回家，压平，放在烈日下曝晒，晒成饼状，然后一块块叠起来放在灶房一角，烧饭时拿出一块放在灶里，牛粪便腾腾地烧着了。牛粪烧得均匀，火候适中，饭也格外香甜。可是，村里牛粪并不多，时常要跟在牛后面拾粪。牛甩着尾巴回头看看后面拎着粪箢的人，人盯着牛，相顾无言，静静地走在晨光里。

箩筐在村庄里比粪箢更加常用，刺槐条编织的箩筐，结实耐用，不易变形。棉花、瓜果、镰刀、水瓶……箩筐里装过一切和庄稼有关的物品。小的时候，没有车马，镇街离得远，每逢上街，父亲都挑着箩筐，一头挑着要贩卖的粮食、禽类，一头挑着我。我坐在箩筐里，刺槐条硌得屁股疼。我换个姿势，蹲在箩筐里，看着父亲满身的汗水，在箩筐晃晃悠悠里就会慢慢睡着，父亲脱下衣服盖在我身上，继续向着镇街走去。

刺槐纤弱地生长在村庄里，村庄的人不会忘记它，我们这些游荡在村庄里的孩童又怎么会忘记它呢？

在温饱还不能完全解决的九十年代，槐花成了我们乡村儿童的口中之物。一串串雪白的花束，像白色蝴蝶般蛰居在槐树梢头，过了季节，怕是要飞走了。我和大表叔家的两个双胞胎表弟经常在槐花下徘徊，虽听说槐花能吃，可是谁也不敢先尝。表弟先摘下一串，放在口中，咀嚼。我便也摘下一串，细细尝来，清甜，有香味，白色花瓣里还包裹着花蕊。之后的每个槐树开花的季节，我和表弟们就聚集在槐树下，把一串串槐花送入口中，品尝着自然界送来的一份食粮。

槐花可食，槐树叶放在嘴巴里含着，能吹出悦耳的口哨。槐树叶呈椭圆形，拇指大小，叶脉纹理清晰可见，叶色翠绿，枝条上一捋一大把叶片，往天空一扔，漫天飞舞着绿色的叶片。在我的童年里，除了纯净的白色，还有这些充满梦想色彩的绿色。

刺槐条韧性强，用镰刀割下一截，去头去尾，在我们有个武侠梦的童年里，就成了一把宝剑或宝刀。傍晚或者黄昏，我们这些小伙伴带着自己的槐树条武器，在平整的打谷场上尽情地“厮杀”。贫瘠并没有让我们失去玩耍的乐趣，一根根槐树条就足以凝聚我们这些乡村孩童的欢笑。只是，毕竟用槐树条打闹很危险，父母们禁止我们这样做。我和表弟们就去挖蚯蚓，用线绑在槐树条上，成为简易的钓具。村子临近大坝，上游长江来水，大坝围成的好几亩水域的水塘里便鱼虾浮动。晚上村民们下渔网虾笼，白天我们这些孩童就一人拿着一根槐树条去垂钓。把槐树条一头插在岸边的湿泥里，另一头系着长线，甩进水里，等着虾扯咬钓绳。虾是精明的生物，垂钓需要耐心，我蹲在岸边，守着三个人的“鱼竿”，两个表弟卷起裤脚，下到水里摸虾捉鱼。大坝在夏季水源丰富，水面宽阔，我观望着这两个双胞胎在水里嬉戏，他们的胆量要远远超过我，对于水我有一种与生俱来的恐惧。岸边被水冲刷侵蚀处往往有螃蟹、虾的洞穴。手伸进去，便会捉到舞着红色大钳子的虾和横着逃跑的蟹。虾蟹的大钳子让我不敢轻易靠近它们，我宁愿在岸边看着这几根槐树条的“鱼竿”。好几年，我们都在大坝旁、在水塘里、在水中的芦苇处玩耍，垂钓。直到村里有小伙伴溺水后，我们就被禁止去水边，长辈们用水里有“猫猴”之类的怪物来吓唬我们，让我们在长辈的鬼故事里胆怯于水，那些被我们丢弃在岸边的槐树条“鱼竿”，也在烈日风霜中开裂，消失。

当年我所居住的门北村只有十余户人家，户户门前种有树，以树和马头墙隔开邻里。表叔家住在村东头，和我家几百米的路程。舅爹爹和舅奶奶还健在，与我家仅一墙之隔，他们的四个儿子和我家自然走得亲近些，孩子们在一起玩耍，父母们也彼此照应。在我懂事不久，父亲就打算盖几间土房。表叔和村里的人都来帮忙，父亲和表叔们在田里挖出泥块，切割成长方体，一大块一大块地堆在田头，两个劳力才能抬起一块往家里运。我和表弟们折下槐树枝，当马骑，一个个跟在父亲和表叔们的后面，看着一块块泥土砖垒起来，用泥土跟麦秸和在一起的稀泥涂抹在缝隙和墙体外表，架上房梁，铺上麦秸草，三间草屋就盖成了。父亲请表叔们吃了一顿饭，热热闹闹，用咸菜就着散酒，大家喝得满脸通红，迷迷糊糊中表叔们穿着沾满泥土的衣服回家睡觉去了。

一年冬天，父母吵架，我在睡梦中被吵醒。外面寒霜已经降了厚厚的一层，门口打谷场边、稻草堆、槐树枝都变成了白色，在冷冷的月光下，表叔表婶们哈着热气跑到我家来。那时父母才结婚几年时光，还处在磨合期，表叔表婶们尽力劝阻，说了许多贴心的话。直到鸡鸣，门口槐树上的霜慢慢散去，他们才披着单薄的衣服从我家离开。

父亲在村里单门独户，只有三位表叔可以依靠。平时村里看水、分田、插秧、收割等事，父亲和表叔们都是相互帮忙，表叔们见到我父亲也都亲昵地称“哥哥”，父亲遇到什么事情，也总是先找表叔们商量。每年正月初一，吃过年饭后我和弟弟就跑到隔壁的舅爹爹家拜年，父亲也会和表兄弟们齐聚在舅爹爹家，打牌唠嗑，谈谈一年的事情和庄稼的情况。整个村子里，我去得最多的地方也就是舅爹爹家和表叔家。

一年年，槐花开了又谢，谢了又开，村庄里的人也一茬一茬地变化着。我们慢慢长大，槐花的清甜我们也不再轻易去尝。母亲把槐树枝一根根砍下，斜插在菜园的篱笆墙上，遮挡牲畜的践踏。表兄弟们渐渐长大，书没念成，都外出打工去了。表叔们也各自找寻出路，外出打工或者留在村子里给人家开车，唯有父亲还坚守在土地上，做个安分的农民。大表叔离开村庄的那年，把田地丢给了父亲，让父亲耕种，收成好坏都不再过问。大表叔走之前，父亲请他一家人吃了一顿饭，毕竟一起生活了这么多年。父亲喝醉了，难掩伤感。

我能理解父亲的心情，多年前父亲和表叔们生活在一个村子里，或许也像我小时候一样和表兄弟们一起打闹，在封闭的村庄里相依为命，在槐树和水塘间慢慢长大，直至各自成家立业。

十余年过去了，土地重新规划后，我们门北村整体搬到了镇边缘的庙庄居住，舅爹爹和舅奶奶不肯走，老两口独自留下。我们住上了预制板的平房，田地还留在原来的门北村里，继续耕种。我家现在的地基就是当年大表叔走之前卖给我家的，他们外出生活，丢弃了土地，在这个村镇里也暂时不需要一块立足之地。搬进镇上，不能成材的槐树不再有，门前种植的是几棵粗高的树种，稀稀朗朗，能若隐若现地看见一间间房屋星罗棋布地排列着。表叔们很少再来走动，过年时也不再来我家。父亲常说："要是安龙（大表叔名字）在，可能他们还会主动来我家。"大表叔是他们兄弟二人的亲大哥，说话有威信。父亲这样感叹了许多年，我知道他难舍表兄弟之情。在表兄弟之中，自己最年长，他们不肯来，总不能父亲先去给人家拜年吧。

二表叔给窑厂开车拉砖，后来又买了辆新车给人家运货；小表叔买了旋耕机、收割机，农闲时又去外地给人家开车，忙得不亦乐乎。几年时间，他们都盖上了楼房，拉了门庭，养了恶犬护院；父亲还停留在传统的农耕时期，默默坚守着几块世代相传的田地。

农业税废除后，对农民而言无疑是卸下了身上千年的枷锁，种植粮食的多少从此都属于自己，在外务工的村里人像鸟归巢一样回到村子里。就在父亲卖力劳作的时候，龙良奎站在田埂上，向父亲要钱。母亲是外地人，无法分得田地，家里只有父亲和奶奶两个人的田地，加上我和弟弟的出生，一家五张嘴靠两个人的田地吃饭，甚是拮据。父亲四处捡人家的弃田耕种，大表叔外出打工之前把田地丢给了我家。镇上姓龙的家族兄弟四人，每家都生有多个子嗣，以男孩居多，人丁兴旺，加上他们从事屠宰行业，家人又渗透到村部，在村镇上很是蛮横。那时，姓龙的人开始接手屠宰业，种田辛苦，田地又无法变卖，荒着也荒着，就把田地给了父亲几块，拍着胸脯说不要粮食也不要钱。

十几年前种田不同今日机械化，全靠一双手和简陋的铁木工具。当农业税废除后，种田成了自己的私有，龙良奎便开始讨要十余年前丢给我家的田地，父亲自然是不给，全家人都要靠着几亩地过活。龙良奎站在田埂上，握着铁锹，放下狠话，不交出田地就把我们一家人赶出庙庄。父亲从田里直起腰来，瞥了他一眼，对龙良奎这种不守信的行为表示厌恶。两个人在田里吵了起来，到了要动手的程度，要是真的动手，我家远远不是龙家的对手。他们兄弟四人，下面又有子孙二十余人，而我家只有两个瘦弱的读书郎。田埂上，表叔们站在一旁，二表婶是龙良奎的亲妹妹，只能袖手旁观；小表叔看见他二哥没有举动，他也站在一旁观望；七八十岁的舅奶奶从家里跑到田里，开始拉架。远远望去，田野上，一位白发苍苍的老妇人站在两个怒气冲冲的中年男人中间。说到底两边都或多或少有点沾亲带故的，最后舅爹爹发话，田地父亲依旧种，父亲每年给龙良奎二十袋粮食。在外地打工的大表叔闻讯赶了回来，晚上，父亲请大表叔喝了一顿酒，眼睛红红的。

在父亲送我去广州读研的凌晨，天冷，整个庙庄的空气清新，安静异常，不久月光爬上了树梢，照得人影修长清晰。父亲说，当初要是多生几个儿子就好了，在农村靠的就是子孙多，姓龙的在乡里横行，他的子孙又都是男孩。对于你和你弟弟，爸爸只有一个要求，以后不要留在庙庄，你们斗不过他们。等我老了，就不种田了，自己拉着板车出去收废品，够我和你妈妈生活就好。月光从后面照过来，父亲说这些话的时候，脸上凝固着被田野风霜划割的皱纹。

在外地求学，对故乡始终有着桑梓之情，即便这个故乡让我感到沉重。当我从车上下来，踏上庙庄的第一步内心是十分激动的，步伐是轻松的。我寻觅着村里人的房屋和去年在门口晒太阳的老人，寻找着儿时捉过的鸟窝，折过树枝的树是否仍在？父亲不让我留在这个村子，可是我无法减少对这个村子的热爱。父亲和这个村子一直在抗争，我不懂；我还处在童年吃槐花的憧憬，父亲又怎么懂得呢？

研究生毕业那年，机场选址在了隔壁村，机场路有一段要从我们村经过，需要征收一部分田地。整个村庄沸腾了，都在丈量土地，等着收现钱。我家土地本就不多，别人丢给我家的土地像面包屑，分散，边角地，面积小，丘陵之上，人家不愿丈量。父亲找了村里的人，好说歹说，请吃饭送烟酒才征了几亩地。父母把征收款包裹得紧紧的，送到银行存起来，父母打算把这些钱留下来给我和弟弟结婚用的。

除了我和弟弟考上大学，父母很久没有这么高兴了。从土地里抠钱，是很难供养我和弟弟上学的，更别说以后的结婚买房。如今，田地征收了，反而能够解决我毕业后结婚的燃眉之急。

可是，龙良奎又上门来了。

我从母亲的口中得知，那晚闹得很凶。父亲坚决不肯把钱给龙家，龙良奎却步步紧逼，要他当年丢给我家田地里的征收款。十几年前丢下的田，父亲已经给了他粮食，如今，看到田地可以变卖，又厚着脸皮来要钱。其实，龙家人已经卖了许多田，在整个村他们家的田地征收款最多，我家田地本就不多，被征收的田地大部分是龙家和大表叔家当年丢的田。母亲说，龙良奎请父亲去他家喝酒，也请了两个表叔。当龙良奎问父亲要钱的时候，两个表叔没有说话，沉默着。父亲很生气，彼此又吵了起来，甚至拿起了铁锹要拼命。大家都在劝架，说些无关紧要的话，可是没有谁真正站在父亲这一边。父亲回来后，睡了好几天，喃喃自语，逼急了，我喝农药死在他家门前。母亲很担心老实的父亲会做出吓人的举动，给我打了电话。父亲责怪母亲把这件事告诉我，耽误我念书。我在电话里劝了父亲许久，父子之间第一次这么平等地对话。父亲最后说，他知道自己斗不过他们，表叔们也不站在自己这一边。他把钱还给龙家，人家写了保证书，不会再动其他的心思，彼此再无瓜葛。父亲又说，本来这些钱打算给我买房子的，现在恐怕买不起了。我说，爸爸，钱没了可以再挣，人最重要，我只要家人平安健康。放下电话后，我记忆里的村庄像是长满了刺的刺槐。

从那之后，再回到庙庄，我总是小心翼翼地，像是踏进已经出现裂纹的冰层。父亲明显地寡言了，他仍旧起早贪黑地劳作着，龙家人看到父亲还笑嘻嘻地打招呼，父亲没有理他们。那时，我只希望时间能消磨一切，让这件事造成的伤痕渐渐淡去。可是，我知道，我和弟弟都已长大，表面平静的父亲心急如焚。

此时，大表叔一家人回来了，开着车，请父亲去喝了一次酒。回来后，父亲什么话也没说，带着身份证去了银行。我呆呆地看着父亲抱着一捆钱去了大表叔家，然后一个人回到家里，坐在厨房的灶口旁发呆。全家人急了，母亲忙问父亲究竟发生了什么事情，父亲怔怔地对着灶口，说，安龙回来要卖田的钱。

……

大表叔把卖田的钱拿走后，在年前就给他的两个双胞胎儿子盖了前后两幢二层小楼，作为结婚的新房。年后，又到了拜年串亲戚的时候，整个庙庄又热腾起来了。小表叔在家里请了大表叔、二表叔一家人，还请了我家。我和弟弟先去，催了几次，父亲最后才到。在酒桌上，大家话语不多。弟弟起身给两个表弟敬了酒，祝福他们即将到来的新婚。两个表弟闷头喝了酒，什么话也没说。大表叔对父亲说，今年忙着孩子结婚，可能没有时间去哥哥家里。父亲沉默了一下，说，你忙你的吧。其实，即使再忙，抽出半个小时的时间也是足够的，更何况，大表叔家和我家仅仅隔着几百米的距离。

两个表弟同一天结婚，大表叔邀请了父母，我看见父亲包了比别人厚实许多的红包。母亲回来后，说，两个表弟没有礼貌，见到长辈都冷冷淡淡的。我想起那天弟弟给两个表弟敬酒，和这么多年来，两个表弟好像从来都没有喊过我爸妈大伯、大妈，也从没有喊过我表哥。彼此见面，除了同一个姓氏，几个人之间根本看不出来有任何关系。我开始慢慢发现，父辈的关系渐渐在我们这一辈的身上显现出来，像埋藏弥久的胎记，终于有一天在日光下现出原形，丑陋不堪。

即使从小长大的表亲日渐疏远，父亲每年正月初一，还是会带上我和弟弟去给乡下的舅爹爹和舅奶奶拜年。父亲说，等我和弟弟都成家了，他就哪儿也不去了，也不会再去串门，他辈分最大，年龄也大，还能去哪儿呢？父亲说这话的时候，喝了一口酒，他大概想把自己灌醉。

毕业后，我去了外地工作，没有再留在庙庄，而我的父母还守着不多的田地、支离破碎的村庄和冷漠的人际关系。父母在故乡，我就要回去，即使不为故乡也要为父母。每每走在回乡的路上，我并没有太多的喜悦，那些远走的时光已经让我明白人世间事物的不可扭转，许多东西就像我们童年玩耍的槐树枝叶，随处可见，随手可扔，可是会突然有一天再也无处寻觅，最后渐渐被人遗忘，显得如此陌生。河流、风霜、人情都是时光的同谋和罪证，我们斗不过它们。唯有好好地活着，活在这处苍茫的大地上，即使卑微，也要做一个倔强有尊严的生灵。

也许以后会感慨，我们曾经那么好过，但那伤感，
不会再超过一场哭泣的时间。分道扬镳，去各自的湖泊。

莫问前程

文/北西

念大学的时候，朋友来我读书的城市看我，送她去火车站时，她说不能哭啊，我笑着说哪能啊，又不是见不到了。可是她转身走进检票口，身影消失在下行的转角时，我还是忍不住哭了，虽然我们拥有同一个家乡，不多时日就能放假回家再见面了。这悲伤没有持续太久，在回学校的公车上，怔怔地望着窗外，我想，可能只是讨厌离别吧。

不知道这是不是成为了我认可的好朋友越来越少的原因。

这些年，我换了好几个学校，从第一中学转到第二中学。其实我们家乡是小地方，拢共就三所小学两所中学，我在第一中学念书时身边基本上是一起从小学升上来的老同学，那个时候我特别爱交朋结友，更因为玩得太疯，成绩一落千丈。后来因为成绩实在太差，考大学已然无望，可我还是对大学抱有幻想的，所以自觉地转

去了另一所学校留级。这是我人生中第一次、有感的、生生的别离，周遭认识的人停在一只手就可以数得过来的阶段。可能我那时候还不那么清晰地懂得，但整个心理反应告诉我，这种感觉很不好受。

在新的学校，我换了三次班级，刚去时进了一个差班，后来因为成绩还不错，调进了最好的班，接着因为成绩又开始下滑，被踢到了比那个好班差一点的班。好不容易跟一个班级的人混熟，还没来得及继续发展就被打住。后来差一点的那个班在最好的那个班隔壁，但好班的班主任是个军事管理狂，视升学率带来的奖金为命根子，下课也不准他们随意出教室，简直像王母娘娘把我和他们的联络切断。我那时经常在阳台上盼啊盼，盼着有个熟悉的人出来聊聊天。

所以整个高中四年，我没交到什么朋友。

后来我考上大学，特别普通的一所大学。我那时心高气傲地看不起身边的任何人，根本不屑于跟他们为伍，用现在的话说就是自我逼格太高。所以人家大学四年交到了铁得不能再铁的好朋友，而我却很惨淡地收场了。为了显示对我的不合群表示不满，班长在制作毕业影像剪辑时，把我的部分剪得一干二净，像没出现过一样。虽然我大学四年在学校上蹿下跳地搞活动，为班级还算是带来了一些荣誉。

再后来，不甘于以一所普通大学的学历收场的我铆足了劲考上了一所名牌大学。进了这个学校，我觉得自己的高逼格终于有了共鸣，所以也算是找到了能说上话的人，朋友也多了起来，堪称我二十五年人生里的又一个黄金年代。认识的人多了，自己也出了点小名，朋友便多了，按理说应该算是人生走上了正轨，从此一派朝阳。可偏偏，名牌大学里的人想法多，问了问几个好朋友，人家清一色地打算出国，而且还是一去不回的那种。而我学的这个专业，还真是这辈子都甭想出国。

心里的不舍得是真的。有个特别好的朋友，我们俩总有说不完的话，有几次就站在宿舍楼底下聊天聊到凌晨一两点，然后厚着脸皮吵醒宿管放我进去。就是那么好，可他说他以后去美国就不回来了。我心里咯噔一下，有点灰暗。这事就那么无力，你总不能拖着人家不让人家走吧，而且你们俩只是朋友，你还没资格说能不能留下来这种话。我当时想，毕业的时候，肯定会大哭一场。

原以为剧情会照着想象继续。研二的时候，我从郊外的校区搬进了市中心的校区，而这些好朋友都还留在原来的校区。我们之间隔着四十分钟左右的地铁。刚开始还能勤走动，照样约着一起玩耍，渐渐地，联络就少了。有一阵子我特别忙，忙了昏天黑地的几个月，再去找他们时，人家的交际圈子重建完毕，运转健康，再看到你的时候，已经有点客套了。商量去吃什么，一再询问我的意见，生怕客人不满意。距离感看不见摸不着，但就是明明白白存在着的厚玻璃。

以前家乡的那些老朋友呢？虽然跟他们用家乡话聊天会得到百倍于用普通话交流的愉悦，也偶尔约去哪里旅游，但随着他们上班的上班，结婚的结婚，在家的时间越来越少，有一天你猛地就感觉，这个朋友好陌生，他说的经历你完全听不懂，也接不住。虽然这个朋友，曾经在我失恋的时候陪我从天黑坐到天亮，曾经是无助时一见到就会崩溃大哭的对象，可是就这么赤裸裸地成了独立的两个人。这种感觉一旦萌芽，就会以惊人的速度成长，成为无法回避的参天大树，横在两人中间。

矫情时，会暗自懊恼怎么大家都变了，以前遇到什么事还会找你商量，现在他就算大病了一场你都不知道。是不联系么？当然不是，也联系着，但的确越来越少了，虽然我们彼此都还认可对方是最好的朋友，但还是从唯一变成了其中之一。也许之后，就会变成曾经之一。

还计较吗？这样显得多么不成熟。成熟的人是不是就该学会跟朋友道别，约在不知哪一年的春天再见。跟他在电话里说，哎呀，这个事一时半会儿说不清，下次见面再说吧。结果真的见面了，那些没说完的事已经不在日程上已久。一时半会儿说不清的事，变成了也许永远不会再说的事。当下看起来他必须知道的，后来发现他知不知道已经无所谓，对谁的生活都没有影响。

我们是否要正视曲终人散？或者不去看，会好受一些。

异地的恋人都会分手，何况是异地的朋友。大家到底都是有各自的生活，老朋友就像一对曾经喜欢的音箱，日日夜夜放音乐陪你哭陪你笑，后来换了新的，这对音箱的地位变得尴尬无比。偶尔会用用，更多的时候觉得放在哪里都好像有点多余。总有一天，要清理出去，即使不清理掉，闲置在阁楼上，积满灰尘，不见本色。

没什么好感慨的，虽然已经感慨了这么多。我想得通这些事，但还没办法消化掉，当成自然。可能等过几年就会好些吧，等自己稳定了，在停留的地方搭建自己的圈子，然后，应该就不会再怀念了吧。或者偶尔想起，当成情怀一样，不痛不痒。那些曾经觉得特别好的，扬言这辈子绝不会放手的，连松手的时刻都忘了。就好像围在打折菜前哄抢的大妈，牵在手里的外孙在什么时候撒手的，全然不知。

该怎么去收尾呢?

回到题目，莫问前程。惆怅的人别去看远方，因为会更忧伤，别去问他明天要去哪儿，把相互陪伴的眼下用完。是这样吗？是这样吧。可又能怎样呢？你也承认，当年觉得不可或缺的某某，现在没了，日子还是一样，甚至都不再回想了。人是自由的水，当下做伴、共同进退，在下一个河道的岔口，分道扬镳。当时如果好好告别，会不会好一点?

不问了吧。也不说了吧。

想起一个老朋友，当年特别要好，后来因为一些事闹翻了，事情过去几年，都觉得挺幼稚的，机缘巧合地重逢了，喝了一晚上的酒，都醉了，都哭了，第二天醒来，生命中重新有他，但已经没有当年那么重要。有点特殊的普通朋友，是我们给彼此最好的定位。

最初那一伙儿从小学一起升到第一中学，再一起进入高中部的人，现在大多数都不知道在哪儿了，回家也难得见到，偶尔会听说一些跟他们有关的奇闻趣事，纯当八卦谈资，无关痛痒。可当年会因为他跟谁更好一点，心里默默醋意大发。

那些说要出国的朋友，接二连三地出国了，偶尔会有FaceTime，聊起来好像还挺来劲，好像一切都没变，聊的话题还是当年那些人和事。可总有一天，当他们说起国外的风景，我就再也接不上话题。可能会去看他们吧，那要等到有心情有时间也有钱去那里旅游，说要去看他，那是需要多么深厚的感情才做得出来，不过是为了出去走走，找了个理由罢了。

我快毕业了，几个还在身边的朋友都有各自的打算，我知道个大概，但没有细问。除非他们说的地方，跟我即将要去的地方是相同的。一些平时不怎么来往的普通朋友，听说彼此要去同一个地方了，互动就多了起来，说着以后有个照应，就是这么现实。因为现在我已经二十五岁了，不再是十七八岁了。

陈升的《二十岁的眼泪》，张宇唱时，惹了满心房的惆怅。

也许以后会感慨，我们曾经那么好过，但那伤感，不会再超过一场哭泣的时间。

分道扬镳，去各自的湖泊。

很俗套地收尾吧，有缘的人，总会再见的，拜拜。

画面里的我，试着优雅微笑，背转了镜头。

镜头里的我，还是忍不住回了头。

然后，继续走。

一

绝大多数想象，被时光风干，成了枯萎的标本

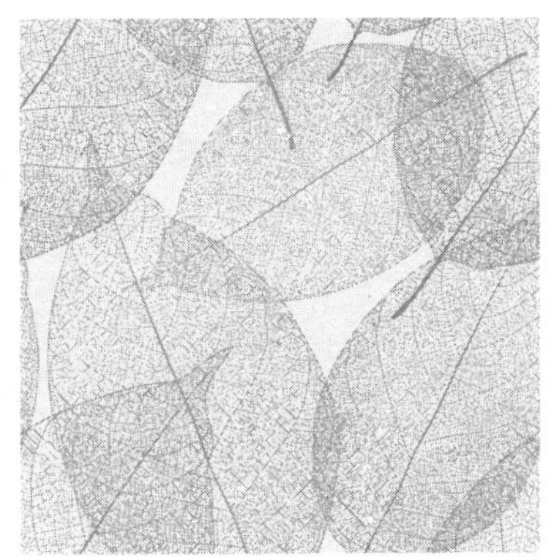

这是极其熟悉的一个人，也是全班最活泼的一个人，也许这是知道自己在望她，是有别一种意思，这聪明女人，就故意作为不懂躲闪吧。

他又去望她，而她却同时又望他。他心跳得厉害到极点，头也像已快发昏。这眼光，就是一把刀，一直从他心里刺进去，在心上，真带上了伤了。

——沈从文《乾生的爱》

董瑞石走出医院大门，停下脚步回头看了一眼。

那株熟悉的法国梧桐依旧站立在门口，

默不作声，宽大的叶子上有的已经有了一层薄薄的灰。

夏天走了

文/万霁萱

1

梦境，无休止的潮汐声缓慢袭来。

波浪一层叠过一层，拉风的鲜红冲浪裤隐现其中。被乌云压暗的天空，日光在无意中闪露。

有一个声音，或近或远，高高低低，在呼喊着什么，又被瞬间掩埋。

人群都在狂欢，四下无人注意。

2

董瑞石在汗水与梦魇的刺激中清醒。

白色的床单与刺目的墙壁在视线中清晰起来。少年把头偏向一边，输液管中的透明药液正一滴一滴流进身体，从容不迫。

滴答，滴答，滴答。

相仿的梦魇如约而至。

董瑞石抬起没有输液的右手，悬在半空中摊开紧握的手掌，指端显现微黄的茧印让他稍稍皱眉，心里默念："果然还是不行啊……"把手掌反扣在额头上，董瑞石慢慢扣紧了手指。

之前打电话说要来探望的江宇，来的时候竟然还像模像样地提了一个果篮，以及放了一个桃红色的信封。

"送果篮的情书。"

江宇把信封丢到董瑞石身上，满不在乎地坐在一旁的病床上，从果篮中拿起一串荔枝吃了起来。

就知道你小子不是看兄弟还送礼物的人。董瑞石瞥了一眼江宇，把信封随手放到一旁的桌子上。

"喂，这大概是这学期第四个了吧，你说你……"江宇嘟囔着含糊不清。

"第五个。"

"你还知道啊，都第五个了，你还想怎么着，非得高中部和初中部一起围追堵截你才行？"江宇故意皱起眉头嚷嚷，"叛徒！你是不是背着我们已经有女朋友了？"

"搞笑，要说多少次你才信，十八年的独身光棍。"董瑞石无奈地抬起右手做发誓状。

"不好说，"江宇邪恶地一笑，摇摇头，"我可是在你十七岁时才认识你。"

说着又挑起果篮中的一个芒果，认真地吃了起来。

“话说回来，最后你那半场吊射实在是帅爆了。尽管进球后你就一直躺到现在，但是这丝毫不影响你球王的称号，别说是女生了，我觉得自己都被你迷住了。”江宇咂咂嘴，把吃完的芒果核丢进一旁的垃圾桶。

“喂……那个果篮，不是送给我的吗？”

“是啊，”江宇咬了一口刚刚剥开的香蕉，“怎么，不喜欢吗？”

十八岁之前啊……

梦中潮涌的海浪一层又一层，光线昏暗，视线瞬间被冲刷。

3

今天上午结束的省级决赛，对方是势头强劲牛高马大的市二中，踢到伤停补时阶段还是零比零持平。不过就在最后一分钟，董瑞石一个半场吊射把比分拉开，一比零，顺理成章拿了冠军。

董瑞石欣喜若狂，学着C罗的样子，对准摄像机狂吼着指着自己的球衣，队员们一个又一个从身后扑上来，“球王”的嘶吼声接连不断。不过却在又一个队友压上来的时候，董瑞石整个人趴在地上晕倒过去。

“随着来自一中裁判员结束的哨声，这场艰难的足球赛最终在我校董瑞石同学的一脚远射下，以一比零宣告了结束。”

江宇读完校报的头版头条，不解地挠了挠头：“喂，不是半场吊射吗？”

“你以为我真是C罗啊，要是真能半场吊射，估计我就直接进男足了。”董瑞石弯腰穿好鞋，拿起放在一旁的果篮，“走吧。”

“刚刚护士不是说还有一瓶盐水吗？”江宇疑惑地看了看吊瓶架。

“我很讨厌这里。”董瑞石径直走向外面，没有等江宇的意思。

“那你行不行啊，万一脱水了呢？”江宇扔下手里的报纸追了上去，“不过，我也挺讨厌医院的。”

“我是特别、极其、非常不喜欢！”

“……”江宇撇撇嘴，却又不好说什么。

不喜欢到，假如世界末日只有医院一处地方可以活命，大概会选择直接死掉也不要来这里。

至于理由，除了无时无刻弥漫的消毒水的味道与冷冰冰的器材，大概还剩下一个最主要的原因。

董瑞石走出医院大门，停下脚步回头看了一眼。那株熟悉的法国梧桐依旧站立在门口，默不作声，宽大的叶子上有的已经有了一层薄薄的灰。

七月流火，夏天走了。

4

下午的最后一节课，讲台上站着总是板着脸的数学老师。

董瑞石猫着身子和身后的江宇小声探讨了一会儿校队训练，转过身体坐直，刚刚找到卷子上讲到的题目，突然就被老师点名：“董瑞石，你来复述一下这题的解题过程。”

身后的江宇把脸埋在练习册后发出闷闷的偷笑声。

董瑞石皱眉，右手的中性笔戳了一下桌子，斜着身子挠了挠头站了起来，把卷子放在堆起来的书上，支支吾吾，憋不出一个字。

“是不是摔晕了一直没好啊？”老师的嘴角挂出一丝讥讽的笑容。

偷笑声从教室的角角落落响起，董瑞石抬起头环视了一下教室，瞬间鸦雀无声。“不好意思，老师，我确实给摔傻了。”董瑞石挑衅地站直身子，双手背后，气定神闲。

一时间气氛尴尬。作为数学课代表，江宇看到一场腥风血雨就要袭来，赶忙来救场：“老师，我会这题，我来复述吧。”江宇活跃地从座位上站起，老师找到了台阶，自然而然也就过去了。

剩下的时间，董瑞石被晾在原地，无人理睬。

“董瑞石，来我办公室。”下课铃一响，老师夹起课本走出教室，留下一句怒气冲冲的号令。

5

从办公室出来已经放学半个多小时了。

江宇等在教室，看到董瑞石回来，从桌子上跳下来，道：“今晚教练有事儿就不训练了。”把书包甩到对方身上，拉起董瑞石就要走。

“干吗？不是不训练了么？”董瑞石抽回右手，背好书包，“有什么可着急的。”

江宇回过头，指了指楼上，一脸严肃：“校报记者要采访你。”然后一脸狡黠地凑到董瑞石面前，“高中部学妹哦，很正的。”说完被董瑞石甩了一掌，站在原地鬼哭狼嚎。

董瑞石右手撑着下巴，努力集中注意力思考并回答眼前这个学妹的问题。

身体还是有些不舒服，喉咙有些干，早知道就让旁边这个浑蛋去买水了。董瑞石不满地看向坐在一旁带着色眯眯眼神的江宇。

“喂，学长？”

思绪被甜美的女声扯了回来，董瑞石不好意思地笑了笑：“不好意思，麻烦你再问一遍。”

“学长为什么选择踢足球呢？毕竟踢足球并且还踢得这么好的男生很少。”长发女生边问边拿着笔在本子上做着记录。

“不是有这么一个段子么，只要你长得帅，玩儿玻璃球都有人爱，只要你长得丑，打高尔夫都是在铲屎。”董瑞石说完大笑了起来。

江宇讪讪地挠了挠后脑勺，尴尬地看向一脸严肃的学妹，一脚踩在董瑞石的右脚上。

“江宇，你大爷！”董瑞石疼得抱起了右腿，龇牙咧嘴地刚想发作，却意外迎上江宇一张严肃的脸，回过神后，董瑞石才明白自己的处境。

像是有无数只乌鸦沉默地飞过头顶，低气压笼罩着校报办公室。

“嘎，嘎，嘎。”

董瑞石干咳了两下：“不好意思学妹，我就是想调节一下气氛。这个问题问得好，为什么选择踢足球嘛，是因为一部电影啦，叫作《一球成名》，看过后就莫名其妙疯狂地爱上了。”

……

“学长，你的偶像是谁呢？”

“这个，好像没有特定的，C罗、梅西、内马尔、罗本……”董瑞石抓抓头，对女生抱歉地一笑。

倒不是没有偶像，只是不同的人有着不同的技能，都很崇拜，在心中排不出一个特别的顺序，不过要是问到你，梅西大概会是第一个。

……

太阳还没有完全下山，最后一点温暖的余晖透过窗缝洒了进来，像是一部温馨的纯情动漫，在这样橙黄色温暖的环境下，整个世界都变得柔顺安静。董瑞石揉了揉太阳穴，脑子中时不时有轰鸣声，好像是有什么东西叫嚣着要跳出来。

——会是你吗？

“学长，是不太舒服吗？”学妹关切地询问，“要不要再去医院看一看？”董瑞石慌忙摆手表示没问题，江宇拍了拍董瑞石的肩膀，笑嘻嘻地搭讪学妹：“他没事儿，就是饿着了。”

……

“这次比赛，学长是第二次晕倒吧，第一次好像是初中的友谊赛吧。”学妹偷偷捂嘴笑，准备揶揄一下学长来打发一下采访的乏味。

董瑞石猛地起身，椅子被放倒在地面上，发出沉闷的金属碰撞声。他皱紧眉头，双手撑在桌子上俯下身，直直地看向对面已经愣住的女生，瞳孔因为激动而收紧，一字一句地吼出：“不要、随意、打听、我的、事情！”

6

董瑞石双手插兜，大风把随意套在身上的格子衬衣吹开，后背鼓起，空荡荡。漫无目的地走在熟悉的小街上，两旁的小吃店依然是挤满了人，很是热闹。董瑞石揉着太阳穴，脑袋不时蹿出来头晕的感觉让他感到烦躁。

太阳已经落山，繁华的商业街却用各异的霓虹撑起一片夜空。晚风吹在脸上，开始感到一些凉意，果然是秋天要到了。

从采访中生气地走开，不是因为学妹一句无心的玩笑，可能也不是因为那句玩笑牵扯的事情，或许是因为夕阳太美好，在光晕中好像看到了你。火气突然上来，连自己都吓了一跳，现在一个人晃荡在街上，才慢慢稳定下了情绪。

真可笑，大家都知道了又能怎么样呢？已经过去很久的事情了，久到记忆都快被时间磨平了棱角，但是，就算大家都不知道、都不记得，事情就会变成没有发生过吗？那样的话，你是不是就可以回来了？

我真可笑。董瑞石站在街口，揉了揉发酸的眼角。

人气很高的冷饮店，董瑞石站在门口，屋内的冷气还在充足地开着，不时有笑得幸福的情侣推开门出来。冷气吹得小腿凉飕飕的，想了想，董瑞石还是推门走了进去。

门灯还是一束暗绿，靠在收银台的白色长毛玩具狗还是老样子，高脚椅还是旧旧的，倒是陈设冰激凌球的展示柜看上去刚换不久。

店里座无虚席，董瑞石轻轻叹了口气准备离开，却看到一个熟悉的身影闯进视线。还是胖胖的身体，董瑞石勾起嘴角笑了笑，转过身准备推开门时却被叫住。

“是不是石头啊？”胖胖的老板走上前叫住男生，“怎么刚进来就走啊，都多久没来了。”

董瑞石不好意思地转过身笑着：“杨老板生意太好，我看都没地方坐了。”

被叫作杨老板的胖男人环视了一下店铺，果真是没有什么座位，“那就明天过来，我给你尝尝我的新品种。”杨老板笑呵呵地拍了拍董瑞石的肩膀。

“行，那我就明天来。”董瑞石打着哈哈，却笑得真诚。

“我还以为你出去上高中了呢，初中毕了业就没见面了啊，这么瞅着也是一个帅哥啊。”

“您还是这么爱开玩笑。”心情好像一下子放空，没有防备与重负，好像在这样一个地方故地重游，一个故人就能带着自己回到期待已久的过去。

但是，杨老板却疑惑地看了看董瑞石的身后，找了几秒后问道：“不对啊，赵小舟呢？”

董瑞石低下头，店里的冷气越发地冷到骨髓。小腿僵直，不知如何是好。

7

周日的下午，江宇跑到董瑞石家楼下约他一起去踢球。董瑞石做好了被江宇审问一番的准备，江宇却丝毫没往那上面提，反倒是在过红绿灯的时候丢下一句“我和那个学妹在一起”后，找准绿灯最后一秒的机会逃窜到马路对面，给董瑞石十五秒钟的接受时间。

“所以啊，情圣就是情圣，嫩草吃得太香了。”董瑞石踢着球打趣，“不过，大好的周末，干吗还要找我踢球？”

董瑞石的酸话还没说完，就被江宇一把抢走脚下的球，顺便还被绊了一脚。

“这才能保持新鲜感！老待一起多没劲，还不如和你接触大自然。”江宇一个顶球，球按照完美的弧线落进网内。

董瑞石却低下头，看着被日光炙烤的草皮，稍稍愣了几秒，沉默地说：“能多在一起就多在一起，免得以后没有机会，又会日后后悔。”

江宇没有注意到董瑞石的变化，听完对方的一番话后反而大笑起来，一副“你小子知道个屁”的神情：“喂，你到底谈过恋爱没有啊，没看出来还是半个专家啊。”

董瑞石平静地抬起头看着前方，眼神纯净温和：“有啊。”

“你看！我就说肯定得有！”江宇抱住球好奇地凑上来，“什么时候的事儿？漂亮吗？那现在呢？”

全世界静音，所有的声响被调成振动，这样才能触发所有的身体机能去回想你。

江宇看董瑞石出神愣了几秒，瞪大的眼睛刚想眨眨，董瑞石的回答就这么憋了出来。

“不知道，不知道，不知道。”

“不知道？你复读机啊。”江宇抓抓头，被董瑞石搞得有些不知所措。

“就是不知道，她……还在不在。”站在身旁的男生，声音平静得就像一池三十七度热度刚刚好的池水，像是小学生朗读课文一样生涩的音调，“对，就是不知道，她是不是还活着。”

董瑞石拧开背包中的矿泉水，仰起头大口大口地喝，因为急速所以会有大颗大颗的水流出来，随后顺着面孔的线条流到衣服上，形成一小块浸湿的印记，不出几秒又会被充沛的日光蒸发。

“喂，那个，”江宇凝视着喝水的少年，拧起眉头，终于张开嘴，带着一些不确定，“那关于你的那个传言，是真的吗？”

董瑞石终于灌完一瓶550毫升的水，擦了擦嘴角后，把水瓶扔回背包内：“你的小女朋友说的吗？”江宇的神情有些慌乱：“呃，你别多想，想说就说，不想说我也不会逼你。”

你看，还会有人把你问起，就算我对你的现状一无所知，至少，你的过去完全地属于我一个人。

8

秋霜像是一夜之间就爬上了窗棂。

因为江宇和学妹在一起，所以大家见面的机会多了一些。倒是第一次见面，因为上一次的采访事件，三个人面面相觑，多少有一些尴尬。

“喂，你女友不会不原谅我吧？”董瑞石被江宇反手拽着，不远处熟悉的冷饮店前站着一个娇小可爱的长发女生。

“怎么会，她还觉得不好意思，既然都不好意思那就相当于好意思了。”江宇的视线一直在人群中窜动，丝毫没有理会身后这个人的神情。

无论怎样，终究还是自己这方面的错误多一些，还是尽快找机会道个歉吧。董瑞石看着不远处的女生，颇为苦恼。

冷饮店人很多，出于与杨老板熟悉的缘故，三个人倒是颇为轻松地等到一桌。

“来一个蔓越莓奶茶，冰的。”董瑞石把服务生递过来的甜品单转手交到江宇手中，自顾自先点了一个。

“喂，你不看就点？就算是熟悉这里，过了这么久没来肯定会出新品的啊。”江宇和学妹盯着眼花缭乱的图片，不忘嘟囔一句。

很多东西，果然还是只有按照熟悉的轨迹，才会更符合身体的需求吗？

“石头，这个蔓越莓不是赵小舟喜欢的吗？”杨老板抽空来到三个人的桌子前，拿过服务生手中的饮品单，仔细地看。

董瑞石微微低下头，江宇和学妹的目光有些小心翼翼，但还是装出一副熟视无睹的样子。

“那老板，您给我们上您拿手的，好吧？”江宇合上甜品单，冲着杨老板礼貌地一笑。

“我就是想多收集你的资料……所以才会四处托朋友打探你的消息，刚好朋友的朋友……是和你同初中的人，所以才……”学妹坐在对面，虽然语无伦次但条理还算清晰，拼命想解释不是自己有意，但还是在最后的结尾处有些心虚。

啊，原来是这样。与自己同一个初中毕业的同学听过那件事情就不足为奇了，倒是像江宇这种从别的初中升上来的高中同学，当然对自己的过去一无所知，就算是耳闻，大概也只是零星半点，顶多是一个不完整的结局。不过倒是朋友的朋友、同学的同学么，世界真小、真奇妙，哪里都会有交集，真是，无所不有。

甜品被送上后，两个人果然被精致新鲜的甜品迷得不亦乐乎，倒是董瑞石一副置身事外的神色，心不在焉地嘬着手中的蔓越莓。

“喂，这么好的店现在才招出来。”江宇一副标准吃货相，虎视眈眈地盯着董瑞石手里的冷饮。

“要不是为了给学妹赔礼道歉，我才舍不得。”董瑞石看穿了江宇的意图，狠命吸了几大口，喝完了不到半杯的冰饮。

“董瑞石学长，你喜欢的到底是什么样的女生呢？”学妹吃完手中最后一口冰激凌，接过江宇递过来的纸巾擦擦嘴。

董瑞石靠在椅背上，左手搭在一旁空落的座位上，眯着眼睛，神色复杂地看着对面的两个人。

不是恢复一段时间了吗，怎么太阳穴还会有突突震动的异样感？董瑞石揉了揉额角，又看了一眼对面四只殷切期盼的眼睛：“喜欢的女生嘛……”

是什么样子的呢？

董瑞石想了想，勾起嘴角笑了笑：“一般的就很好啊。”

一般的，普普通通的就好。个子不要很高，到自己的胸口就好，这样抱到怀里才会让她听到自己强力的心跳声；斜刘海的长发，软软的，好像刚出生的小动物一样柔软；双眼皮，眼睛里像藏着两颗明闪闪的星子；笑起来会有两个平常隐蔽的酒窝；不喜欢学数学，就算是找了很多老师补课，成绩也总是提不上去；喜欢棒子国的男生团体；钱包的夹层放着梅西的照片而不是男友的扮丑照；走起路来一蹦一蹦，喜欢牵着对方的小指走路，顺便哼着一些很难找到的民谣曲调；敏感执着，会肆无忌惮地大笑，也会毫无防备地大哭；会任性得让人毫无头绪，也会温暖得柔化心脏……

大概就是这样一个，普通得不能再普通的女生，放在人群中也不会很出众，但是我却能一眼发现她独特的光芒。

冷饮店的冷气现在还开着，估计过不了几天，生意就会差一些，毕竟夏天走了，一切都是未完待续。董瑞石看向窗外，流光溢彩的车流与摩肩接踵的人群，川流不息，欢声笑语，好像从不知道“悲伤”这个词的意义。

可是，就是这样一个一般的女生，还活着吗？

9

慢慢与学妹熟络后，董瑞石也开始帮着她完成一些无关痛痒的采访问卷。最新的这次调查表，因为月考，在手头拖了几天才拜托江宇转交给女友。

江宇飞快地翻了一下问卷，看到后面便皱起眉头念出了上面的字：“……最喜欢的地方：麦田。最讨厌的地方：医院……喂，你不能认真填吗？真心！真心的好吗？”不等董瑞石摆出一副认真的神情解释，江宇快速地把问卷塞进书包，装出一副嫌弃的表情推开靠在身上的董瑞石：“你这个移动病原体！快点儿去医院！”

请了半天假的妈妈陪着董瑞石坐在打点滴的休息室。最近换季，正是流感多发期，来医院打点滴的人很多，董瑞石环顾了一下四周，座位都被占满，外面还有接连不断排队等待的人。

董瑞石靠在椅背上，仰起头靠在身后的墙壁上，视线低垂不说一句话。病情不外乎头痛脑热，发烧流鼻涕，倒是妈妈一副很紧张的样子，又是递水又是把切好的水果喂到他嘴里，尽管这样，妈妈还是不断地埋怨，时不时摸摸男生的额头，又心疼又急切。

“妈，”董瑞石突然开口，声音很低，“当年，赵小舟有没有抢救过来？”

妈妈一惊，叉着水果的手一抖：“怎么突然……问起这个？”

董瑞石紧紧闭上眼睛，眼角酸疼，湿漉漉的。

为什么问起这个？为什么过了这么久又来问起？为什么过了这么久才敢问出这句话？大概，真的是烧糊涂了吧。早在两年前，就应该等在对面那条长长的走廊上，等着手术室的红灯灭掉，等着赵小舟的消息，不论，结果是什么，大概要等的。

可是。

“可是……我却逃跑了，下意识地，跑到了很远，盛夏的夜晚，一个人跑到拔节的麦田旁，躲到一旁很久不敢回去。”董瑞石停了一下，转过头看着第二天陪自己来输液的江宇，有些苍白的脸上泛不出半点红晕，“第二天回到学校踢比赛，当时还在发着高烧，也是和那天比赛差不多的高温，硬着头皮上了场，结果就晕倒了。”

江宇难得安静规矩地坐着，睫毛泛着光晕，一闪一闪。

“这件事，我不提，爸妈也闭口不谈，两年过去了，慢慢地，这件事就像没有发生过一样，我也以为自己对这件事，慢慢失去了记忆……”

“果然，你会那个样子，我还以为你是同性恋……”

“如果早知道会是这样，打死我也不会在三岁的时候，就拉住她的手不放。”

入秋的光线充足而高远，透过窗外看久了流动的空气，会觉得像一场盛大的颠沛流离。

沉默如迷的呼吸。

时间无法说破。

不会有人知道，那天自己一个人逃到麦田，在潮湿的草地上坐到星子出现。那晚因为害怕而颤抖的感觉，至今仍会记得。当时的那份痛苦与煎熬，只有把自己塞进无人能见的麦田中，才会格外有安全感，也才会有全部的精力和感觉去想念一个人。夜空很美，麦浪一层又一层，模拟涨潮的海浪，听到隐约的喊叫声，也隐约模糊。无人知道，也无人记得。

10

高三开学的第一周，学校隆重地举行了一次开学典礼，实则是为了勉励各位迈入高三的同学。为了充分达到这次活动的目的，校方甚至请了每一个同学的家长亲临现场，与孩子一起体验这份高三的紧张感与荣誉感。

江宇上午才结束了老师与爸妈的轮番轰炸，下午见到女友又被打击了一番。尽管双方差了一级，但对方好歹是文科班年级第一的才女，江宇把身体挂在天台的栏杆上，元气大伤，无精打采。

“喂，你真的要努力了好不好！如果还是不务正业，游手好闲，将来怎么能到同一所大学去，到时候……”女生突然哽咽，眼圈发红。江宇见状，紧忙上前轻轻拍打女生瘦弱的肩膀，半安慰半表决心：“相信我吧！”

“我真的不想和你分那么远。”女生止住哭泣声，埋在江宇的怀里轻声说。

“好！一定没问题！”

还真是状况百出，情况连连。

不过，也不是没有好事情发生。

赵小舟奇迹般地出现在董瑞石面前，是在一周前。已经整整一个星期过去，江宇还是觉得有些恍惚，摸不着头脑，像是奇迹一样耀眼，让人难以相信。

尽管通过一系列的事情知道“董瑞石害死过人”的谣言是无稽之谈，但是有关赵小舟的事情，自从那次在病房听董瑞石说过一些后，就再也没有立体地全面地了解。所以当这个神秘的女生独自一人、安静地站在球场边上，看起来眉清目秀、明眸皓齿，清秀得像一株挺拔的小白杨，江宇头脑中那个模糊的带有灰色印记的女生，这才真正与现实中的女生重合。

那天，赵小舟径直站在董瑞石面前，紧抿嘴角，什么话也没说。

其实连江宇都能想到女生想要脱口而出的话，显而易见对的答案永远只有一个。

“为什么两年中，你不来找我？”

……

为什么，明明彼此都在忍受相思的折磨，你情愿相信头脑中幻想的情形，也不愿真实地打探我的消息——到底是不是……还活着？

“换了是我的话，大概也会那个样子，说不出话，只是激动吧。”

江宇靠在天台的栏杆上，仰头看着头顶湛蓝的天空，轻微皱眉，像是在体会当时董瑞石的处境。

“两个人从小在一起长大，幼儿园、小学、初中都是在一个班，这么算的话，也算是青梅竹马了吧。听那小子说，自己之所以喜欢足球，其实都是被赵小舟逼的，什么进不了球就不能在一起什么的，你看看，果然男生喜欢什么，都是背后逼出来的。”江宇拉过女生的手，紧握在手里。

“那然后呢？”女生眨眨眼，好奇那件事情。

“中考结束后，两个人背着家长跑到另一个有海的城市，不知道什么原因，过敏还是风太大，总之赵小舟的哮喘犯了，而且还很严重，于是两个人的秘密旅行就这么结束了……”

“谁能想到会出这么大的事情。”女生叹了口气，表示惋惜。

“后来，赵小舟搬了家，转了学，如果不是因为学籍还留在这里，谁知道两个人会多久才能相见。”江宇附和女友，也叹了口气。

“其实，如果是我，大概也真的会很自责、很内疚。”

会过得不好，两年的时间都像是在噩梦中度过，没有人能诉说，也没有人能带自己解脱，不停地在自责，不停地在内疚，不知道这样会在哪一年结束。

到哪一年呢？

是停在中考后的那个暑假？还是现在的这一年？

是三岁那年我第一次握紧你的手？还是初三那年你松开我的手？

是到重新又见面？还是停留在你走的那分那秒？

是你站在我面前，到我说出“我很想你”的时候？

还是你后一秒哭出声，止不住泪流？

这个一直悬而未解的谜题，被席卷在冲天的海浪中，不得安息，不再重要。

“然后呢？”女生不自觉地捏紧男生宽大的手掌。

“这就是大结局咯，”江宇微笑着牵起女友的手，朝着楼梯走去，“happy ending. 哦，你不是最喜欢。”

三岁时第一次见面，你的双眼中盛着一片海。

七月流火，九月授衣。夏天走得匆忙，可我握紧你的手，还是会出汗。

一切问题都是未完待续，无人可知。

“小舟……”

“嗯？”

“那个……欢迎回来。”

她暗自规划好将来的路。可不幸在于，绝大多数想象，
最终都被时光风干，成了枯萎的标本。江上雪毕业后去了上海打拼。

你在我沉默的梦里

文/Kidult

【楔子】

这是一条荒僻的巷子，人迹罕至。他们俩坐在黑暗中的台阶上，仰头看天，星星稀疏。

谁都没有开口。

该说的，都已经心知肚明。

他们静静地看着星星，后来江上雪干脆将头埋在他的身上，枕着他的手。

偶有路人走过，他们也并不躲闪。

“这儿多好，这儿没有人认识我们。”江上雪闭上眼睛。

“那我们就一直待在这里不离开吧。”杨奕清抚摸着她的头发，嗓音温柔。

“好。”

他们不再说话。

万籁俱寂，让人恍惚间忘了时间。她枕着他的手，他腕上手表的秒钟走动声很清晰。

江上雪突然理解了母亲当年内心蔓延的深深绝望——他和她，此生再无可能。

不知道过了多久，江上雪忽地坐起身来，反骑到他的腿上，抬起他的下巴，像女王一样吻了上去。

闭眼，那么短暂的一秒，又漫长到令人心酸。江上雪站起身来，慌忙地逃走了。

那是他们人生中，最后一次见面。

【一、唯有她一人素面朝天】

陆家嘴金融中心。

江上雪做梦也没想到，离电影院初遇没几天，竟会这么快与杨奕清重逢。

紫荆银行大厦，director还没有来，早到的实习生们三三两两愉快地交流着。江上雪不合群地靠着落地窗，俯视窗外，在这片土壤忙碌穿梭的，都是金融界精英，他们金光闪闪，他们杀气腾腾。

一开始时江上雪也试着想融入那些实习生中，可没聊多久就感觉到不可跨越的隔阂。她们妆容精致，唯有她一人素面朝天。

拿到培训资格的大多数人都是富二代，在地区营销比赛里，江上雪跑断了腿刷楼促销才得来的成绩，他们只要一开口，父母为他们就订下大量产品搞定了一切。

那些日子，搬着好几箱货物上五楼是家常便饭，那些营养奶粉，一不小心就会洒满道路，那时候的江上雪完全是靠意志力在坚持。拿到全省第一的成绩后，江上雪获得了紫荆银行上海免费个人培训的机会，她觉得那已经耗尽了她全部的幸运了，可没想到，拿到这种机会对富二代来说，易如反掌。

培训期间的交通费及食宿自理，江上雪住在房间小到只能放下一张床的廉租房里，而其他实习生都选择常住宾馆。

director来后，先向他们简单介绍实习内容，带领他们参观了紫荆银行上海总部，然后把他们领入一间会议室举行导师见面会。

会议室里坐满了西装革履的高管，让江上雪吃惊不已的是，杨奕清也坐在其间。

他皮肤很白，戴着黑框眼镜，西装笔挺地坐在那儿，一丝不苟，没有多余的表情，却有一股凛然气质。

director介绍到杨奕清，他是沙盘模拟金融投资的导师。

杨奕清没有多看江上雪一眼，江上雪竟有些暗自庆幸。

鬼使神差地，她极其不愿他见到自己在人群中如此暗淡，甚至有些落魄的模样。

【二、他在黑暗中将她照亮】

一个星期前。

影院里的灯光唰一下暗掉，通宵夜场即将开始。一日奔波，此刻的江上雪累得狼狈不堪，瘫坐在座椅上。大荧幕上还在放广告，今天那些糟糕的记忆却已经迫不及待地一幕幕回现。

为了省路费，江上雪硬生生从安徽坐大巴挨到了上海。一路颠簸，旁边有人吐了，令人作呕的难闻气味在狭小的空间里弥漫，有人开始低声咒骂。江上雪别过了脸，看向窗外。

高速路上，一路荒芜景象。

到站下车，江上雪在争着拿行李的乘客中挣扎了半天，才艰难地拎出自己的行李。没走两步，咯噔一声，劣质行李箱的轮子飞出去一只，引得路人纷纷侧目。

找出租房，却被告知房产中介都已经下班。

于是江上雪以一个可笑的姿势提着那半身不遂的行李箱，找了家搞活动通宵夜场只要六十元的电影院，进去看电影，打算奢侈一把，在黑暗的影院里打发一晚上的时间。

有苦却不敢言。

大二刚结束的她孤身一人来到上海实习，却骗家里人说今年暑假留校。她的父亲并不在安徽的家乡，在海南做农民工，对乖女儿的话，他向来毫不怀疑。父亲在电话里说，闺女，你要好好学习呀！爸爸在这里的工地上打工，大夏天的，晒到整个胳膊都脱皮。

游离的光线映亮江上雪的面孔，电影开始了。她刚掏出手机，没想到座椅突然剧烈震动起来，江上雪手一抖，手机就这么“啪”的一声摔落在地。

后来江上雪才知道，这叫作4D电影。

江上雪连忙弯下身去，慌张地在周围的地面上摸索着手机。可身处黑暗，她什么也看不到。

正在她急得快落泪之时，视线突然被微弱的亮光照亮。江上雪顺着光线抬起头，就这么看到一张清俊至极的脸。

坐在她旁边的男生，摘下了观影眼镜，正举着手机，用屏幕的光亮照亮她的视线。

电影院里一片混沌，唯有手机屏幕的微光映亮他们两个座位。音响里传来激烈的对白声，座椅时不时配合着电影情节震动着，观众窸窸窣窣地小声交流。而身旁的他，眸如星海，干净得近乎出尘。咔嚓一声，这一幕在她心里永远定格。

江上雪借着光找到了掉在地上的手机，一个劲儿地感谢杨奕清。他问：“你是刚来上海吗？”应该是注意到了她身侧的行李箱。

“嗯。”江上雪老老实实地点头。

“来工作的？”

“实习。”

“实习？”

“紫荆银行，Business Practice Program，下周一开始，为期两个月。我来的时候中介公司已经下班了，没地儿落脚，只好到影院来打发一晚上。”江上雪有些不好意思地笑笑。

杨奕清自告奋勇，说自己认识个房子不错房价又低的胶囊公寓，他刚来上海时就租住在那儿。

第二天一早他带她去看房，进了电梯，杨奕清突然板起了脸：“你知道我是谁吗？”

江上雪愣了愣。

“你知道我叫什么吗？”

江上雪还愣着，只有他们两人的电梯开始上行，逼仄的空间静谧得有些可怕。

“什么都不知道，糊里糊涂就把自己信息全透露了，糊里糊涂就跟着我来了。”杨奕清微皱起剑眉，“轻信。”

江上雪无言以对。正如后来很多次杨奕清教导她时一样。

“叮”的一声，电梯到达指定楼层。

那天安顿好后，江上雪一个人来到公寓楼的天台上，眺望着这座高楼林立的都市，深深感觉到自己的渺小。那种激动又有些害怕的心情，如同来自内陆的人第一次站在了浩渺无际的汪洋之中。

风那么静，未来还很远。

【三、你的血液里没有情人和春天】

实习正式开始后的第一个周末。

江上雪捧着手机，在床上纠结地翻滚了半天，最后还是鼓起勇气拨通了杨奕清留下的号码。

嘟，嘟，电话通了。

“我……我想请问一下该怎么找waitress之类的晚间兼职……今天绕了一圈，

都没看到有店面张贴招人的海报……”组织了很久的语言一紧张又变得结结巴巴起来。

“扫街。”他的声音不带任何感情，“不亲自进去一家家去问怎么知道？偌大的上海，要是有心，怎么会连份兼职都找不到？”

“嗯……”江上雪霎时羞愧难当，“打扰了……”

这里是快节奏的上海，每个人都在忙自己的事情，你又凭什么拿自己的事情打扰别人呢？挂掉电话，江上雪的心慢慢沉了下去。

没想到晚饭时间杨奕清居然主动打了个电话过来：“晚上和我出来吧，猫眼海派酒吧。”

江上雪一下子像打了鸡血般，在心里欣喜得叫出声来。

那天晚上摸索到酒吧，江上雪是在舞台上看到杨奕清的。六个人的爵士乐队，就杨奕清一个中国人，另外五个都是外国人。

灯光昏暗暧昧，他低头操纵着键盘，仍然是冷峻的模样，却该死的英俊。

杨奕清帮她在猫眼酒吧谋了份服务员的兼职，他大大方方地将她介绍给外国友人，她却羞怯地不敢抬头，绞着手。

酒吧里音乐嘈杂，江上雪回去后才发现有母亲的未接电话。来电归属地，上海。

她犹豫良久，没有回。

接下来培训的日子里，“富二代”们中午出去尝遍上海美食，而江上雪每餐只用盒饭打发，还自告奋勇替全组人加班。有时候培训会碰到杨奕清主讲，但白天他们并无交流，而晚上兼职下班后他们则顺路一起走着去坐地铁。每到晚上，江上雪内心就会小小雀跃。

一开始江上雪遇到外国客人搭讪，都不敢开口，恨不得攥着衣角才好。一次杨奕清问她大学学什么专业的，她才不好意思地吐吐舌头：“英语。”

杨奕清有些讶异地一挑眉。

“上海这个平台，好好把握。”他拍拍她的肩。

在杨奕清的鼓励下，江上雪开始试着跟外国人交流，后来越说胆子越大，慢慢培养出了所谓的自信和气场。

这种进步，她至今感激。

晚上下班在路上的时候，有时杨奕清还会教她一些金融方面的知识。

一次他们路过Darry Ring的巨幅电子广告牌，上面的钻戒熠熠生辉。广告文案很有创意：Darry Ring相信真爱只属于两个人，DR钻戒独创绑定身份证号，一个男人一生仅可定制唯一一枚，赠予此生唯一挚爱。

“真浪漫！”江上雪把广告牌指给杨奕清看。

杨奕清笑笑：“这不仅是在卖产品，更是在卖产品里所包含的文化、理念、感觉、心情，等等，迎合人类更深层次的需求——高明的营销手段。”

于是江上雪又一次认识到了自己跟大神级别的人物在思想层面上的差距，默默在心里自惭了一把。她打趣道：“你女朋友听了肯定会怨你的。”

“她是该怨我。”杨奕清淡淡地说。

女友跟他分手前曾不无哀怨地给他发过条短信，一句海子的诗：“到南方去，到南方去，你的血液里没有情人和春天。”

他罕见地点了支烟，讲起了自己刚来上海时的经历。

夜色中，香烟红色的光明明灭灭。

【四、他的眼里弥漫着经年不散的雾气】

通往成功的旅程，本就残酷又艰涩。

“一旦决定要成为走上顶峰的人就注定孤独的开始。不能因为有人跟不上节奏就停下来等着……旁边的女孩要结婚了，生子了……最后发现身边人越来越少，越来越少……你要忍受，其实这时就是跟自己精神对抗的过程。毕竟最后能插上红旗的人，永远只有那么几个。”

多年后，江上雪在金融杂志上看到一位成功人士接受采访时这样说，第一时间就想起了那个夜晚的杨奕清。

他的手指修长又好看，抽烟时也不例外。

他放弃了家乡一成不变的稳定工作，孤身一人来到上海打拼。那段日子过得异常艰苦，住小得不像样的合租房，为了省钱有上顿没下顿，每天早上六点起床挤地铁，加班加到凌晨两点都是家常便饭。所以他初见江上雪，就像看到了当初的自己。

曾经很爱他的女朋友，选择留在家乡的她提出了分手。

女友告诉他，有人追她，殷勤地开车送她上班，她不肯接受，他便每天陪她坐公交。她说自己等不起了，等不起一个遥远到连温度也感受不到的人。她威胁他，再这样异地下去，还不如干脆分开。

那时候的他在上海拼得昏天黑地，这里寄托着他的未竟的事业和全部的理想，于是他忍痛，选择了分手。

夜深露重，杨奕清看起来平静极了，然而江上雪能看到，他的眼里弥漫着薄薄的雾气。

那天回家，深夜里睡不着，江上雪干脆开始记日记——

天气挺热的，浴室龙头公用，太阳能的热水被室友用完了，没法洗澡。已经一个月了，真快，生活节奏也快，感觉一天不努力就会落后。遇到了让自己这辈子都佩服的人。哈，絮絮叨叨的。躺在床上，想看烟花……母亲，母亲她找过我。

是的，上周末时，那个雍容华贵的上海妇人来找江上雪，硬是要塞给她钱。多年来她对女儿亏欠太多。

江上雪甚至不知道母亲是如何得知自己行踪的，她们去咖啡馆坐了一会儿，母亲拐弯抹角地问到江父近年如何，江上雪只说“他还好”，悄无声息地略去他常年在外打工的事。

虽然母亲保养得不错，可江上雪还是注意到了她眼角的细纹。

九把刀说，青春像一场大雨，即使感冒了，还盼望回头再淋一次。而江上雪深深觉得，人的衰老就像一场雾，所有的鲜花着锦，所有的烈火烹油，都变得不真切起来。

母亲老了。

分别后，目送母亲的背影远去，江上雪竟然觉得如今的自己已经不那么恨她了。

慢慢地，她也学会了原谅。

心绪有点复杂，不知不觉间就拨通了杨奕清的号码。她觉得他会懂。

【五、扎着他送的丝巾嫁给了别的男人】

他从初中开始暗恋她。

八十年代的她浓眉大眼，扎着麻花辫，棉袄上全是补丁，很内向，总把头埋得低低的，从不和男生讲话。高考她考全班第一，却很遗憾地只考上一所自费大学。她的家人都已经买好了上大学的火车票，可最后一刻，还是将她留在了家里。

她虽满心不甘，却终究对重男轻女的封建传统无力反抗。她被送去当学徒，学雕刻，在石头上刻画，大冬天里手上冻得满是冻疮。

那一年，他和她几乎是默认地就在一起了。他心疼地握着她满是疮痕的手，许诺将来要保护她一辈子，深情得宇宙洪荒几乎都失色了。

可没过多久，他去上海顶职，国企的铁饭碗。他们通信了一年，他邀请她去上海玩，带她去了好多地方，拍了好多好多照片。可那些胶卷冲洗时在药水里被毁得一张也不剩，她心惊，觉得那是不祥的。

他要她再等他三年，会给她好的未来。

可她无力等待。

他是上海户口，而她只是个小山沟的农村户口，在那个户口决定命运的年代，她自知配不上他。大哥要结婚，家里房屋不够住，父母急急把她嫁给了个与她只见过三次面的男人。

他曾送她一条丝巾，后来她听同事说男人送女人丝巾就是想圈住她一辈子。她恰恰扎着那条丝巾，嫁给了别的男人——江上雪的爸爸。

这些发生在江上雪记事以前，江上雪有记忆以来，能记得的就都是爸妈吵架。妈妈是那个年代的牺牲品，可她心气儿高，终究没有像大多数女人一样学会认命，生活得不幸，所以爸妈还是离婚了。而妈妈的初恋，不顾家人的反对甚至跟妻子离婚，硬是放弃了铁饭碗下海经商，辛苦地在七八个城市间来回跑，功夫不负有心人，他的生意风生水起。后来他得知她离婚了，二话不说，风风光光将她迎娶到了上海，让她过上了他能给的最好的生活。

小时候的江上雪恨极了离开了自己的妈妈，可年龄渐长，对妈妈的身世遭遇，她竟有了几分同情。

那天与母亲分别后，江上雪和杨奕清沿着黄浦江走了很久，讲述那个遥远的故事。风像一把梳子，稳妥地梳理着暮色、江面、街道和忙碌了一天的人们。

淡淡的霞光洒落，不说话，就十分美好。

多年后的她回到上海，独自站在黄浦江前，觉得非常难过，她总觉着，这里站着的应该是两个人。

【六、我可以喜欢你吗】

后来回忆起上海培训的那段日子，江上雪觉得无愧于心。她努力上进，对工作异常执着，分内分外之事纷纷揽来做，她被组里公推为组长，还得到了信服。

可培训结束之际，她还是遭遇了小小的难题。培训的最后一天，是一场招聘模拟面试。想拿到紫荆银行中国高管的全英文推荐信，光有出色的个人表现还不够，还有一个硬性条件：在紫荆存款五十万人民币，成为紫荆银行的贵宾客户。否则的话，就只能得到薄薄的一张实践证明。

江上雪本打算豪情万丈地说将来我会是你们的VIP，可多日辛苦实习后，她发现这种空言是多么幼稚，多么无力。

会议室里黑压压的一片高管和HR，他们面无表情地打量着站在台前的她。发问咄咄逼人：“你最大的缺点是什么？”“我们几乎只收国内排名前十学校的毕业生，你凭什么认为你比他们优秀？”杨奕清还不忘补刀：“你觉得学英语专业的你和学工管专业英语也很好的人相比有什么优势吗？”……

离开会议室的时候，江上雪灰心丧气。HR的提问步步紧逼，但说到底还是她自己实力不够。

原以为就会这样沮丧地离开上海，没想到结业典礼那一天，江上雪被叫上台，公司授予了她全英文推荐信——虽然她没有满足贵宾条件。

那是高管联合署名的一封推荐信，重若千斤。江上雪鼻子有点发酸，她抬头看向坐在第一排的导师们，他们用目光给予她肯定。杨奕清也微笑着坐在席间，眉眼清冽如昔。

主持结业仪式的director说了这样一番精彩绝伦的话：“上海，是一个神奇的城市，她不问你出生、学历，不会鄙视你的家庭条件，她只看你是否努力，真的。”

会场里掌声雷动，经久不息。

离别前的晚上，杨奕清在猫眼酒吧为江上雪办了一场Party，爵士乐队好乐倾情放送，各种肤色的男男女女、认识的不认识的人都真诚地与这个即将离开的姑娘碰杯。晚上杨奕清送江上雪回家，她借着醉意问他：“我可以喜欢你吗？”

连她都被自己的唐突吓到，没敢等到杨奕清回答，便一头栽倒在杨奕清肩上，佯装睡去了。

第二天，杨奕清把江上雪送到了汽车站，检票口开始检票，江上雪和他告别后转身准备离去。

“江上雪。”他突然叫住她。

江上雪茫然地扭过头，见他冲她走来，她一怔，他的唇就那样猝不及防地倾下来。冷热相触，只在那一刹那。

轰的一声，整个世界都倒塌了。

心底淌过春日阳光下的金色溪水，先是淙淙，而后奔涌。

【七、我也曾构想过，有你的未来】

他们在一起了，电话联系，微信聊天，偶尔也在朋友圈里晒一晒亲密照片。周末他还时不时从上海驱车去她的学校找她，甚至无声无息出现在他们课堂里蹭课。她有时候也会突然出现在身在上海的他的面前，给他一个惊喜。

后来江上雪才知道，他其实有车，但每每陪她搭地铁。室友们都很羡慕江上雪，大学还没毕业便拿到了几乎等同于offer的推荐信，还收获了成功人士真命天子。有单身同学向她取经，她只温和笑笑："感觉对了，就自然而然在一起了呀。"

明明是那么简单的事情，却是有些人一辈子都碰不上的幸运。

学生会竞选，江上雪被推举为部长，忙得脚不着地。可这些对工作狂江上雪来说，正是这种忙碌使她每天满腔热血。她暗自规划好将来的路，毕业后就去上海，和杨奕清一起打拼属于他们的天下。

每个处于幸福中的女人都会这样吧，甜蜜地构想着有他的未来。可不幸在于，绝大多数想象，最终都被时光风干，成了枯萎的标本。

多年以后江上雪回忆起来，仍然有几分伤感。

每日固定时间的通话里，江上雪常常神采飞扬地和杨奕清讲当天发生的种种，哪个项目前期宣传搞定了，哪个学弟学妹退部了。她没有注意到，杨奕清的声音越来越疲惫，和她提到紫荆的工作时也躲躲闪闪，电话那头还总传来酒吧的音乐声。

父亲跟的工程结束，从海南回到家，江上雪被叫回去。回家前江上雪有些担心，虽然父亲不会上网，可还是有亲戚已经把江上雪谈恋爱的事告诉了她。父亲老眼光了，以前的他曾声色俱厉地告诫过她，上大学要专心念书，不要谈恋爱，更别提跟社会人士交往了。

江上雪打电话给杨奕清，让他出谋划策，可电话那头传来应酬劝酒的声音，很嘈杂，江上雪觉得不对劲，可还是继续说了下去。最后，她请求他，可不可以和自己一起去见父亲。

“雪儿……我最近有点忙……”杨奕清的声音像疲惫的灰色的风，江上雪的心凉了下去。

两人一阵缄默，像是对峙。过了一会儿，杨奕清开口：“我和你一起去吧。”

和父亲的见面异常顺利，一桌家常饭，一些日常话题。父亲举着酒杯，笑起来眼周褶皱明显：“闺女长大了，只要你开心就好。”

望着因为衰老而变得脾气温和的父亲，江上雪的鼻子莫名一阵酸。

江上雪殷切地跟父亲夸杨奕清，说他家世如何好，如何名校毕业，如何传奇一般成为银行年轻高管，对自己又是如何如何好……更重要的是，他身上有种认真又温文的气质，他有着会发光的灵魂。

回去的路上，江上雪坐在副驾驶，傻傻又甜蜜地望着正在专注开车的杨奕清。

“雪儿。”杨奕清突然开口。他的眼睛看着前方，眼里却分明有雾。

“嗯？”

“其实我已经辞掉了银行的工作。”

“……”

【八、没有人能蓄养凤凰，没有人能束缚月光】

杨奕清瞒着江上雪辞掉了银行的高薪工作，和朋友合伙经营起了海派酒吧，主要在江苏各地发展连锁店。

事业初创，倍为艰难，整日奔忙，应酬不断。为了这次创业，他拿出所有积蓄，甚至在银行贷了一笔数目不小的款项。他数次放弃稳定工作，已经让家里反感至极。因此这次创业，更是遭到强烈反对。

可创立属于自己的公司，一直是他铺展在心底的宏图。他觉得，冥冥之中，命运在指使着他，他非做不可。

为了不让江上雪担心，杨奕清一个人扛着所有压力，对不稳定的创业期绝口不提。可这次拜访江上雪的父亲，江上雪对父亲一再强调杨奕清的稳定工作，让杨奕清很不安，觉得不该再隐瞒。

原以为江上雪会震惊，可是她认认真真地望向他的眼睛，告诉他："我完全支持你。"

杨奕清有些难以置信地与她对视着，江上雪的眼睛又黑又亮，像宝石一样好看。

多少年后，他都无法忘怀这双饱含坚定、温情以及信任的眼睛。

她对他说："没有人能蓄养凤凰，没有人能束缚月光，我爱你，所以更加不愿看到你被束缚。请你跟随你自己的内心，我坚信，你有着无量的前途和万丈的光明，不该被任何事物束缚。"

杨奕清一下子红了眼眶，定定地看着她，好像要将她深深刻入自己的生命和灵魂里。

后来江上雪一边忙着课业和活动，还时不时抽出时间赶去上海帮他打扫公寓，照顾起居。他们的默契更进一层。

灭顶之灾来得猝不及防。

合伙人背叛了杨奕清，卷走所有财物后逃得不知所踪。留给杨奕清的，是如山的债务，他几乎是在一瞬之间，倾家荡产。

那段时间杨奕清把自己关在黑暗空荡的屋子里，颓丧地在床上一躺就是好几天，发着烧，闭目锁眉。江上雪好说歹说，他仍旧自暴自弃，怎么也不肯去医院。

江上雪整夜守在他床边，一遍遍地为他换冷毛巾敷上。

床头灯亮光氤氲了一夜。

杨奕清睁开眼的时候，江上雪正坐在床榻上，小心翼翼吹着勺子里的白米粥。

她的长发温柔地垂下来，像一条寂静的瀑布。

杨奕清突然有些绝望，这辈子，恐怕再也遇不见这样一个，能够完全理解和同情他的理想抱负的女孩子了。

"雪儿……"他的声音喑哑苦涩，"你，愿意嫁给我吗？现在，立刻。"

江上雪惊讶地瞪大了眼睛。

他的泪顺着眼角流下，落在枕头上，洇开来。

怪只怪，此生无缘。

【九、谢谢你给我，成熟的理智的爱情】

他们和平分手了，是杨奕清帮江上雪做出的决定。

杨奕清的爷爷被检查出了癌症，临死前最大的愿望就是能抱上杨家的重孙子。杨奕清是长房长孙，以前就一度被家里逼婚，但是由于他在上海打拼才一直耽搁着。现在老人家临终的遗愿下达，在他事业崩盘还不肯回头后，父母拒绝助他偿还债务，甚至扬言要跟不孝子断绝关系，他不得不按照父母的安排，回家乡相亲结婚生子。

江上雪迟疑了。

她爱他，可是她还在上大学，未来尚有无限可能，她还想毕业后在职场叱咤风云地拼上一回，万万不想立刻结婚生子，草草埋葬后半生。

杨奕清懂江上雪，如果她是那种毫无野心只想找个归宿的小女人，他亦不会欣赏她。如今，他们要走的人生轨道不同，唯一能做的便是为对方考虑，不要相互拖累。或许这才是成熟的、理智的爱情吧。

他们在一起的最后一天，在无人的小巷看了一晚的星星。后来他们再无联系，再无交集。

分手后，江上雪收到过一份匿名快递，拆开来，是一枚Darry Ring的戒指。不知情的室友激动地起哄，Darry Ring不是求婚戒吗？绑定身份证号，此生只可定制唯一的一枚！此生唯一！你男朋友要向你求婚了吗？你们什么时候订婚？

心像被掏空了一块，嗖嗖地漏着冷风。

爱还在胸中滚烫，泪却已经冷却。

江上雪毕业后去了上海打拼，却再也没遇见过他。生活在那座城市的人都很努力地在生活，她又遇到了不少和杨奕清一样让她由衷敬佩的人。有时候她加班到凌晨，只能一个人钻进24小时便利店里买夜宵吃；有时候去酒吧来杯酒，一个人打发一晚上；有时候在外滩吹夜风，仰视时常更迭的巨幅广告牌。

这里的风很大，酒很浓，想你时心很暖，夜很深。

纵此生不见，平安惟愿。

一

放下执念瞬间，荒凉冰冷的心地竟长出了满满一大片麦田

“长大”是“长大”了，而没有“好”。

可是从祖父那里知道，人生除掉了冰冷和憎恶而外，还有温暖和爱。

所以我就向着这“温暖”和“爱”的方面，怀着永久的憧憬和追求。

——萧红《永久的憧憬和追求》

恍惚中，我想到她努力摇动着细细的胳膊去擦洗奶奶的褥子的样子，
想到她眼泪滚在眼眶里说着伯父说好盘好了床就接她回去住。

听花落

文/涂早玲

1

小姐站在褥子的阴影里，举着细细的胳膊在被子上擦着，搭被子的绳子都被拽摇晃了，看得出她很使劲。在柿子树上叽叽喳喳的鸟叫声中，我看着她吸着鼻子断断续续地说："我伯说，我伯说等我的床盘好了，就叫我回去，我就不在这儿住了。"她是哽咽，气都回不上来，好像很委屈。不过妈妈说并没什么可委屈的，也许吧，也许确实没什么可委屈的。

那是她月经初潮的时候，在奶奶的褥子上留下了一片小小的红色印记，奶奶说，她洗不干净就不能再睡在这里。最后洗没洗干净呢，我不记得了。不过后来我就一直在等，等着某一天三伯把小姐的床盘好，接她回去。

很奇怪，小时候的记忆中，我竟是一直期待着这么一件事，一件跟我没什么关系的事。后来一直等到她出嫁，我们的期盼终于结束——最终也没有等到。不过我一直记得那天她站在金黄的软软的阳光下的小小阴影中哽咽着说话的样子，也一直记得她说的“我伯说等我的床盘好了，就叫我回去，我就不在这儿住了”。

这句话让我的心像被针尖隐隐扎到一样疼，当时听到的时候就是这样，现在想起来依然这样。那个时候的我还不知道“寄人篱下”这个词，后来知道了，不过发现并不恰当，其实应该是“无家可归”，她并没有什么地方可以“回去”的。不过那一年她十三岁，我七岁，我们那时候都绝对地相信，伯父终有一天会盘了床，接她回去住，而且不认为这一天很遥远。

她是我的小姐，家族排行里最小的姐姐，亲姐姐，不过被过继给三伯家养了。她一直住在我家，跟奶奶睡脚头儿，三伯家没有地方再住下一个孩子。爸爸是十兄弟中最小的，所以等伯父都分家出去之后，我们家和奶奶一起住在倒了两间半的漏雨的老宅，说起来，算是房子最多的。不过小姐是不能在我家吃饭的，奶奶交代过，爸爸也交代过，我记得那时候一小块馍还都很珍贵，而小姐不是我家的人。

2

据说我出生的时节春色大好，缠缠绵绵细细密密下了好几天的雨在那天停住了，太阳露了脸。我能想象当时杂乱的院子里充斥的粗滥爽直的笑声，奶奶咧着她那没几颗牙的嘴满意地说：“好哇好哇，果真是个带把儿的！”小姐骄傲地欢呼：“我有弟弟啦！”好像弟弟会是她自己的东西似的，像小孩子的玩具那样。

六岁的她当然还不知道：我不是她的，而她的，也会变成我的。但是至少她跟玩伴说起新有了弟弟，还是可以自豪一阵子的。小孩子的哭或笑总是都特别响亮，大概是因为从心事到表现是直接来的，不曾转过弯。而那天，小姐响亮的笑声一不小心就震落了院门口粪堆边上新开放的小雏菊花瓣。

我和小姐同一个小学，那正是乡村小学走向衰败的时代，家境殷实的小伙伴大都转学到附近街镇小学去了。我们的学校，包括老师在内也不过三十几人，两个年级放一个教室里上课，老师先讲一年级的课，然后再去后面讲二年级的。在这样的境况里，我的成绩轻而易举地稳占我班龙头，由于整天的耳濡目染，高一点年级的题也能做一些，可小姐在她班的成绩却很差，第七名，也叫倒数第一。但乡亲们是懒得细究的，他们简单直接认可的就是第一和倒数第一，和大字不识几个的父亲一样都不懂得去计算那些细节。

似乎是偶然的一天，吃了晚饭，还不到睡觉时间，我们一家就坐在堂屋门前的石头上。并没什么话说，只有父亲吧嗒吧嗒抽着旱烟，黑暗中看到那圆圆的红点不时晃动着。坐了好一会儿，父亲在石头上磕了磕烟锅，慢慢开口："你们上学——能上到哪儿我就供到哪儿，不过——我不供你们在学校混日子。"又接着点上一锅烟，干涩地咳嗽了一下，其实也不像是咳嗽，是喉咙发出说不清是什么的声响，又像是清清嗓子，仿佛下了决心似的，来一个郑重的开始："能上，就上，上不去——也供不起你们在学校长个子。"虽是下了决心，尽量理直气壮，说到最后，还是有些底气不足，声音低下来，字句也不很清晰。几年后再想到当时他说这句话，不知怎么的，脑子里总是想到一根面条，前一半是煮好的面条，后面则被煮煳了，含含混混的。

这话是对我俩说，标准一致，公平得很。不过就当时的情况而言，区别性也算明显了。

过了不久，妈妈就总是带着小姐去后院的三伯家。刚开始是晚上去，后来就一早就送过去，要她在三伯家待一整天，不过她经常自己跑回来，终究惹得奶奶发了怒，爸爸狠狠地揍过她几次。那么纠缠了很长一段时间，渐渐地，她也就只是在漆黑的晚上，需要睡觉的时候才来我家了。

后来，又过了几年，好像我十岁生日还没到的时候，小姐就退学了。细究起来也没有谁逼迫她，不过是那年雨多，秋天时候花生都在地里发了芽，青青白白的小芽，嫩嫩的，很可爱，但是花生就此没办法卖了。

此后，就只是看她洗衣、做饭、打猪草……和村子里大多数的姐姐们都一样。

我的姐姐日益地亭亭玉立，一天一天出落成我见过的最美丽的十六七岁的女孩子的样子。

3

家里的生活似乎永远像个车轮，看起来也总是在急匆匆地往前赶，然而一天一天却是同一个圈在循环。

这般事事不变的生活不知又风平浪静地过了几年。在一个燥热的夏夜，我正躲在小屋里看张爱玲的《金锁记》，听到大门“哐咚哐咚”地开了，暴怒的三伯拽着小姐的头发，把衣衫不整的小姐踉跄地拉扯进来，连父亲母亲三个人推搡着进了靠近大门的灶房里。我赶紧追过去，试图推门进去，父亲回身一脚踹过来，“滚！”眼睛里都喷出火来。我站在门口，听里面噼噼啪啪的响动声，回想到我那年逃学去网吧后脸上火辣辣的感觉。

第二天一早，我还是看到小姐做饭、洗衣、打猪草，一如既往，不过眼睛肿得跟核桃似的，衣服倒是穿得比平日里还整齐一些，看得出是刻意整理的，但是头发上还隐隐夹着根柴草，大概是梳头时不曾看到。我帮她拿下来，她抬了抬眼皮，也不看我，只是眼珠动了动，目光从我脸前空空地扫过去，然而空气里连一丝尘埃也没有，眼神空洞洞地找不到落脚点。终于，她看到晾衣绳，说：“把你被子抱出来晒晒吧。”就回身走了。

村庄里的故事总是容易戛然而止，而村庄的日子还是像屋顶上的炊烟，昨天悠悠淡淡散去，今天悠悠淡淡涌来，明天的样子也并无悬念。张婶子来了又走，茶也没吃完一盅。小姐嘴唇紧闭，坐了半天只说了一个“不行”。话不重，不过她眼皮都不抬起来的样子，也足够叫人死心的了。母亲和三娘赔着笑送婶子出去，回来也并不再劝说小姐了。之前二姑第一次过来就跟小姐大闹过一回，动了手，但后来其他人再来小姐也不曾松口。这么前前后后吵闹过四五次，后来也就不吵了，小姐只是耗着，兵来将挡，水来土掩。

“你还真的等他？”我拿出一件只穿过一天的衬衫搭讪着丢到小姐正端起来的洗衣盆里。小姐端起盆扭头走了，并不说话。那年，小姐十八岁。

我相信自己直到现在也并不曾见过比那时的小姐更好看的女孩儿。后来，我也曾带当时的女朋友到处逛街去找小姐一直穿的那种大了一号的泛黄的白衬衫，偷偷站着看她走远的背影。女友有时知道我在看，故意走得娇媚，或带些弱柳扶风的楚楚可怜，但我再也没感受过那天看小姐走远的心疼，以及当时奇怪出现的想要出人头地去保护一个人的决心。

可是一件东西过去了，就不会再回来，就算是模仿也模仿不来的。或者，即使原物回来也不是那时的它了，你也不是当时的你了，周围万事万物都已变了。

小姐终究是输了爱情，我早料到，大概小姐也不是不明白。爱情就是这样，发生在自己身上时，我们总会为一丝微弱的希望而期待着相信着奇迹。不过虽然爱情是属于神话学的，现实却大都服从科学。梅花奶奶有那么一段时间到处说着她邻村的娘家侄子上了大学，还没毕业就有好多机关来抢人了，北京来了人给要走了，全省就要了他一个，一个大领导上赶着非把女儿嫁给他，给买房子买车的……

就像熟悉的戏里那样，考生中状元娶公主的故事。读了大学的男孩子果然是光宗耀祖，我倒是在梅花奶奶这里开了不少眼界。不过，话说回来，梅花奶奶可真是个奇人，她这半辈子见证的奇迹比我读过的所有小说都更辉煌。

4

小姐后来也曾在村子里极尽风光过的。

那时小姐在深圳打工，好像说是上班时晕倒了，一个什么主管给买了飞机票让赶紧回家来休养。小姐就此成了我们这十里八村第一个坐飞机的人。托梅花奶奶的福，小姐坐飞机回来的事很快也在茶余饭后火了一阵子，说是小姐打工挣了大钱了，也有说中了彩票大奖什么的。后来，传的好像小姐坐的那辆飞机都成了我们家的私人飞机似的。

村子里是经常有传言的，传了太多，最后可能连当事人也分不清真假。反正这种出人头地、光宗耀祖的传言是最容易让人晕乎乎轻飘飘的啦。小姐在传言里安享尊荣，不说三伯三娘，连爸爸妈妈对小姐似乎都不自主地恭敬起来。小姐闭口不提晕倒的原因，连三娘也不敢太深问。或者，她也许并不想要问？我不知道。

可惜这种村庄的新闻不过像是炮竹，响过一溜烟儿，十天半月也就散了，自然有更新奇有趣的新闻来补上。不到一个月，小姐在故乡又渐渐地受到了冷落，大概自己觉得身体也恢复了。终于，某个清晨，她不声不响地坐上了大巴车去了汕头。上次去深圳还有人带着，而这次却是孤身一人。

等她再回来的时候，一个矮个子的白净男孩随着小姐搬了一箱子毛茸茸的棕色泛青的丑东西。我一脸惊异，小姐说那叫猕猴桃，比苹果贵多了呢。然后笑着拿手指戳我脑袋，笑我一点见识都没有，可惜我白上了这么多年学。

父亲又坐在门前的石板上吧嗒吧嗒抽了大半夜旱烟，天不亮就下地去了。那天小姐和那个男孩儿走了，他也没回来送。我知道那个男孩儿家在外省，三伯是无论如何也不能同意的，而我们家对这件事没有决定权，父亲的处境比较尴尬。不过，现在我觉得他的不同意是不是有用，他自己估计也没有把握，小姐长大了，大到可以说走就走了。

我不知道是不是家里的不同意起了作用，我猜大概并不是。不过大人的经验都是从在世上活着的经历里得来的，小姐和我也一样，活得久了，自然也会从自己经历的事情里得出经验来。

小姐去汕头后的第二年，家里刚种完麦子，就是霜降，连着好多天下雨。小姐打电话回来，问家里情况怎么样，又问忙不忙，问奶奶的腿还疼不疼……像把以前没问的问题都问了似的，直到没什么可问的了，两边话就断下来。母亲忙说外面下雨呢，说完了似乎也不知道为什么说这个，好像就只是情急之下随手拉了一句话来填空缺。小姐也没接话，顿了一下说她这个月工资结了就回来，又说回来就不打算出去了。后来又问张婶最近身体怎么样，还经不经常来家里……

第二天，门外噼里啪啦下着雨，母亲兜了家里所有的鸡蛋去了张婶家。父亲吧嗒吧嗒抽着旱烟，不说啥，也不去帮母亲整理兜子。直到母亲走了，他也出去了，去三伯家，然后又去村口的代销点给二姑打了电话。

那年，小姐农历十一月初到家，腊月二十三就结了婚，嫁到了北庄的余家。就是我见过的所有结婚的样子，都是一模一样的喜庆方式，几千年来也没变过的。我的姐夫是我从不曾想要真的叫他姐夫的人，我当时太不能接受我的小姐竟是如此就嫁了人！以前我总觉得生活的场景更换得太慢，可是家里的有些事竟然又发生得如此之快，我从来没有发现过！

5

终于等到研究生毕业，签了工作。回家那天早上下火车，竟鬼使神差地直奔到小姐家里，也不知道为什么会那样特别急切地要去见她。到她村庄上刚过六点，因为是夏天，天已大亮了。路上沙尘多，我到她门口已是灰头土脸的了，大门开着，却没人在家。我把东西放屋里，去代销点给家里打电话，还没走到，却听到小姐的声音："……谁圈了我的老母鸡赶紧给我放出来啊，日你奶奶，坏恁那八辈子良心……哪个鳖孙圈了我的老母鸡了，赶紧给我放出来啊……"看到她时，她左手撑着后腰，边走边骂，两个乳房垂在了肚皮上，像两只大老鼠一样地趴着，大概是早上起来还没穿乳罩。

看见我，她一惊，立即高兴起来："你咋来了？啥时候回来的？"赶紧拉着我回家，又回头向着西边喊了一句："谁圈了我的老母鸡了赶紧给我放出来，下那蛋恁吃了叫恁断子绝孙……"又跟我解释说她基本上也就喊完了，大概是怕我会因为耽误了她寻老母鸡而感到不好意思。我干涩地动了动嘴唇，当时也不知道是不是做出了笑意。

那一瞬间我突然心里空荡荡的，好像世界上并没有什么需要我似的。一直以来，我总想着努力努力，总有一天可以保护谁，结果等我终于觉得时机成熟，兴冲冲地准备大展宏图时，他们都以另一种方式去保护自己了，或许那也是比我的保护要更适合的方式。

吃了早饭，小姐带着我小外甥和外甥女跟我一起回邻村的爸妈那儿。我拖着我的行李和小姐要拿去给爸妈的菜，小姐拉着儿子和女儿在前面走，那画面似曾相识，像极了小时候妈妈拉着我和小姐去外婆家的样子。我脑海中突然跳出一个词来，把自己吓了一跳——轮回。

恍惚中，我想到小姐努力摇动着细细的胳膊去擦洗奶奶的褥子的样子，想到她眼泪滚在眼眶里说着伯父说好盘好了床就接她回去住……很多记忆都会随着时间越来越淡，这个画面对我来说却总也淡不去。它在我还不该有记忆的时候就奇怪地出现了，然后硬硬地卡在记忆中，一直都实质可感的清晰。

不过我的小姐大概不曾记得这些。

有一天她好奇，问我的父亲是一个什么样的人?

我只是简单地告诉她：我没有父亲，从我记事以来，

是爷爷把我抚养长大的，在我心目中，爷爷就是我的父亲。

父亲和他的父亲

文/金俊宝

父亲第二次出狱，爷爷并没有去接他，爷爷甚至都忘了自己还有这么一个儿子。那年我已经满二十岁了，正在省城读大学，关于父亲，我没有太多话要说，因为父亲在我童年的印象中对我造成的伤害很大，我不知道什么是父爱，也许在这个世上，父爱对我来说已经是一个奢侈的词汇了。

从伯父的口中得知父亲是一个蛮横无理的人，在村里没有人愿意和他打交道，也正是这个原因，他在十八岁的时候就去城里闯荡了。爷爷没有给他多少钱做盘缠，那个年代贫穷是一种社会现象，几乎家家都有揭不开锅的时候，怎么可能拿得出钱资助孩子去外面的世界闯荡呢？父亲在城里混了两年，二十岁的时候便和我的母亲结婚了，伯父至今也没有告诉我，父亲在城里的那两年究竟干过些什么，可能他也不知道吧！我关心的另一个问题是父亲当初怎么认识的母亲？同样没有人告诉

我答案。爷爷只对我说你母亲也是一个苦命的女人啊！但更多关于母亲的事情，他也不愿对我说。

从记事以来，我就从没有见过我的母亲，听说当年父亲经常欺负她，她因受不了家庭暴力，才偷偷离开这个家的。我一点都不记恨我的母亲，她应该走，嫁给这样的男人已经是一个很严重的错误了，没必要一直错下去，虽然我没见过她，但她的形象却在我心里一直都很清晰。伯父还告诉我母亲是在我三岁的时候离开的，她离开的时候，我父亲其实并不伤心。

所以我可以说我是由爷爷一手抚养长大的，我和爷爷的感情也最深。自从母亲离开家之后，我就被父亲送到爷爷这里来了，之后读书的学费和生活费也是伯父和伯母为我凑齐的，父亲从来没有惦记过我这个儿子，不论是春节还是我的生日，他都从来没有出现过。渐渐地，我也习惯了这种生活，只是在学校里我会感觉有些抬不起头来，总感觉有一双双戏谑的眼睛在盯着我看。我最怕的一件事是开家长会，因为那一天只有我爷爷能赶过来，同学们都是父母陪同，而我却是爷爷陪同，自卑感就在我幼小的心里扎了根。

就在我们快要忘记父亲这个人的时候，突然收到了法院的传票，传票上赫然写着父亲的名字，并附有一段他犯罪的相关过程。爷爷不认识字，工作人员便给他读了一遍，并让他无论如何要在传票规定的时间里去法院一趟。爷爷当时听完后一下子就蒙了，是父亲涉嫌绑架勒索的犯罪过程把他吓蒙的。开庭那天，伯父陪同爷爷一起去了法院，当看到父亲站在被告席上的时候，他们的内心其实也很难过。最后父亲被判了十年有期徒刑，这似乎是预料中的事情，所以爷爷回来之后并没有过度地伤心，他还是每天早睡早起，安安分分侍弄他的庄稼。我已经开始懂事了，平时一有时间就会帮爷爷干些农活，我们很少说话，更不会提到我父亲犯罪的事情。

家里冷清得像一潭死水，于是我更愿意待在学校。时间过得很快，一转眼我考上了县城的高中，读高中需要经常补课，所以基本上我和爷爷一个月才能见一次面。我知道，当我离开那个家之后爷爷一定会很孤独，他已经六十多岁的人了，晚年的生活却是如此清苦，我真不放心留他一个人在家。也是从这一年起，我发现爷爷变化很大，他的头发花白了，走路也有些吃力，衰老是一种不可抗拒的力量，它现在正在侵蚀着爷爷的身体。

父亲出狱后并没有改掉他好吃懒做的习性，依然每天泡在麻将馆里消磨时间，没有人知道他的钱是从哪里来的，反正他身上从不缺钱，县城大大小小的麻将馆父亲都去过，他甚至和那些老板混得也很熟。爷爷越来越看不起他，恨自己怎么生了这样一个儿子。仅仅一年里，父亲因抢劫又被抓进了派出所，爷爷这回没有伤心，就连法院宣判的那一天，他也没有去看望自己的儿子。亲情的关系已经变得模糊了，在时间的冲刷下，爷爷似乎没有精力再去为这个不争气的儿子伤心了，这样也好，就让一切顺其自然吧！

父亲第二次出狱已经是五年后的事情了，我对他没有感情，自然不会记得他出狱的时间。爷爷这些年还是那么勤劳，每天都要去地里看看庄稼，我打电话经常劝他别太累着，地里的活可以交给伯父来经管，他不听，说自己身子骨还硬朗哩！不去地里，他憋得难受呀！没办法，我不能在爷爷身边照顾他，于是只好乞求老天，希望它能保佑我爷爷的平安。

有一天爷爷从地里回来，忽然发现出狱的儿子正垂头丧气地坐在门前的石阶上，爷爷当时并没有激动，他只是淡淡地说："出来了？往后该好好过日子了吧！"

父亲没有丝毫的惭愧，他仍厚着脸皮说："我宁愿把牢底坐穿，也不回来当农民。"

爷爷说："那你再出去混嘛，还回这个家干啥？"

父亲说："身上没钱了，想回来借两个钱用用。"

爷爷没给他好脸色看，只说没钱。父亲急了，几乎是哀求着说："你儿才从牢里出来，现在正是走投无路的时候，难道连家里人也这么绝情吗？"

爷爷叹了口气，说："不是我绝情，是你太不争气，借钱给你只会害了你，还是老老实实在家里学个手艺吧！"

父亲不喜欢听爷爷唠叨这些，他只想借钱，但好像家里人并不愿意借给他，于是他便和爷爷吵了起来。吵架的父亲更像是一头公牛，气势汹汹且蛮横无理，爷爷怕被村里人听见，就连忙扛上锄头又去地里了，他是在躲着儿子，希望儿子能够好自为之。晚上爷爷再回来的时候天已经很黑了，他在院子里走完一圈后并没有发现儿子，猜想着儿子已经离开家了吧！遂像放下了一个包袱似的心里踏实多了。一连几天生活都很平静，村子里没有发生过任何事情，好像时间在这里已经停滞不前了。伯父和伯母忙着给庄稼追肥，他们知道我父亲回来过一趟，但他们根本不把这件事情放在心上。

半个月后，父亲在城里实在混不下去了，只好又回到老家希望能弄两个钱用。他不准备再问谁借了，因为他知道没有人愿意把钱借给他。那天爷爷锁完门之后就又去地里干活了，父亲瞅准时机，连忙猫腰跑上前撬堂屋门上的锁。爷爷走到半路忽然想起临走前忘了带烟袋，于是他又转过头往家里赶去了，这烟袋可是爷爷的心爱之物，老了老了，可以少吃一口饭，但决不能少抽一口烟，地里的活干累了，坐到地头上美美吸一口，那种享受可是连神仙都比不过哩！

爷爷走到家门口发现门竟然被撬开了，他疑心有贼，便抄起锄头钻进了堂屋，父亲知道爷爷藏钱的地方，可是刚把钱拿到手上爷爷就出现了，这时候家里的空气忽然像凝固了似的，连呼吸都有些滞重，爷爷气得浑身都在哆嗦，而父亲愣了几秒钟后却像什么事情都没发生过一样，很平静地说：

“你回来干吗？既然看到了，那我也不用解释，现在我急需要用钱，如果你还把我当成你儿子的话，就不要拦我。”

爷爷情绪激动地说：“没出息呀！人活到这份儿上还不如一头撞死到墙上哩！我咋生了你这样一个猪狗不如的东西。”

父亲听到这样的骂声后并没有悔过之意，他仍继续顶撞道：

“我是猪狗不如，可我享受到了你们从没有享受过的生活，做农民太窝囊，你们看不起我，我还看不起你们呢！这回出狱我叫过你一声爹吗？说句不好听的话，你根本不配当我爹。”

爷爷已经被彻底激怒了，他摔掉手里的锄头，直接走上前掴了儿子一个耳光，儿子不甘心被老子欺负，竟然回过头来也掴了老父亲一个耳光。这件事情后来成了我们整个家族的耻辱，谁也想不到我父亲已经丧心病狂到这个程度。爷爷自那天以后再也不出门了，他的身体越来越差，几乎连站都站不稳了。伯父后来告诉我，说你爷爷的病其实是被你父亲气坏的，我当时低下了头，一句话也说不出口，伯父以为我难过，拍了拍我的肩膀不断安慰我，他应该不知道我低头的原因其实是在替父亲赎罪。当然了这些都是后话，但是从这件事情发生之后，我们族里的人开始一致地排斥我父亲，伯父甚至还放下狠话说，他再回来，他要和他断绝兄弟关系。

爷爷要强了一辈子，临到老却被儿子打了，这种丑事怎么能让外人知道呢？自己脸丢尽了不说，往后怕连孩子们也抬不起头了吧！爷爷越想越顺不过气来，竟连饭也不肯吃了，就躺在床上整天唉声叹气。伯父也知道老人家身体不好，现在又摊上这件伤心的事，谁心里能好受呢？眼看日子一天天地过去，爷爷的身体不仅没能得到恢复，反而更加恶化了，伯父和伯母看到后也没有其他办法，只好轮流过来伺候他。

天渐渐炎热了起来，爷爷的小屋还是那么漆黑，他的内心同样也是一片漆黑吧！伯父有些看不下去了，埋怨爷爷这是跟自己过不去，不就是挨了儿子一巴掌吗？事情都已经过去了几个月，为啥还要没完没了地放在心上？爷爷说他也想忘啊！可就是忘不了，儿子打老子，他怎么也想不通。伯父没有再说话了，看来我父亲这次的确把老人的心伤透了。可伤心归伤心，老窝在床上也不是办法呀！于是他们准备搀扶起起老人到外面走走，但老人怎么也不肯配合，伯父生气了，不想管他，说不管他这其实是气话，只是再来看他的时候明显话说得少了。

爷爷心里一直憋着这股气，他觉得脸丢尽了，也不想苟活在世上了，连儿子都能这么对他，活着还有什么意思？以前对土地对庄稼还有盼头，可现在连一点盼头都没有了。伯父发现爷爷是从这个时候开始自言自语的，声音很微弱，像是在祷告，也像是在诉说自己一生的不幸。这期间也有周围的邻居过来看望我爷爷，但是我爷爷的变化着实让邻居们吃惊，他已经不再是以前那个干瘦精明的老头了，现在的他苍老，阴郁，说起话来甚至还有些疯疯癫癫。

当伯父打电话找到我的时候，我似乎已经感觉到家里可能出事了，伯父在电话那头说话的声音断断续续，我问他究竟发生了什么事情。他这才告诉我，说你爷爷很想见你一面，他可能……可能快不行了。这个消息像晴天霹雳一样，当时就把我震住了。回到宿舍，我找到了朋友帮我请假，然后一个人匆匆往火车站赶。没有买到坐票，站了整整十八个小时才赶回到均县老家的。

爷爷已经三天没有进食，知道我回来后，竟然还能撑着坐起来和我说话。此时爷爷的脸色很苍白，我有些胆怯，不敢正视他，伯父和伯母就站在床头的两边，他们的眼睛里布满了血丝，很显然为了照顾老人，他们一定也经常熬夜。爷爷说话的声音越来越微弱，他忽然紧紧抓住我的手，似乎有一种力量在拖拽着他，不让他说话。我把耳朵凑到爷爷的嘴边，这才听清楚了他说话的内容，爷爷说看到我回来他很高兴，还说我如果能把女朋友带回家让他看看，那该多好呀！我拍着胸脯说没问题，等过年放寒假一定带她过来看望您，不过您可要保重身体等我过年回来呀！爷爷乐呵呵地对我笑着，没有再继续和我说话，他可能是太累，需要休息一会儿。我只好退出房间去帮伯父挑水了。晚上一家人围在灶台边包饺子，饺子煮熟后，当伯母把第一碗水饺端到爷爷的房间时，哭声随即也传了出来，我和伯父几乎是同时冲进里面的，这才知道爷爷已经永远地睡着了。他走得并不痛苦，脸上还带着明显的笑意！伯父说："老人家实在太累，能坚持到你回来，已经是一个奇迹了，咱们也别太难过，谁都会有这一天。"

"爷爷病得这么严重，为啥不提前通知我？"

"是他怕耽误你的学业，才不让我们告诉你的。"

"人老了，总是顾虑太多，我是爷爷一手带大的，怎么可能因为学业而不回来看他呢？"

"你长大了，伯父能看到你今天的样子，心里真是高兴呀！"

我转过头看着伯父，很想对他笑一个，却怎么也笑不出来，他是一个老实善良的普通农民，甚至在我心里，他的形象比一座高山还要伟岸，我希望能够尽快毕业，因为只有毕业了，找到工作后我才有能力去报答他们。

爷爷的后事是由伯父一手操持的，我父亲作为儿子，却在爷爷去世的那几天一直都没有出现过，这让很多村里人都感到不可思议，纷纷议论说养这么个儿子还不如养头驴，驴好歹能为家里出些力，可他倒好，不仅没为家里出过力，还把老父亲给气过去了。我相信伯父一定也听到过这些议论，他不是不在乎，而是对我父亲的所作所为已经麻木了。那些天我和伯父都很少说话，沉浸在一片悲痛之中快难以自拔了，男人悲痛的时候和女人不同，男人即便悲痛到绝望的程度也不会号啕扯泪寻死觅活，我能够理解伯父的沉默，他的沉默其实也是一种不屈服的态度。

爷爷的坟立在村东头的山洼里，这个山洼还埋着很多我认识或者听说过的老人，他们的一生默默无闻，就如同一粒沙子投进到了一片草丛中一样，若干年后再也不会有人想起那粒沉睡多年的沙子了，因为岁月已经把它吞噬干净了。我这样想的时候其实内心充满了恐惧，难道爷爷的一生也将是我的一生吗？因为爷爷的离开，我烦躁不堪，我忽然发现故乡对我来说已经失去意义了，提到故乡，一般人都会想到父母，想到老家，而我却只能想到爷爷，如今爷爷已经去世了，我还能想到谁呢？

站在爷爷的坟头，我很想痛痛快快地哭一回，这里没人，到处是一片杂木林子，即便我哭出声来，也不会有人打扰。闭上眼睛，任由思绪纷飞，我仿佛看到了自己小时候经常被人欺负的场景，有一回记忆最深刻：那是读小学三年级的时候，有一天放学，我走在回家的路上，结果被一群高年级的学生团团围住，他们说我是野种，问我要钱，就当是收保护费，我哪里有钱呢？他们不信，就开始在我身上搜，确认没有之后，又骂骂咧咧地将我书包抢过去，然后把里面的书、作业本、文具盒通通倒在地上。我不敢反抗，只是蹲在地上希望他们不要毁坏我的书包，因为书包是我缠了爷爷大半年才买回来的，如果弄坏，我回去不知道该怎么向爷爷交代。他们翻完一切可能藏钱的地方，还是没有找到，于是就恼怒地踢我的书本，踢我的书包，我跑过去把书包紧紧揽在怀里不让他们踢，他们就把怒气往我身上撒，又是拳打，又是脚踢。

我是哭着走回家里的，爷爷问我和谁打架了，我说学校一伙人骂我是野种，问我要保护费，还要抢我的书包，我不给，他们就围着打我。爷爷听完后沉默了，他搂着我细瘦的身子，一边抚摸着我的头发，一边说我是苦命的娃。我受人欺负是常有的事情，爷爷不知道为我流过多少泪，后来我更加自卑了，但我学会了忍耐，再也没把受人欺负的事告诉爷爷，我不想让他为我担心。此刻站在爷爷的坟头回忆小时候的事情，不知不觉我已经泪流满面了，那种压抑、愤怒、忍耐持续不断地搅缠着我的身体，我以为我能哭出声来，可我根本哭不出来，爷爷在里面一定能体会到我现在的心情吧！只是他再也不能和我说话了。

办完爷爷的丧事，我应该回到学校继续读书，本来只请了一个星期的假，可我竟然在老家待了大半个月。伯父知道我要走，深沉的面孔变得扭曲，他紧紧拉着我说了很多挽留的话，伯母也在一旁劝我不要走，再多住两天。他们的心情我完全可以理解，一定是爷爷的丧事把他们大部分的时间和精力都占去了，而我好不容易回来一趟，可能他们觉得没有好好招待我，心里过意不去。农村人的朴实让我感动，尤其是伯父一家对我的照顾，我更是一辈子不敢忘记。忽然有一种感觉：父辈们的朴实价值观将会影响我的一生，面对伯母那双深邃而又期盼的眼神，我实在不忍心拒绝他们，于是便决定晚几天再回学校吧！

接下来的时光对我来说非常散漫，我开始试着观察我所生活的地方，不肯放过每一座山、每一条河、每一块土地，但是看完之后我的思绪总是混沌不堪，不知道我想到的具体是什么，但一定与父辈有关。多少年里，我总是希望我们这个家族所有的成员可以和睦地在一起过一个团圆年，那一天父亲和母亲都会在我的身边，我甚至固执地相信他们从来都没有分开过。其实我想这些的时候很难受，毕竟我没有经历过那些幸福，所以我只能通过幻想来实现我所理解的幸福。而幻想终归有醒来的一天，醒来之后难道不会有心理上的落差吗？这些话我无法和朋友们说，也无法和我的伯父伯母说，只能憋在心里，我是一个不爱说话的人，这样的人内心总是特别地敏感。

连着几天伯母都做了一桌子好菜来招待我，我很不习惯被他们当作客人，他们越是这么热情，我反而越感到陌生。伯父一家本来也不富裕，哪里能天天这么破费呢？我决定明天还是回学校吧！为了不让他们继续挽留，前一天我就订好了火车票，伯父知道我第二天要离开后，临睡前敲开了我的房门，我还没来得及说上一句话，伯父就径直走到床边抱着我呜呜地哭了起来。

“伯父，你哭啥，发生什么事了吗？”

“我心里难受呀！你爷爷走了，可我总感觉对不起他老人家。”

“咱们别太难过，人都有走的一天，这是你对我说过的话，我已经想通了，怎么你还在纠缠自己呢？”

“我有罪，我真的有罪，还是对你实话说了吧！老憋在胸口上，我连睡觉都不踏实。你爷爷虽然是被你父亲气出病的，但他的病还可以治，大概要花五万多医疗费，我知道我能凑出这么多钱，可要是拿凑齐的钱治你爷爷病的话，你还有两年的学费和生活费，我就没办法再承担下去了，思前想后，我和你伯母都拿不定主意，只好把这些心里话和你爷爷说了，他一听就坚持说不肯治病，钱还是拿出来供你读书吧！毕竟你是家里唯一的大学生。我还能怎么做呢？谁叫你父亲不争气把老人家气成了这样，他如果还有一点点良知的话，就不会去扇老人家一个耳光。现在说什么都晚了，估计没有人会理解我当初没把钱拿出来治你爷爷的病，你是大学生，知识多，能不能帮我摆脱不安，我越来越觉得自己活得不像个人，哪有眼睁睁看着自己老父亲生命垂危而不去医治的道理？”

我听完伯父的话后一时竟愣在那里不知道该说什么，他刚才的哭声很沉闷，像老牛滞重的呼吸一样既苍茫又悲凉，他就这样一直眼巴巴地看着我，好像我可以给他一颗灵丹妙药似的，帮助他医治心理上的痛苦，但实际上我根本帮不了他，甚至他心里的痛苦也把我给传染了，我在想，如果我没有考上大学该多好，这样的话，爷爷的病或许能够治好吧！造成爷爷去世的悲剧，父亲有着不可推卸的责任，伯父其实没必要有这种心理负担，真正不能原谅自己的人应该是我才对。那一夜，我哭了很长时间，为了不让伯父伯母听到，我用被子紧紧地捂住自己，我的脑海又浮现出爷爷那张布满尘垢有着很多棕褐色皱纹的脸，再一次面对爷爷那张苍灰的脸，我只想长跪不起。

为了减轻伯父一家供我读书的压力，之后每年的暑假和寒假我都没有回去，在城市里白天可以打打短工，晚上可以做一些和家教有关的工作，两个月下来，基本上一半的学费就有了着落。

我大学毕业后可以赚钱了，那一刻我才觉得自己真的长大了。父亲还是像失踪了一样没有消息，但奇怪的是我从来都没有担心过他，甚至对他的印象也越来越模糊，如果哪天在街头碰见，我相信，我和他已经是陌生人了。

二十八岁那年，我和谈了五年的女朋友结婚了。在交往的过程中，我从来都没有和她谈论过我的父亲，有一天她好奇，问我的父亲是一个什么样的人。我只是简单地告诉她：我没有父亲，从我记事以来，是爷爷把我抚养长大的，在我心目中，爷爷就是我的父亲。

当我决定放下执念的一瞬间，荒凉冰冷的心里竟然长出了满满一大片麦田。
麦田里，一群小男孩小女孩在嬉闹，外甥女也在其中，远远地向我快乐地招手，
嘴里呼喊着，太远听不见声音，但我知道那是“舅舅快来”。

麦田之城

文/罗磊

我从未如此地怨过一座城。

在遇到它之前，虽然我的生活平淡且偶有波折，但总的来说还是一帆风顺，令人春风得意。我是多么怀念在那个小巧整洁的矿山里的时光。当时我在一所职工子弟学校里读书，从小学一年级到高中三年级。不需要怎么努力就能保持一个不错的成绩，上课时我属于老师关注的对象之一；下课到处疯玩，一直疯到上高一都还能跟一伙小学生趴在地上打弹珠的程度。

我还怀念那时候的女孩们。那时她们还没有参加外貌协会，还不是财产评估专家，她们只是女孩，在高中最后两年里，她们还很乐意与我交流纯洁的友情。记得我曾在某个温暖的午后为两个女生唱朴树的歌，也曾在高考前的某个夜晚在某个女孩的窗前为她鼓劲。

我在十一年的读书生涯里也没少挨打，因为成绩下滑被母亲“追杀”过；因为上课捣乱被那位“稀饭”老师请吃“大烧饼”，那几个巴掌可一点都不稀；在游戏厅欺负过别人，又被那人叫来的几个哥儿们放倒，“出来混迟早要还”的道理顿时了然于胸，却不会表达，后来看《无间道》才知道了这句至理名言。

我从未如此地恨过一座城。

其实最先开始并不是这样的，最初我对这座城是充满思慕的。这还得从我的祖父说起。听父辈们说，祖父在上世纪四十年代从一个几百公里外的小村庄来到这座城，原因是在国民党退守长江时被抓了壮丁，侥幸熬到新中国成立，然后把祖母接过来安家扎根、生儿育女。

到了下一辈，父亲童年经历了三年自然灾害，少年经历了“文革”十年，离开家到清江读书，青年来到矿山做了一位工人，他的兄弟姐妹也待在那座城。造化弄人，缘分使然，父亲在剩斗士的年龄才遇到上山下乡归来的大龄母亲。

然后顺理成章的有了我和弟弟，我们的籍贯是那座城。我们生活在矿山，却属于那座城，我们为能几年一次去那座城而感到高兴。城里的祖母、姑伯们叫我们长大了带着父母回到那座城，家族团聚；矿山里的父母叫我们长大了回到那座城，天地广阔；也许那座城是祖、父辈们一生的情结，我很听话，回那座城也成了我心里的隐秘执念。

我从未如此地在乎过一座城。

我和弟弟来到那座城上大学，我想以后留在那座城里不成问题。毕业后我们留下来了，工作平凡，我们开始了跟那座城里大多数人一样地奋斗生活。然而我们太不了解那座城了，我们一厢情愿地对它热情无比，它却毫不在乎这份传承了半个世纪的羁绊，它对我们冷漠、轻视，它把我们当成那些进城仅仅是为了讨生活的人来对待。

既然这样，那我不要仰望它，我独自离开那座城，暗下决心要以至少和它平等的身份降临这座城。你不过是座中大型城市而已，不是为了完成那份执念，我早就去了那些超级大都市，离开时我对它说。

我在它旁边一个更小的地方边工作边复习，所有有关它的考试我都参加。因为我要非常体面地降临那座城，所以公务员选拔我报考最好的部门岗位，教师招聘我报考排名第一的中学，事业单位我报考最让人羡慕的职位……我发起了狠，但是次次都是惨败而归，它简直就是我的麦城，我的心像冬夜下冰冻的土地一样坚硬。亲人们说，如果我肯降低些标准，早就可以考回那座城了。他们哪里知道，我正在和它较劲，在它向我低头之前，我是不可能向它服软的。

我从未如此浮躁、无奈，让我浮躁无奈的是那座城。

那次我又回到那座城，不是参加考试，而是春节里去大伯家拜年，见到了堂姐六岁的女儿。多年没见，当初的小婴儿长成了一位活泼可爱的小女孩儿。外甥女不怕生，亲热地喊舅舅，在堂姐的夸奖下，每盘菜都给舅舅夹很多。小姑娘会的东西很多，教舅舅玩新规则的五子棋，教舅舅写硬笔书法，教舅舅识琴谱弹各种调的“1234567i”，教舅舅跳最喜欢的舞蹈，但就算是打死舅舅也不会跳，最后舅舅拍下了小不点最漂亮的舞蹈姿势……

我对那座城的坚硬的心在一声声的“舅舅”里逐渐变得柔软起来，像一片湖。外甥女在那座城里出生成长，那座城借一声“舅舅”维系着我和它的羁绊。哦，不止这样，最早是一声“孙孙”，后来是一声“大侄子”“堂弟”“表弟”“表哥”。原来它没有不在乎这半个世纪的羁绊，是我要的太多、太快，忽略了这些充满情感的呼唤。

我突然懂了，在我误解它、怨恨它时，它默默无言。在我发狠时，它如果有眼睛，眼神一定是充满爱怜的。原来从一开始我只是在跟自己较劲，跟被自我否定的内心以及过分的欲望较劲，正直的它依然给我一次次亲近它的机会，它不是我的麦城，因为它从未想过要我的命。它是欢迎我回归的，但是不要带着沉重的执念，它要我做自己，不要我做祖母、姑伯、父母，哪里能让我快乐就去哪儿。

当我决定放下执念的一瞬间，荒凉冰冷的心里竟然长出了满满一大片麦田。麦田里，一群小男孩小女孩在嬉闹，外甥女也在其中，远远地向我快乐地招手，嘴里呼喊着，太远听不见声音，但我知道那是“舅舅快来”。

我跟塞林格说我要回去和他们在一起了，因为我的麦田旁没有悬崖。

塞林格说，真的，我从未感到如此轻松，从未。

记得要爱自己的家人。

守候 · 安静季节

文/王宇昆

这是新学期伊始前最后一个夜晚，三个人偕行在幽静的小道上。

“下个周末来我家做客吧，爸妈很想感谢你和褚乔能在我烫伤的时候照顾我。”汤斯琦紧张地撞了下褚乔的肩膀。

“只要你今后能理解你的爸妈，就是对我最大的感谢咯！当然还包括你，褚乔。”从初识到成为好伙伴的漫长季节，女生的笑容更加香甜。

1

褚乔组队打怪兽的时候，爸爸在这个时间回了家。听到钥匙孔中窸窣的扭动声，惊吓得一下子迅速关掉了游戏页面。

“看书用得着那么大的声响吗，喂喂，不是说了嘛，《红楼梦》《三国演义》不是读了好多遍了嘛！咦，你的读书笔记怎么一个字也没有啊！你是不是又玩电脑了！”说着，爸爸的手指移到了电脑屏幕的后方，“我就知道你个臭小子肯定没认真读书，电脑还是滚烫的，这个星期你别想再碰了！”

爸爸从书柜里取下《红楼梦》，扔在褚乔的面前，转身掩门离开。

鬼知道褚乔在爸爸离开房间后做了多少个鬼脸说了多少句抱怨，可是谁让他老爸是个教务处主任，训人似乎是他的爱好。

夏天的阳光像鲤鱼身上星星点点的鳞片，晶莹剔透地洒在窗前的树叶上。

打电话给汤斯琦的时候，褚乔正倒在《红楼梦》上慵懒地半闭着眼睛。

听筒里吱吱啦啦的声音过后，传来了汤斯琦憔悴的声音：“怎么了，少爷？”

“我爸真的是太烦人了，婆婆妈妈的，我快崩溃啦。过几天我去你家待着，你爸妈回来了吗？”褚乔向嘴巴里递着薯条。

爸爸虽然唠叨但对儿子的关怀还是细致入微，可是叛逆期的褚乔仿佛永远体悟不到这一点。

“前几天回来过一次，后来说要去A市出差，大概这个假期结束之前不会回来了，不过我要考虑考虑是否允许你这么脏乱差的家伙住进我家！”

汤斯琦的爸妈共同经营着一家公司，常常奔波在几座城市之间，很少有时间陪汤斯琦。

天生喜欢安静的汤斯琦和天生厌恶聒噪的褚乔是最要好的朋友。

“我收拾下就出发，我和我爸在一起一秒钟，我的耳屎就增厚一厘米！”褚乔坐起身来，压低了声音。

其实隔壁的房间里老爸正鼾声如雷。

“身在福中不知福，我要是有这么一个什么都管着我的爸，我宁可不要那全套的汽车模型！”

电话里那头毫不犹豫地丢出一句话。

“——那好，咱俩交换。”

2

在拖着行李去汤斯琦家的路上，褚乔看到了一个熟悉的身影，昏暗的路灯下摆地摊的女孩很像同班同学珉溪。

小巧的台灯下是各式各样的十字绣挂件和一些民族风布鞋。

珉溪纤细的身影在路灯下忙碌着，眉宇间透出一丝有条不紊的稳重气质，只是夏日蚊虫的叨扰，她还需要不断地赶走它们。

“珉溪，怎么是你？！”褚乔惊讶地走过去，目光迎着蹲在地上的女生正抬起的双眼。

“妈妈自己手工制作的一些工艺品，想拿出来挣点生活费，你要是喜欢，我给你八折优惠哟。”要是在往日，陪着妈妈逛街路过小摊的褚乔，从来不会在这样的地方驻足，从小娇生惯养的他脑袋里只有耐克阿迪，从来无法忍受这样的低廉货。

“哦，那我看看吧。”这次，褚乔却奇迹般地蹲下身欣赏了起来。

“——这个手链很漂亮呢，”褚乔将鼻子凑近闻了闻，“欸还有淡淡的茉莉花香。”

褚乔买下了好几件准备送给妈妈，看着珉溪因开心而渐渐绯红的脸颊，褚乔第一次发现，原来这个不起眼的女孩这么厉害。

天色渐渐暗下来，告别后，男生背起包往汤斯琦家里赶去。

汤斯琦准备好了晚餐，静候褚乔的到来。由于爸爸妈妈常常出差，所以汤斯琦比一般的同龄人要独立，不仅做得一手好菜，而且还学做了几样甜品。

“好久没下厨了，吃货！你给我留点，我爸妈都没这福分的。”汤斯琦一脸得意地对褚乔说，转而脸上又闪过了一丝失落，“不过他们在家的时间那么少，当然没机会了。”“哈哈，不好吃我可是不付钱的！”褚乔毫不客气地坐到餐桌前。

这幢带花园的独栋复式洋房只装着汤斯琦和保姆张姨两人平静的心跳，不过自从认识并成为好朋友之后，褚乔仿佛天生免疫似的熟悉并习惯了汤斯琦身上那种冷淡的气质，而性格调皮烧包的褚乔也便成为了汤斯琦唯一的朋友。

3

褚乔爸爸在看到儿子留下的字条后，接连发了数十条短信打了几十通的电话，可是褚乔看着来电记录上刷屏似的“爸爸”二字时，却没有丝毫改变自己逃离的决心。

汤斯琦的心里装着满满的羡慕，一把夺过褚乔的电话，然后拨了褚乔爸爸的号码。

“喂！你在干什么！”褚乔抢回了电话，然后迅速挂断，“你知不知道你这样做会让我更痛苦！”

不一会儿，爸爸的电话又打了过来，褚乔索性关机。

“真搞不懂你在想什么！”汤斯琦没好气地说，“你爸哪怕再唠叨，也是希望你能够朝着正确的方向成长，我爸要是能有你爸十分之一的用心，我宁愿不要那些昂贵的篮球鞋。褚乔，你应该包容你爸，找个时间多沟通，而不是逃避。”

“你怎么跟他一样絮叨，烦！”褚乔没好气地皱眉。

“算了算了，你猜我刚才看到谁啦？你同桌珉溪唉，这姑娘真的很勇敢，居然一个人在街口摆地摊。”褚乔突然想起了刚刚来时的路上碰到的同班女生。

“她啊，脑子有点轴，记不记得有一次她为了找回自己的习题册，竟然跑遍了所有班级去问。”汤斯琦说着就笑了起来。

珉溪在他们班的确是个神奇的存在，她背着妈妈自己拿旧布料缝制的书包走在人群中，惹来了不少人的侧目，不过就算纷纷的议论声填满了耳朵，也不会将珉溪的好心情扑落。

汤斯琦和珉溪同桌的日子并不愉快，他们常常会因为这样那样的问题而闹矛盾。汤斯琦看不惯珉溪整天乐颠颠的样子，仿佛脑子缺根弦，珉溪虽然也看不惯汤斯琦的冷漠孤傲，但却会尽量地对他包容和忍让。

“要不，我们打电话让珉溪来你家，我们一起吃饭吧，她还在摆地摊，肯定没吃晚饭，也趁此机会，你们缓和一下关系。”褚乔突然心血来潮地说，一边说一边开机。

“千万不要，我可不喜欢那丫头。”汤斯琦赶紧跳过来夺褚乔的手机，无奈褚乔已经将号码拨出去了。

“你真是个偏执狂，我觉得你就应该向人家多学习学习。”打完电话褚乔对生闷气的汤斯琦说。

汤斯琦摆出一副懒得理他的架势去了书房。

安静的气氛被敲门声砍去了尾巴。

“不好意思，比约定的时间迟到了一分钟，让你们久等了。”进门的女生依旧是招牌式的微笑，从书房里踩着拖鞋出来的汤斯琦也不好意思再臭着脸，礼貌地跟她打完招呼，然后丢给褚乔一个白眼。

4

饭桌上的三个人，被一股尴尬的气氛所围绕着。

“你们俩的关系什么时候这么友好了？”汤斯琦打破沉默，露出一脸八卦的笑容。

“我这么阳光亲和的人跟谁都很友好！”褚乔一脸的自恋。

“这么亲和的人还跟爸爸赌气玩离家出走，真的好幼稚唉。”汤斯琦特别不给面子地揭了褚乔的短。

“哈哈，我就觉得你电话里说是借习题册的理由很离谱。”珉溪却没有彻底地揭穿，“男生真的很幼稚哟。”

“有什么好笑的，我就不信你跟你爸没矛盾。”褚乔不好意思地挠头。

“我跟我爸也有矛盾啊，但是我们约定十分钟内必须和好，所以再大的矛盾也会很平静地解决，你们这些男生简直太冲动了。还有汤斯琦，这么大的房子你一个人住，不会害怕吗？”

“真是没见过世面，而且男生怎么会害怕！”汤斯琦说罢就有些后悔了，珉溪的脸色一阵苍白，褚乔踩了一下汤斯琦的脚，对刚才男生的不礼貌表示深刻的鄙视，为了缓解气氛赶紧转移话题，“珉溪，你老爸做什么工作的呀？肯定不会像我老爸一样每天阴沉着一张训人的脸吧？”

珉溪似乎并没有过多地在意汤斯琦的话，笑着说：“我老爸是蜘蛛侠哦！他是清洗玻璃的，每天穿梭在各个高楼大厦之间，很厉害吧？”

汤斯琦和褚乔都有些惊讶，两人面面相觑，相比之下，自己似乎过得有点太幸福了。

“汤斯琦，我做梦都想住这么漂亮的房子呢！我爸爸说他会努力，争取在这个城市买下一间漂亮的房子，那样我就可以像你们一样拥有自己整齐温馨的房间了。”珉溪丝毫没有在意桌子对面两人的目光，兀自说着，眼睛里闪着光。

“唔，你……不是这里的人？”褚乔问道。

“对啊，我是农村来的。”珉溪说着就开始给他们讲故乡的青山绿水。

两个少年看着眼前乐观开朗的女生，心里仿佛有一条蜿蜒流淌的溪水。一瞬间，汤斯琦仿佛醍醐灌顶般地重新审视了一下眼前的女孩，有一股强大的力量扑面而来，这个女孩骨子里一定是个坚强的人，所以才会不惧怕一切非议与冷眼。

5

晚饭结束后，珉溪帮忙收拾了碗筷，拉着褚乔一起准备回家。

“我跟我爸还在冷战期呢，现在才不回去。”褚乔嘴上这么说，心里却有些打退堂鼓。

“喂，你真的要一直僵持下去，离家出走这种戏码是电视上骗无知少年的好吧。”珉溪的眼睛又发出暖黄色的光，“一些事情往往是需要沟通的，你要相信，爸爸是最疼你最包容你的，为什么不勇敢面对呢？”

“真烦，你赶紧回去吧，再晚了不安全。”为了不让自己被能说会道的女生说服，褚乔连忙把珉溪往院子里推。

院子里告别后，褚乔伸了伸懒腰回到屋子里。汤斯琦懒洋洋地歪在沙发上，看见褚乔进来，立刻瞪着他："谁让你叫她来的，尴尬死了。"汤斯琦的表情让他整张脸变成了一根苦瓜。

"同学之间又没有多少深仇大恨，你就是太高傲，珉溪肯来做客就是给你面子了，亏人家平常容忍你这么多。"褚乔看着汤斯琦微妙变化的表情。

"你跟你爸也没有什么深仇大恨，你还不是逃出来了。"汤斯琦立刻反驳，但是他的眼神马上又黯淡下来了，"不过你爸比我爸好多了，至少他会关心你，时时挂念你，我爸今天给我打电话说，他接下来一个月都不会回来了。他从来不会关心我，他从来不会在乎我！"

"没你说的那么糟糕，他只是很忙罢了。"褚乔语气温和，"刚刚珉溪跟我说的话，不知道你听到没，我觉得挺有道理的，亲人之间没有解决不了的问题，别每次装作满不在乎的样子，沟通与谅解是最好的办法。"

"这么快就被那个小丫头洗脑了？"汤斯琦一脸鄙视地看着褚乔。

"哪有，不过我的行为确实有些不对！"褚乔说着开始收拾东西，对面男生不相信和嫌弃的表情最终还是没能阻挡住褚乔回家的脚步。

褚乔临出门前，回头对汤斯琦说："你看我都想过来了，给你爸妈打个电话，说你想他们了。"

往日和自己站在同一战线的男生因为女生的一席话就改变了想法，或许自己真的太固执了，在反反复复地犹豫之下，汤斯琦拿起手机，拨通了爸爸的电话。

房间里堂皇的灯光第一次觉得不那么冰凉。

6

暑假结束前的最后一天，汤斯琦和褚乔又在夕阳西下的街口遇见了正在摆摊的珉溪。

“谢谢你，之前我总是跟你做对，对不起！”汤斯琦从口袋里掏出了一支钢笔，“嗯，我爸从香港买来的，我反正不喜欢用钢笔，就送给你吧。”

“你竟然会送我东西，不过我从来没有记恨过你。”珉溪装作一副什么都不记得的样子。

“你爸回来了？你不是说他接下来一个月都没时间回来吗？”褚乔讶异地看着汤斯琦。

“那个……我主动给他打电话了。”汤斯琦有些不好意思地说。褚乔朝珉溪挤了挤眼睛，两人一起笑了起来。

三人正嬉闹着，突然听见有人喊“城管来了”。

“快跑！”珉溪迅速收拾地上的东西，汤斯琦和褚乔帮着珉溪把东西打包好，三个人手拉着手跑向了远处的巷口。

冷风与身体背道而驰，三人最终喘着粗气停住脚步。

“呐，我很喜欢你的这些工艺品，我全都买了，我要送给我爸妈，他们肯定很喜欢，我还没给他们送过礼物呢！”汤斯琦说着，蹲在地上打开女生的包裹细心挑选起来。

“喂喂！给我留点，我也要送给我爸，那天回去的确聊了很久，最终达成共识，原来我爸也不是那么不通人情的。”褚乔说着也蹲了下来。

珉溪看着两人你争我抢的样子，笑出了声。夏末初秋的微风拂过脸庞，温暖如妈妈的手。

下一个季节，我们三个人一起守候吧，当然记得要爱自己的家人……

勃勃刚刚学会走路，便和他四个姐姐组成类似于丐帮的团伙，
在村里走街过巷，四处逡巡觅食。一个村庄，被他们搞得乌烟瘴气。

吃货的草样年华

文/夏言

讲勃勃的故事，必须要从他爹说起。

并不是因为讲到鸡蛋，就一定要讲鸡，勃勃爹的所作所为，与本文主旨实在关系颇大。按照因果轮回的说法，勃勃爹前世乃风流富贵之辈，轮回到现在，勃勃爹有两个显著特点：一是在生勃勃之前，他已经有了四个前世情人；第二就是穷。

人穷志不短，勃勃爹立誓要生儿子。那是上世纪七十年代末，已盛传计划生育政策即将落地，风声鹤唳，全村男女老少都很紧张。勃勃的奶奶终日辗转于土地庙、祖坟山、观音寺之间，滋扰各路鬼神。勃勃爹更是日夜操劳，荒芜了田地，败坏了家园，终于在八十年代初得偿所愿。勃勃爹乐不可支，笑容在喜炮的硝烟中绽放如花。可还没高兴几天呢，勃勃爹发现自己摊上大事了——这些年只顾埋头拉车，不肯抬头看路，全家一贫如洗。很快，勃勃家沦落到一天只能吃两顿饭，把勃勃姐

弟五个饿得做鬼叫。

以上为背景。

1

勃勃刚刚学会走路，便和他四个姐姐组成类似于丐帮的团伙，在村里走街过巷，四处逡巡觅食。人饿极了，难免会出现一些类似于黑社会的行为，勃勃他们也不例外，这么五讲四美的一个村庄，被他们搞得乌烟瘴气。尤其是小伙伴深受其害，有点好吃的，从不敢带出家门。

或许是村民一次头脑发热的慷慨施舍，让勃勃们发现吃霸王餐是个不错的选择，于是挨家挨户地蹭吃。因吃人嘴短，他们蹭吃的方式很委婉，发现哪家有好吃的，四个姐姐就端坐在门口一言不发，由勃勃单枪匹马，进门上桌，掰人饭碗。那个时候勃勃才一岁出头，正是“老子天下第一”的年纪，不给就号啕大哭。善良的村民抹不下脸面，只好从灶上端出几小碗来。

当然了，你别以为他们就这招数。经过多年淬炼，他们的身体随之有了一些变化，眼神锐利如狼，鼻子灵敏如狗，谁家做点好吃的他们跟着气味就来了。姐姐们脑洞大开的时候，还会一些小儿科的马屁功夫，比如喊年纪小自己好几岁的小伙伴叫哥，见到大人那马屁拍得更是不着边际，什么你家的茶壶真大、锅真大、碗真大，比我家的大多了云云。村里人聚在一起就讲起这些，把勃勃爹气得跳脚。

可在大家看来，勃勃爹的羞怒纯属作秀。一是丐帮本来就是他一手打造，所作所为他早该一目了然；二是群众多次冷嘲热讽，但黑社会行为并没有得到有效控制。村里的教书先生每次都要向村民布道：仓廪实而知礼节，衣食足而知荣辱。意思是吃不饱穿不暖只能耍流氓，大家要有一颗善良而仁爱的心。这话说得有道理，可眼瞅着眼冒绿光、流着口水的五人帮滚滚而来，谁不心惊胆战？何况那个时候村民都不富裕，这丐帮又不懂得分散兵力各个击破，真没有几家能招待得起。所以大家看见他们来，都是要回身关门的。

勃勃大姐后来告诉勃勃，当年最不仁爱的，就是教书先生了。每次到吃饭时间，别人想拒绝丐帮，都是虚掩着门意思一下，此君要将门落锁，然后贼兮兮地从棚屋门溜回去。所以，后来丐帮帮众闲得没事的时候，就捡石头砸教书先生家的瓦。

2

过了几年，姐姐们逐渐到了害羞的年纪，不再适合丐帮工作，危害一方的丐帮做鸟兽状散了，勃勃只能孤军奋战。没有了姐姐们的庇护，勃勃的蹭饭之路坎坷艰难，经常被小伙伴欺负。

某一天，吃完饭的勃勃觉得口渴，想要个水果点缀下，于是信步走到种西瓜的家门口，坐等扔出来的西瓜皮。按照以往的经验，守候西瓜皮不是一件难事，且该户的小祖宗两颗门牙掉了，他吃过的西瓜皮有丰富的红瓤残留，每次勃勃都能尽兴而归。这次多等了十分钟，正焦躁呢，一盆瓜皮从大门口扔了出来。勃勃饿虎扑食般冲上去，左拣右翻，就是不见红的。正忙得不可开交，身后传来哧哧的笑声，一转身，小祖宗和他的姐姐在窗户里冲着他乐。小祖宗两手中指抠进两个嘴角，往两边一拉，做出了一个嘲笑馋鬼的鬼脸。

勃勃视该鬼脸为毕生奇耻大辱，从那一天开始，他决定不再重蹈姐姐们的覆辙，自力更生，发愤图强了。

勃勃主要采取了“两手抓”的方针。一是抓好习惯的养成，比如饭前喝水，饭后舔碗，让肠胃有一种被充满的假象；二是抓好食物开发工作，他把眼光投向了更为广阔的野外。数年之后，勃勃练就了一身掠食的技艺。一般的野菜野果不必说啦，水沟里的鱼，天上飞的鸟，地上爬的小动物，那只是最一般的目标。勃勃区别于别人的地方，就是爱琢磨，村里杀猪后猪尿泡都是给小孩玩的。他一琢磨，觉得装屎的（猪大肠）都能吃，那么装尿的（猪尿泡）一定没问题。刚刚才掉花成形的枇杷、沙果、橘子，都是酸倒牙的。勃勃一琢磨，觉得这些玩意长大了能吃，小的也一定能吃，于是人家秋天才吃的水果，他初夏就摘下来吃掉。勃勃后来说这是他的“反季节水果”。在勃勃的带动下，村里的小孩都爱上了反季节水果，到了秋天，村里的果树全是光秃秃的。

与此同时，勃勃开始展现其在厨艺上的天赋。每次约我们玩过家家，勃勃都能别出心裁做出一些“佳肴”，如瓦片炒田螺、茶杯煮河鱼、泥巴焖青蛙、铁锹烤老鼠——食材都是他搞来的，并佐以辣椒葱姜。除了生熟无法断定，色香味那还是俱全的。当然，玩过家家嘛，东西肯定不真吃。每次暮色四合，爹妈的喊声隐隐飘来，我们兴尽返家，勃勃总失落地问：“你们不吃啦？”那神情，好像主人做好了一桌菜后对客人的挽留。

勃勃是打算留下来消灭那些食物的，许多年后回忆往事，那幅画面总在脑海中浮现：故乡的黄昏，云归天际，落日熔金。勃勃独自坐在晚风吹拂的田埂上，瘦小的身子紧贴着夜色，脑袋深埋在他的佳肴之中，像一只流浪狗埋进冬天里的一碗热汤。

3

一九九二年，人多力量大的真理终于在勃勃家闪出了光辉，早已辍学的姐姐们，成长为强悍的劳力，直升机一般提升勃勃家的生活水平。勃勃晃晃悠悠上了中学，已不挨饿，村里的果树又可以在秋天挂上成熟的果子，小孩可以放心地玩猪尿泡，教书先生不再需要在雨季之前补瓦了。但不挨饿的勃勃的饥饿后遗症还在，比如吃饭快，米饭都不带粘牙的，舌头一卷就下肚；饭后在众目睽睽之下端着碗使劲舔，恶心程度令人发指。作为他的资深小伙伴及同班同学，每到吃饭时候，我都离他远远的。

中学坐落在镇上，那儿工业化生产的食品饮品琳琅满目，为勃勃提供了新的奋斗目标。课余勃勃总爱去镇上的小卖部逛逛，因为囊中羞涩，他只能用目光咂摸玻璃柜子里的糖果、瓜子、汽水、雪糕、麻香薄饼、蛋卷、云片糕、果丹皮、鸡蛋糕以及赫赫有名的辣条，口水直下三千丈。或者去水果摊前晃一晃，这个摸一下那个捏一下，装作要买但在仔细考虑对比的样子。手过之处，水果全破了卖相。摊主每次看见勃勃咬牙切齿地捏水果，就恳请勃勃滚蛋。过不了多久，街上小卖部、水果摊、小吃店的所有老板，都认识了勃勃。但凡他靠近，便能引来老板们长久而热辣的注视。

勃勃不敢再去镇上了，回到学校，开始琢磨搞点好吃的。有一天中午，他看见某老师的儿子端着碗在外面吃饭，碗里有一堆鸡肉，一时间口水直流。那“师二代”也不懂事，看见勃勃盯着他看，便用手拿起一根刚刚啃过的鸡腿骨，冲勃勃做了个鬼脸。这个鬼脸让勃勃想起了少时的西瓜皮之辱，血气上涌，差点儿上去打人，后来想想人家才四五岁，冷静下来，琢磨了一番，决定偷老师的鸡。

那时候，老师的伙食也不怎么样，学校鼓励老师自力更生，不但搞起了猪舍，还允许老师养鸡，这些禽兽均以学生的剩饭为饲料。“师二代”家的鸡笼就摆在我们宿舍边上，四五只肥硕的小母鸡在里面待着。因为笼边人来人往，见过世面的鸡们心理素质超好，足球飞过来打在鸡笼上，它们都能视若无睹。我们从那路过，经常拿鸡笼练腿，你一脚我一脚踢得砰砰响。

勃勃偷鸡的过程，无法回放。据勃勃自己口述，那正是月黑风高夜，偷鸡摸狗时，他用一根粗木棍结束了小母鸡的生命。小母鸡良好的心理素质帮了他的忙，不乱叫也不乱踢。事毕，勃勃手拎小母鸡跃上围墙，到某走读生的家里，把鸡炖了吃了。吃完还玩了几盘魂斗罗。

翌日，勃勃提心吊胆地等待某种信息，然而一切风平浪静。自此，勃勃踏上了偷鸡的不归路，隔个十天半月就要改善生活，学校里但凡养了鸡的（包括校长和教导主任）都遭了殃。几个月过去，勃勃都觉得自己开始长胖了。四肢一发达，头脑就简单，难免做出引火烧身的事来。勃勃先是悄悄跟每个同学说“我偷了老师的鸡，我就告诉你一个，你可千万别告诉别人”，后来觉得大家都知道了，便每天在宿舍炫耀偷鸡技巧，兼点评各家鸡的优劣，说教导主任的鸡警惕性强，嗓门大，一靠近就鬼吼鬼叫的；班主任的鸡精力旺盛，大半夜的还在外面闲逛，这一点和班主任本人有点像；校长的鸡生命力强，不看准了一棍还打不死。此外，勃勃还力邀宿舍里的有志之士精诚合作，帮他望风，完了一块吃鸡肉喝鸡汤，一时从者甚众，大有开宗立派的势头。于是乎，最后终于有小道消息流向了老师耳里。

老师又把消息告诉了校长，校长向家人核实了鸡笼里鸡的数量，气急败坏，心头涌起了“你不说我还不知道呢”的那种愤怒，放言要严惩勃勃。勃勃觉得反正读书不怎么的，主动如实交代犯罪经过，卷了被盖回了家。回家的那天，我帮勃勃拿着打鸡棒，勃勃回想起当年在村里为了蹭一片猪头肉对别人阿谀奉承的样子，说白吃人家的猪头肉那该有多么地愧疚，人家多给一块以死相报的心情都有，怎么现在的人明明吃了鸡肉喝了鸡汤还要告密？

我说，You ask me，I ask who？

4

弹指二十年。勃勃在三亚一家酒店度假，坐我对面。勃勃说，这二十年他和我是人鬼殊途。我是人，他是鬼，因为他没读成书也没上大学，往事不堪回首。我说，这二十年来你那身材一年一圈年轮，世界上的鬼大多苗条，你充其量是一头死猪，坐在勃勃身边的勃勃妻莞尔一笑。

公元一九九四年，勃勃辍学后当了学徒，学漆匠。每天穿着五颜六色的衣服，腰上别了一把刮漆刀，在晨霭之中出门，去和甲苯、二甲苯见面。偶尔见到我，勃勃都显得兴高采烈，说是跟着师傅出去做事的时候，鸡蛋面条瘦肉随便吃。当然了，最高兴的还是跟着师傅去漆棺材，完事了师傅还会给点钱，街上的零食水果，还差几块钱就吃腻了。

勃勃没有达成吃腻的愿望，脸色就开始变得灰白，并开始掉头发。人家说是油漆中毒所致。于是，在父母的勒令下，勃勃放弃了热爱的刷漆事业，跟着姐姐们南下。勃勃所说的人鬼殊途，大约便是从此算起，我继续求学，零零碎碎地听到他在南方的消息，什么做了洗碗工、厨师、小饭馆帮工、小饭馆大厨——一辈子就和好吃的死磕。

我们再次熟络，当然要感谢QQ和微信。近年，他开始玩起了朋友圈，天天秀照片，当然了，里面全都是讲吃的。什么洗衣粉能让油条变粗，口香糖的原料是避孕套等等，都是骇人听闻但是有待考证的信息，有的还是他自己的个人经验：“农药闹死的鱼能吃”“鸡发瘟其实是感冒，可清炖”，等等。有一天，他忽然说连着三天拉肚子，我问他怎么回事。他说前几天吃火锅的时候，有人赌谁能把锅底吃完，输赢二百块。他勇敢应战，果然将二百块收入囊中。不过很惨，当天晚上他就蹲在厕所里出不来了，屁眼辣辣地疼呢，浑如撒了一层辣椒面。

勃勃的婚姻也颇具喜剧色彩，勃勃是晚婚，那是多少次相亲后的一次相亲。勃勃点了一桌子菜款待对方，可能是迫于介绍人的情分而来，还没吃饭呢，对方就开始不停地打电话。勃勃觉得该女士其貌不扬还居然那么不礼貌，于是装作上厕所买了单留了言走了人。走出门外，不经意回头一看，玻璃窗内，该女士正坐在桌边，风卷残云一般吃那刚刚点来的东西，一会儿就一扫而空。他傻看了几分钟，于是又转了回去，他决定和该女士好好谈谈。

该女士当初什么模样已不可考，但坐我对面、勃勃旁边的这位女士面容姣好骨感苗条，与勃勃描述的豪气干云的吃货二字似乎扯不上。但在那天早餐，酒店西餐厅菜样繁多，勃勃夫妻俩见到食物后就把我晾在一边，一起狼吞虎咽，那饿死鬼转世的状态令人惊叹。吃饱了，两人摸着肚子，打着饱嗝。勃勃说，还有面包糕点没尝呢。于是起身把二十多种糕点一样拿了一块，堆了满满两盘子。勃勃老婆说，能吃完吗？勃勃挠了挠头，提议：就舔舔？勃勃妻说好。两人抓起那些糕点，一样小啃了一口，放回了盘中，脸上同时浮现猥琐的笑。

一

我们到哪里去喘一口气

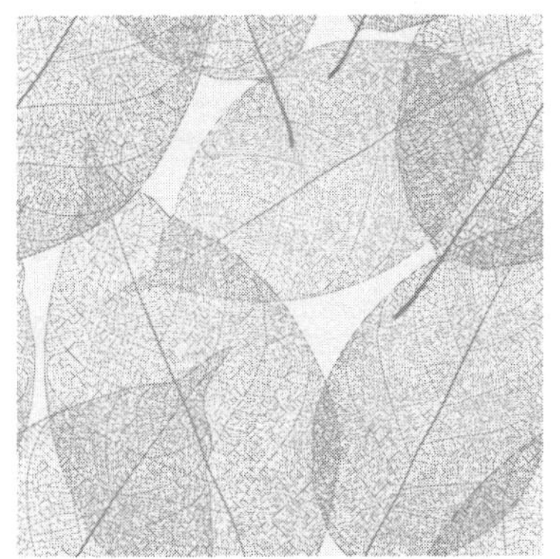

我们就像雪中的树干，表面上看来平放在那里，稍一用力就能推动它们。其实不然，你是推不动它们的，因为它们与大地紧紧相连。不过你瞧，甚至这也只是表面现象。

——卡夫卡《树》

卡夫卡在书信《致父亲》中说：“但我在写作中总算有点安全了，我总算能喘一口气了。”那么，我们呢，我们到哪里去喘一口气呢？

孤独的卡夫卡　孤独的现代人

文/张海磊

美国剧作家W.H.奥登说：“就作家与其所处时代关系而论，当代能与但丁、莎士比亚和歌德相提并论的第一人是卡夫卡……卡夫卡对于我们至关重要，因为他的困境就是现代人的困境。”

不管卡夫卡愿不愿意承认，在各种机缘巧合下，卡夫卡的生活经历巧合地紧扣着时代的进程和步伐，并让他成为最早对二十世纪以来人类文明进程提出异议的预言者。

在《变形记》中，旅行推销员格里高尔一直奔波在忙碌的工作和幸福的生活中，可是直到他变成一只大甲虫后，他才发现自己是多么地孤独和绝望，家人渐渐不再那么喜欢他了，因为他不能再像以前那样为这个家庭贡献经济收入，而且现在他还成为一个累赘，最后在孤独的绝望中死去。在《城堡》中，K穷尽各种办法都不能进入城堡，在村民看来他是一个外来者异类；在城堡权力当局看来，他是一个试图挑战当局权威的异见者；而K自己则孤独无奈地徘徊于城堡和村子中，不管怎样都没能进入城堡。在《判决》中，儿子面对父亲的无逻辑和非理性权威没能做出反对，最后在父亲的投河判决中真的投河淹死。在父亲那里，儿子似乎根本得不到父亲的理解，因此儿子是孤独的，虽然他向父亲做出无奈的辩解，可是最后他还是在父亲的判决中投河而死。

所有这些人物，在他们生活的世界中都是如此地孤独和无助，在他们踽踽独行的身影背后，充满了无奈和绝望。他们是被现实压抑和摧毁的个体，但当他们全都站在我们面前时，我们会发现自己周身这个世界原来竟是如此地孤独和无奈，而我们又与这孤独和无奈近在咫尺。

人类社会文明从卡夫卡所生活的时代发展到现在，这期间的文明进程速度和成果比历史上任何时期都更为惊人，尤其来到二十一世纪的现在，我们能感受到的一个显著生活特征便是：快。或许历史上的人类生活，从来没有像现在这样快节奏、标准化和量化。在如今这样快节奏、标准化的时代生活里，我们所做的任何事情似乎都是那么赤裸裸的——做最具有性价比的事情，做能够获取最大经济利益的事情，除此以外的所有事情都是不重要的，因为他们并不具有性价比，不值得花费时间去思考。这样的快节奏、标准化和量化，无疑最符合最高目标是追逐经济价值的当代文明，而这样一个文明将所有人都卷入进来，这个文明按照性价比和经济价值将文明中的所有人进行标准化和量化，而我们也都乐意按照这个标准做我们能够做到的事。我们听从这个文明的准则，从出生开始便在这个文明的运行规则下生活，学习，我们似乎都没有时间和意识这样问过自己：除此以外，我还能干些什么？还想做些什么？

在这个快节奏和标准量化的现实里，我们有时间有地方去安放自己的灵魂，去和自己对话吗？生活仅仅就是为了这个社会所标准化的目标？我们的人生就是为了众人所认为的“应该的、必须的”？我们可不可以表达追寻不一样生活的权利，在表达之后能不能得到众人的尊重？

在这个快节奏、标准化的现实吞噬下，到处都有被这文明破碎的个体身影，就连青年人的理想都可以是被标准化的，行走在这样一个快速运转的流水线社会中，你我有时间去想想自己最应该最喜欢是怎样的吗？而不是这个文明所强加给我们的标准样子。

当有一天，现代人不堪这样的麻木和流水线般地运转生活，他的心头是否会流过一丝悲凉和孤独，可是一切都已木已成舟，无力回天，这个时候他还能做什么呢？

对此，卡夫卡的答案是写作。卡夫卡在书信《致父亲》中说："但我在写作中总算有点安全了，我总算能喘一口气了。"

那么，我们呢，我们到哪里去喘一口气呢？

这段文字写于两年前，是一部尚未诞生的小说的开头。

出于种种原因，一把它搁置了长达两年之久。

未完成的故事

文/刘华一

“十三辆。第十三辆汽车从这个女人身边经过的时候，她习惯性地抬起头，那条巷子很准时地出现在她的面前。女人在原地停留了一分钟，舒缓气息，然后向那条巷子走过去。将要进入小巷的时候，她回头看了一眼暴露在阳光下尘埃四起的A城，这个城市在以一种迅捷却不易察觉的速度沉没下去，就像一头陷入沼泽中的梦游的巨象。”

这段文字写于两年前，是一部尚未诞生的小说的开头。出于种种原因，一把它搁置了长达两年之久。

大概是间隔太久的缘故，每次在跟别人谈起这部尚处在假想状态中的小说时，一总会努力让自己的语气带上一种奇怪的沧桑感和历史感——“两年的时间可以发生很多事情，也会改变很多事情。”——这是他常用的开场白。他很清楚，每当这句话一说出口，下面的谈话就不可避免地要提到那部小说，就像带有某种情结一样。

当然，这种看上去很做作的行为并不是一的本意，他只是无法控制自己想要诉说的冲动而已。

所以，当两年之后一坐在电脑前面想要继续将这部小说写下去的时候，他无论如何都无法忘记两年之前写下这段文字的那个夜晚。

就像所有值得纪念和缅怀的事情发生时应该会出现的那样，在一写下这段文字的当天夜里下了一场雨。这使得他在两年之后再度去读这些字的时候，仍然可以嗅到一丝若有若无的雨水味，这味道曾一度让他迷惘。

一张开双臂，大大地伸了一个懒腰，然后闭上眼睛。他每次都用这样的方式开始一个故事：设定一个最初场景，然后再逐渐将其丰满，这是他编造故事时的一种习惯。后来他发现，同样的办法也可以用来编造谎言。

一想要写一个男人，一个从头到脚都被矛盾覆盖的男人。聪明却愚钝，自私却博爱，极度强烈的破坏欲以及总喜欢反复求证的犹豫不决，除了自己不相信任何人的同时，又无条件相信每条他认为存在的暗示，然后，这个男人进了一个不存在的镇子。这就是一的故事。但是每次他闭上眼睛，眼前出现的却总是一个女人——穿着黑色的牛仔裤和与之般配的牛仔外套，背一个大大的背包，在某个未知城市的街道上漫无目的地行走。

出现这样的状况让一觉得很迷惘，他不得不停止冥想，然后走出去，站到外面的走廊上。雨下得并不大，但是刮着很大的风。一站在五层楼走廊的围栏旁边，仰起头，夜风卷着雨滴扑面而至。像小说里的那个男人一样，他渴望得到某种暗示。

这也是一的一种习惯。每当思路陷入窘境的时候，他就会寄希望于自然，并认为自己将从中得到某种启示。这是一喜欢思考胜于行动的一个重要原因，他把自己想象成原始部落里的巫师，享受着思考的每个过程。他认为自己生命中大部分的时间都将用作思考，他同样认为，这绝非是在浪费时间。

一就这样一动不动地在雨水里站了三十分钟左右，直到他开始觉得呼吸困难。然后，他走回到电脑前面，写下了这个故事的开头。在故事的第一小节里，主角就是那个女人，他要让这个女人自己去寻找，寻找这个故事的来源和故事的真正主角。然后，他让他们相遇，故事就由此开始。

两年之后，一给这个女人起了一个名字——鸦。

以上是发生在两年前的一天夜里的事实重现。现在让我们回到两年后的现实中来：一以相同的姿势坐在电脑面前，以相同的方式思考着被搁置了长达两年之久的故事。唯一不同的是，这个晚上外面没有下雨。电脑屏幕右下角的时钟显示时间是0点00分——距离一第二天坐火车回家还有18小时45分钟。

比起不久之后就要大学毕业而自己的工作还一无着落这件事，即将开始的三十五个小时的火车旅程更让他觉得头疼。他长长地叹了一口气，努力不去想旅途中的煎熬和可能遭遇的种种麻烦。时间又过了一分钟。一摸了摸自己的脸颊，开始考虑接下来十八个小时多一点的时间里自己可以做些什么。换句话说，他在考虑该如何使这个故事继续下去。

思索良久之后，他在电脑上写下了一个句子。以此为契机，故事终于得以继续。

女人在黄昏时迷路，这是故事的前提。在第一小节的前半部分，一致力于探究整个迷路过程中发生在这个女人身上所有细枝末节的心理变化。一始终相信，当一个人陷入困境的时候，他所看到的、所感受到的一切，都会与正常时呈现出截然不同的两种样貌。在这种时候，人最容易做出孤注一掷同时又非常荒诞的决定。一把这个女人当作试验品，他想通过这种方式切实地弄清楚，从陷入困境到最后做出荒谬而又幼稚的决定这个过程里，一个人保持理智和清醒的底限是多少。因此他不厌其烦地使用了大量细腻艰涩的句子和词语，反复求证，不停删改，并且乐此不疲。

然后，几乎没有任何转折和迹象的，一条神奇的巷子出现了。它的出现仅仅源于女人突然间做出的一个决定：

“站在路口闭上眼睛一直走下去，这个过程里默数自己身边经过的汽车，数到第十三辆时睁开眼睛，然后在看到的地方停留。”

巷子在数字十三的位置上出现在女人面前。

神奇的巷子就应该配这么一个奇妙的数字，一满意地想。仿佛寻找到了这个夜晚的意义和重心一般，他又不无自恋地细细咀嚼了一番这个数字所包含的意味。

接下去故事的发展就变得顺理成章了，女人在巷子底部邂逅了那个男人——这个故事的真正主角，故事由此总算进入正题。为了让这个正题看起来煞有介事，一模仿男人的口吻给出了一个非常“百年孤独”的开场白：很多年以后，我在一个远离家乡的城市生活……

电脑屏幕右下角时钟显示的时间为凌晨四点整，不知不觉间，时间已经过去了四个小时。一左右晃了晃发酸的脖颈，长舒了一口气。他已经很久没有尝试过这么舒畅地写作了，把所有的情绪和精神都沉淀进故事里，甚至忘记了自身的存在。回归现实之后一开始觉得有些疲倦，而且故事中止的时机也恰到好处，所以他决定去睡觉。

时间为二〇〇八年六月下旬的一天，距离五月十二日四川大地震已经过去了一个多月的时间。一缓缓地沉入睡眠，他梦到了鸦和故事里那个女人的背影。在睡梦里，一所在的城市又迎来了两次余震。

四十七个小时之后，一走下火车，重新站到地面上。他看了看四周密密麻麻涌向出站口的人群，如释重负地叹了口气。每次坐完火车之后，一就会觉得自己像个在濒死状态下被抢救过来的战斗英雄。所以每次从火车上走下来，他都有种重生的快感。中国铁路系统的臃肿疲软始终让他对火车这个东西不抱有任何好感。肮脏浑浊的空气，拥挤的车厢，一想到这些就觉得自己能够坚持下来简直可以称之为壮举。

这真是世界上最不幸的事情，让最讨厌火车的人总是不得不去坐火车。一感慨了一下，然后走出站外。早上的空气很新鲜，一做了几个深呼吸，觉得自己终于又健康起来了。然后，他掏出手机给龙龙打电话。

一有七个兄弟，一起玩了很多年又拜了把子的兄弟。龙龙是其中一个。他排行老八，又姓王，所以很忌讳“王八”这个词语。一排行老三，这个很中庸的位置让他经常觉得自己就像个投机分子。

电话很快就接通了。

“喂，我到了。”一说。

“嗯，你现在在哪儿？”龙龙的声音像他的名字一样清醒，一觉得自己永远都无法理解这种在早上还能保持清醒的人。

“火车站门口，差不多再走二十分钟就到长途汽车站了。”

“二十分钟加两小时三十分就是两小时五十分钟，汽车通常都要晚点。我三个小时以后在车站接你。”在早上还能保持清醒的人一般计算能力都比较强悍。

“好。就这样。”

一挂掉电话，然后手机耗尽最后一点电量自动关机了。刚才的通话让一有种跟组织接上头的感觉，他把手机收起来，拖着大行李箱向汽车站徒步走过去。他想趁着还没审美疲劳之前多在地上走走，因为他毕竟有三十五个小时没有接触过大地了。

打发掉沿路拉客的三轮车夫和出租司机，又穿过几条忙乱肮脏的街道之后，一终于看到了更加忙乱肮脏的长途汽车站。这是一第二讨厌的地方，所以他用了最快的速度买到票并坐上了回家的汽车，靠在座椅柔软的靠背上，一有了很长时间都未曾有过的安定感。

这种安定的感觉让他在昏昏欲睡的同时联想到了爱情。他躺在自己喜欢的那个姑娘的腿上时也曾有过一模一样的感觉——平和、慵懒，还有种奇妙的归属感。他想起他曾经对那个姑娘说自己喜欢了她四年，说那句话的时候，他也是躺在她的腿上。当时姑娘说不信，因为这四年里一换了很多个女朋友。一想了想，然后举了一个很神奇的例子，他说就像这样，一个非常口渴的人很想喝可乐，但是他又买不起可乐，所以，就只有暂时喝矿泉水解渴了。在一假装智慧的年代，一觉得爱情是这个世界上最复杂纠结的事情，现在一不再智慧了，他反而觉得爱情其实很简单，就像他可以喜欢一个姑娘长达四年之久一样简单。

一望着车窗外面暴露在阳光下的人们，思考着自己的故事。他觉得男人应该遭遇一场爱情，不然这个故事就不能算是完美的。汽车缓缓驶出站外，像驶向另一星球的宇宙飞船。一一边想着自己的故事一边沉入了睡眠，在半睡半醒的时候，他隐约觉察到，自己对故事里的那个男人产生了一种很奇妙的情感，他仿佛看到那个男人从光的深处向他走过来，然后与自己重叠在了一起。

接下来的剧情就是所谓的急转直下。“我的箱子不见了。”一站在车站门口，一脸茫然地对龙龙说，车站上的电子时钟显示时间是下午１点１５分。一恍惚间，觉得这一刻似乎是注定好的，从他决定将故事写下去的时候就已经注定好了。命中注定，他将在这天下午的这个时间丢掉自己的箱子。

箱子里有一的衣服、几本旧书，还有一个Ｕ盘。Ｕ盘里存着一到现在为止故事的所有内容。龙龙简明清晰地跟他分析了一下，得出一个很正确也很简单的答案——箱子被留在了那辆已经开走的汽车里。

一让自己的思维空白了几秒钟，然后飞快地向着汽车开走的方向追过去。当龙龙反应过来的时候，一已经在他的视野里消失了，龙龙叹了口气，然后给乐乐和猴子打电话：

“他的箱子丢了，他去追汽车。他已经疯了，我都追不上他，你们快来吧。”他只说了两句话。

一就这样一直沿着汽车开走的方向向前走着，他不知道自己已经走了多久，也不知道自己的目的地是哪里。但是有一点他很清楚，就是找回箱子的可能性基本为零。既然如此，为什么还要去追呢？问题又开始变得哲学了。一望了望无云的天空，沮丧地想。

时近黄昏，夕照将一疲惫的身影拉伸到一个夸张的长度。他一边走一边审视着自己投射在路面上的影子，有几次他甚至觉得那个影子是鸦的，有几次又变成那个男人的。他不得不停下脚步，用力揉了揉自己的太阳穴。一望着远方，公路似乎延伸至无限一般在他脚下铺陈开去，回去的路实在太远了，但是，他似乎只能继续向前走。

一从下午走到黄昏，又从黄昏一直走到夜晚，他并不喜欢这样没有目的地行走，但是他无法停止。为了打发时间，在黄昏即将结束的时候一开始考虑自己的故事，他仿效亚罗米尔·赫拉迪克，尝试着在想象中将这个故事完成。

就是在这个时候，一发现了暗藏在这个故事里惊人的预言性。他发现故事的每一个环节都或多或少地与自己的经历暗合，他让鸦迷路，探究他在陷入困境时的心理行为，然后自己马上就坠入了几乎一模一样的处境；在接下去的情节里，一在想象中让镇子遭遇了一场地震，他想象人们在灾难中将遗弃自己的信仰；他还想到了爱情，他让男人在那个不存在的镇子里经历了一场柏拉图式的爱情，并在最后的时刻无疾而终。在故事的最后，这个自负而又懦弱的男人遵从暗示丢掉了最后一件生命中最为宝贵的东西，在一个无月的夜晚逃出了镇子。

然后，一念出了那个困扰他许久的句子：他走在深夜的公路上，公路一眼看不到尽头，他觉得从来没有这么迷茫过，他觉得从来没有这么轻松过。

于是，一终于明白了自己为什么对这个男人一直都怀有一种奇妙的情感，因为这个男人就是他自己。

就在这一刹那，强烈的疲倦感将他击垮了。

一在睡梦中听到有人在大声喊他的名字，于是他睁开眼睛。时间已经是清晨，他发现自己倒在路边。清晨明快的阳光让一有些恍惚，他看到龙龙、乐乐还有猴子站在自己对面，三个人，三辆单车。

“怎么回事，我记得自己是在汽车上睡着的。”一站起来眯着眼睛说。

龙龙说，走吧。猴子说，哥，走吧。乐乐走过去用力地拍了一下一的后脑勺，然后笑嘻嘻地问他，这下清醒了没?

一摸着被拍得发疼的后脑，坐上了猴子的单车。

四个人，三辆单车，在公路上慢悠悠地走着。一抱着猴子大大的肚子，觉得很有安全感。他想起来了，其实猴子很胖，他之所以叫猴子只是因为他曾经大叫过一声“我是只猴子”。一还想起来，他还很喜欢抱着一个叫宁宁的家伙的肚子。他觉得大肚子让人很有安全感。

“昨天我碰到我高中时候的班主任了。”乐乐说。

“然后呢？”

“我想起他曾经评价我的一句话……”

“嗯？”

“他说我是茅厕里的石头，又臭又硬。”乐乐无奈地说。

然后一就开始大声地笑起来，他觉得自己似乎很久没有这样笑过了。一发现，这天的阳光好得有些离谱。

我走之后，小院依然会有它自己的作息时间，
晨曦的第一缕阳光斜洒下来，首先肯定是照在书房窗户靠右边的那块玻璃上，
而落日暮晚，它又必然是从小院大门侧墙斑驳的墙面上悄然抹去。

小院幽记

文/李靖财

倘若闲居在家，在清闲的午后，阳光洒意，微风煦暖，我通常都是要搬出书房里的小茶几，来这小院落中间的小花园旁坐坐的。泡杯茶，摞几本杂志，几页诗，几篇文字，还有我常用的笔和纸。于是，看或不看，写或不写，但是都摆在眼前，便觉得有了意境，便觉舒心自在。而我，也早已以一个普通的意象融入其境地了。另外，如若运气好点儿，偶尔还能拼凑出几句诗文出来，其情其境便更见风趣了。这个难得的机会是可遇而不可求的，所以我便受用得恰入其分，一个人，一个世界，竟觉全是自由。

这个时候，父母大抵是去农忙了。我有意帮助却什么也不会，有时反倒添乱，所以只好作罢。如此，我便彻头彻尾是个闲人了，后来干脆要求他们将我反锁于家，我便更觉清净的世界只剩我一个人了。甚至是有时候我连自己的存在都感觉不

到，或者我直接会怀疑这个小院子，其实就是传说中的偌大的世界。

是的，这个院子本来就是我的整个世界。我在这里出生，在这里成长，在这里咿呀学语，在这里东倒西歪学步。再后来，长大了些，这就是我童年的游乐场，我和我的小伙伴们在这里捉迷藏，弹弹珠，丢手绢，打陀螺。在晴天里捉来蜜蜂，用放大镜聚着太阳光去烧它带武器的屁股；在阴天里把正在搬家的小蚂蚁堵得让它们回不了家。我对这小院子里的一草一木、一沙一石都了如指掌，甚至是哪一处墙缝里被我藏了几片树叶，藏了多久，还有那叶子的颜色和形状是怎样一天天变化的，我都记得一清二楚。

听妈妈讲，那个时候的我整日整夜都看起来很“忙”的样子。我白天需要在小院里“应酬”那些来找我玩的小伙伴，晚上还要搬个小板凳坐在这里，小手托着下巴，望着天上的星星和它们做谁先眨眼谁输是小狗的游戏。

我常常在如此安静的环境里一坐就是半天，整整一个下午的时间，我都沉浸在茶香书韵里，思考或者怀念。是的，我常常会怀念儿时那个古灵精怪、没日没夜“忙”个不停的自己，常常会怀念儿时的那些小伙伴们，他们现在是否安好？我常常会觉得现在自己一定是在做梦，而终究会有那么一天，等这个梦醒来了，我一定还是在这个小院子里和我的小伙伴们手拉着手唱着跳着，然后猛然间又把其中一位扔进我们预先挖好的陷阱里，而后捂着肚子没心没肺地笑啊笑啊……

我忘记了这个小院子里的小煤房、小鸡舍以及牛棚、猪圈，它们是怎样被一点点修建而成的，可我分明看到儿时的自己，浑身上下沾满了泥巴，脏兮兮地托着半块土坯递给正在干活的父亲。我忘记了院子中央的这座小花园下面埋着多少枚铜钱，可我分明又记得很清楚，我七岁那年生了一场大病，迁延不愈时奶奶求着山神保佑我度过那场所谓的劫难，而后就在这小院中央建起了这座小花园，在下面埋了许多铜钱供奉给山神继续保佑我。我在这小院子里一住就是二十多年，而这座小花园在这小院一立也差不多已二十多个年头。我知道，只要这座院子在，它就在，只要我在，它就在。它埋尽了我的灾难，它使我无论走到哪儿都平安、健康、宁静。所以，而今的我坐在它面前，就像是坐在一位故人面前。它每天都守在这座小院子里，一定知道在我每次离开这里时，这里所发生过的一切，然而它不用告诉我，一见到它，我便什么都知道了。

我知道，我走之后，父母还是会像往常一样，每天清晨把小院子打扫得干干净净，而后洒上一层薄薄的井水，井水接地气，渐生凉爽，好不惬意，由此父母开始一天的劳作；我知道，我走之后，小院依然会有它自己的作息时间，晨曦的第一缕阳光斜洒下来，首先肯定是照在书房窗户靠右边的那块玻璃上，而落日暮晚，它又必然是从小院大门侧墙斑驳的墙面上悄然抹去；我知道，我走之后，我的小院子还是会安静地守在那里，无论是我归去还是离开，我都不曾离开过那里，也唯有在那里我才是真实的、平静的。

儿时的印象里，秋天的小院子大概是最具风韵的吧。那个时候小院里堆满了丰收的粮食，这一片儿堆小麦，那一块儿堆青稞，而院子中间通常是要空出来一大片地方用来晾晒即将囤藏的粮食。整个秋季小院子都在忙着接纳父母不断从打谷场拉回来的粮食，丰收了，我们一家人生计无忧，小院子首先得以见证，而这福祉很大一部分当然也来自于它的功劳。

人们常说“有容乃大”。那么究竟有哪些东西才是我们真正能“容”得下的呢？而容下了那些所谓可以被容得下的东西之后，我们又能“大”到什么程度呢？我常常觉得自己的内心就是足够巨大的，我自以为自己还是能够承受一些苦痛病损、过往得失，甚至是离愁别苦、愤怨哀思的。可细想起来我又分明会为那些我自以为能够承受住的，也就是能容得下的东西而烦恼、浮躁，我分明又是那么在乎，伤逝，甚至悲戚到不堪。说什么拿得起，放得下，都不过是自己逞强，自欺欺人罢了，都不过是表象，甚至是假象罢了。哪里会有那么容易的一笑而过，哪里会有那么从容的荣辱不惊。除非是我的小院子，除非在那里，我才能感觉到这么多年它默默地承载着整个时间、空间的变迁，默默地接纳着我们的归去和离开，离开又归去……

我想，它的寂寞也许只有它自己懂，而它把它的繁华、热闹、生机全部留给了我们。我想，在我们一家人离开那里的时候，它也一定是孤独的，它自己欢腾不起来，热闹是我们的，它什么也没有，而我们的热闹，却何尝又不是它赋予我们的呢？我想，只有它才是真正“有容”的，只有它才是真正“乃大”的。它的饱满、丰韵，让我觉得温暖、幸福；它的从容、笃定让我觉得踏实、平静；它的节奏、律动让我觉得舒心、自在；它的沉寂、安稳始终能与我自己的心境保持一致，且默契地恰到好处。仿佛只有在那里，我才能感觉到自己是真实存在的。那里的一切都悠长而极具韵味，那里的一切都素雅而极具特质。就连一阵风吹过，几句鸟鸣，我都很认真很用心地当作是它们与我的对话和交心，我都当作是它们在召唤着我归于平静。

“烟暖雨初收，落尽繁花小院幽。摘得一双红豆子，低头，说著分携泪暗流。”

尽管我无法完完全全体会得到当年的纳兰该是饱尝了多少无穷无尽的离别相思之苦，才赋得如此细腻柔软的词句，但料定那个时候的纳兰也定是仙居于那么一片幽静的小院子。庭院深深，青苔绿阶，花树馥郁，世外人家。在那暮春花开之日，烟雨初歇之时，满院落英缤纷，闲庭漫步小院，抬手摘得相思树之红豆，轻轻放入掌心，俯首欲语，奈何已是满目泪痕，泣不成声。最是离别相思苦，当然，恐怕那个时候能懂纳兰的也唯有他那幽静的小院子吧。

闲暇之余，冥思静想，其实有太多太多的离愁别绪我们都是无人诉说的，其实有太多太多的哀思幽怨我们只能寄托在一些外在的东西上面。它们建构起了我们精神、情感甚至是灵魂之上的另一个层面、另一种维度；它们凌驾于我们原本的信念与倾慕之上，使我们萌生了新的信仰。唯有在那里，我们没有疼痛，不会失去；唯有在那里，我们的虚假和伪装才会被剔除消散；也唯有在那里，我们才永远是我们自己最简单、最纯粹的真正的宿主。

所以我常常会想，这大概已经不是一个景应人的时代了，而是，人应景。

我已经有好多年没有在我小院子中间的小花园旁静静地坐坐了。胡诌的几句文字，写给我永远的小院子。

“风吹绿了树的叶子

雨滴掉下来落入了花的心里

据说就连土地里也长满了那种被称之为是爱的东西。”

一

告密

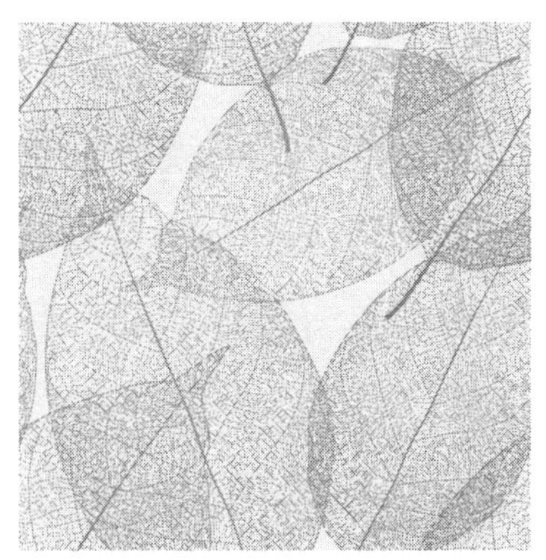

你们高高的白杨——大地的人类
你们幸福的黑色池塘——映出她的死亡

我看见了你，姐姐，站在那光芒之中。

——保罗·策兰《风景》

这个世界哪来的什么童话……

哪来的什么童话

文/范尔乐

上海的地铁一直都很拥挤，我不需支着任何东西都可以平稳到达目标地点，不过这里面还有一个问题，就是怎么挤出去。一到站，外面排队的人倏地就冲了进来，没有一点点防备。我正纠结着如何是好，一双手放在了我的腰间，紧紧地扣住，将我带了出去。我惊讶地看着身旁这个男子，完全不认识，不过看起来很礼貌很暖，我说谢谢，他说不用，就消失在人潮里。我怔怔地看着他消失，不发一言，许久才回过神来。陌生人的一个举动都让我颤抖许久，只因我想到了他，想到他当时留在我腰间的温度，到现在都难以回身。

前不久我接到周晓黄的电话，她说他们要结婚了，我问，哪个他们？周晓黄说，你说呢，然后就挂了电话。我一直听着电话那端的忙音，很久很久都没回过神，也错过了站，辗转了一会儿才回到了家。把门打开，看到地上躺着今早出门前掉落没来得及捡的大衣，一时半会儿没提上气，蹲在地上就号啕大哭起来。我知道徐静追了何成一两年，从我们没在一起的时候开始，现在也总算修成了正果。我总告诉自己不要去想那段往事，可是，陌生人的一个举动，不管是什么事情，都让我不自觉地想起。

就像一直以来的一样，我去参加了我爱过的也爱过我的他的婚礼，我看到徐静挽着何成的臂弯冲我们笑，就像一直以来的一样，就像一直以来我都不是正室一样，大家都热烈地祝福他们，愿他们白头偕老，说徐静的努力终于有了回报。像一直以来的一样，大家看到的都只是徐静的努力，而不再记得，当年是徐静从我的身旁抢走了何成，抢走了我曾经的他。

哈，大家都不记得。

当时我们都知道徐静在追何成，追得挺凶。当时我们也都还年轻，还在读书。她时常下课拦住何成，约他打球，约他跑步，给他买早餐，跟他说晚安。我们都看得到，但何成对她一直都不理不睬。我记得那天何成约我出去看烟花，我开玩笑说，怎么想到约我呀？何成讷讷地不说话，自顾自地往前走。看完烟花之后人潮一瞬间四散，我被他拉住了手。我说你这是什么意思？他说就是这个意思。我说那我还没说答不答应呢。他说你没得选择，然后就紧紧地握着我的手走回了学校。

按理说，我们是情侣了，我们一起吃饭一起散步，做情侣该做的事儿，所有人都看得到，都知道，包括徐静。周晓黄也把了道关，她说何成这个人挺靠谱。我点点头，说，嗯，我知道。

但是徐静就如同我不存在一样，继续追他，跟着我们跑图书馆，我们打球的时候旁边必然有她，依旧送着早餐，就算不回复也总有一句晚安。我知道，何成每次也把手机递给我看，我都是笑笑，从不指责或者谩骂，只觉没必要。到后来有一次何成他们班打篮球赛，我在外面实习，没赶回来看。我跟着师傅跑新闻，把手机调了震动就丢包里，跑的是社会新闻，有一定危险，也很忙。我一直到晚上十二点才爬回了寝室，我刚进寝室，周晓黄就劈头盖脸地骂了过来。

你他妈电话干吗不接？你干吗不来看何成打比赛？何成受伤了你知道吗？你

长了什么脑子？徐静一直陪在他身边你知道吗？你知道徐静哭得别人都以为她是他女朋友你知道吗？你还想不想谈恋爱了？你手机是没电了还是关机了？你玩失踪是不是？

怔怔地听完，我也大概知道发生了什么，我打开手机，一百多个未接电话，但都来自于周晓黄，没有何成的。我拨过去电话，没人接。我深吸了一口气，合上了手机。

但我们没有分手。并不是因为这件事我们分的手。

但确实是一直以来我都不像是正室，大家只看到了徐静的努力。何成跟我说，薇薇，你知道徐静对我有多好吗？我转头看向他，说，那你爱她吗？他闭上眼不说话，很久，才摇摇头。

我觉得一定有什么东西变了，尽管我们一起吃饭，一起打球，一起出去玩，一起做着情侣做的事儿。

有次他们班班聚，他把我带过去，说能带家属，我说好。他把我介绍给班里人，说这是我女朋友，他们都诧异，啊，不是徐静吗？啊对不起啊，我以为……我摇摇头，微笑，说，没事。班聚是在海边，有烧烤有跳舞有唱歌，一行人都玩得很嗨，但我没什么胃口，吃得不多。半夜我饿醒，踮着脚下楼开冰箱找吃的，扒拉出几片火腿和方包。突然有人从背后抱住了我，我知道是何成，我也早就熟悉了这样的怀抱、温度和气味。我拍拍他的手，说，怎么了。他埋头在我颈间不说话。那晚我们坐在厨房间，我坐在他怀里，他看着我，我低头不语，两个人都没睡，坐了那么一宿。

再后来，我们开始实习。我原先的那个实习单位，出了点小意外，曝光了一家作坊，他们找到了我们，我师傅把我给卖了，说都是实习生的差错。后来报社也把我辞了，我一时半会儿找不到实习单位，天天去图书馆，但何成去了一家外企，混得风生水起，我们偶尔在晚上通通电话。

累吗？

嗯，挺累的。

那早点睡吧。

嗯，晚安。

我不需要周晓黄替我打听我也知道，徐静通过好几层的关系也去了那家外企，并且跟他一间办公室，做着类似文案的工作。知道消息后，我在寝室里沉默了一天，什么都没做，没吃东西，没上厕所，就呆呆地坐了一天。想来不管我们两个最后是什么结果，怕是我都得退出。

所以这个世界哪来的什么童话，我本是“女一”，却硬生生沦为了“女二”。那些我以为他可以知道的事，原来我不说真的没有人知道。

那天我们两个坐在厨房间整整一夜，最后我抬头，看着他我说：“你爱上她了？”他一言不发，吻住了我的嘴。

“十七岁那一年，吻过她的脸，就以为和她能永远。”

很多东西过去了就是过去了……

你是我永生不遇的海

文/任腾

“陈瑶，你不是说杨晨会来吗，怎么现在变成了我看你们俩秀恩爱了！”任佳看着面前一对情侣爱意浓浓，终于触到了她的底线，不满的情绪开始装上火药喷射，“我说你们俩，每天这样有意思吗？是谁信誓旦旦说杨晨会来，并且给我下了一百二十个保证的。言而无信，你们就不怕受到良心的谴责吗？”

郑文哲把眉毛一挑，抬手把任佳指向他的筷子拿掉说：“说句不好听的，杨晨是因为听说你要来他才不来的。而且任佳你要知道，杨晨那么内敛的人对你那如火的热情能坦然吗？都三年了，三年之痛七年之痒，你听说过吗？你的火苗怎么还没熄灭，你受的打击还不够吗，你的抗挫能力是有多强？”

“中国抗日还八年呢，我这三年能算什么！对吧陈瑶？你如果还是我闺密的话就帮着我点。”任佳笑眯眯地望向正在吃饭的陈瑶，陈瑶刚要点头就被郑文哲制止："对，抗日八年之后中国共产党胜利了，可是你有抗日伟大吗？追个男生怎么能和抗日相提并论。校门口卖煎饼大妈的生意那么不景气，如果坚持三年还不得倾家荡产啊，你看她现在转行卖奶茶，生活都步入小康了。连初中没上完的大妈都知道不能在一棵树上吊死，你是转眼就要上大学的人了，怎么就那么死心眼。青春才几年，没有结果的付出值得吗？价值换算对于你一个理科重点班的学生应该不难吧。都毕业了，你就不能消停会儿嘛，你得让杨晨适应一段时间吧。你这样左脸贴在右脸上真的好吗？"

"郑文哲，你不用说得这么文艺，直接说我左边不要脸右边厚脸皮不就得了。你是杨晨的好哥们，你处处为他着想我没意见，可是你也不能把我的努力全盘否定吧。我就是喜欢在一棵树上吊死，卖煎饼的大妈转行卖奶茶是因为她的生活需要钱，因为这她不可能为了一件事付出所有。而我并不在意什么爱情，我只要杨晨，不对，我只要他看我一眼、对我笑一下、对我说句话就足够了。我的青春我自己可以负责，不管我为此付出了三年、五年甚至七年都是我心甘情愿的，我不会抱怨任何人。我唯一后悔的就是为了从你那里得到杨晨的消息把陈瑶搭给你。"任佳收拾好自己面前的碗筷，拉起陈瑶，"我和她出去逛逛，一会儿你自己走吧，我买完单了。"

陈瑶看着任佳神采奕奕，感觉这顿饭莫名其妙地变成了批斗会又变成了辩论会，唇枪舌战并没有让任佳感到不爽，反而让她充满斗志。作为学校十佳辩手的她没有说一句话也仅仅是因为在闺密和男友之间不知道如何选择。她认为郑文哲说的并非毫无道理，而任佳所付出的更是别人所无法想象的，她正在思考在路上必须要说点什么缓解一下气氛，就被任佳清澈的声音叫回了神。

"陈瑶，你没暗恋过，你不知道那种感受。你听到他的名字会打起十二分精神，你会在人群中第一个找到他；你会因为他看了你一眼兴奋得睡不好觉；你会时时刻刻注意他。当你们成为朋友的时候看到他在线，点开聊天窗口的时候都不知道该发些什么，写了删、删了写直到他下线你才后悔；不停地看他的空间、微博、朋友圈，你知道他喜欢谁的时候你会笑着说关我什么事，他幸福就好；总是想把他拉黑却不敢按下确定，因为你知道删了就再没有理由加回来了。如果他突然对你关心你会自恋地认为他喜欢你，然后错把友情当成爱情，最后免不了嘲笑自己自作多情自以为是。我只是想简简单单地喜欢着他，我付出什么，失去什么，我都会很开心，我觉得这一切的习惯都成自然了。不管结果怎么样，老了之后这将是我最怀念的。”

陈瑶拿起面前的衣服看过吊牌之后慌忙挂好，清了清嗓子：“任佳，你还记得吗，高一下半个学期时你就指着杨晨说你特喜欢他，还说高中毕业前你一定把他拿下。你一开始只是悄悄地喜欢他，每次你看向他的眼神就像在暴风雨夜晚中一盏橘黄色的灯一样，特别温暖。后来不知怎么的你开始展开攻势，一晃就三年。我到现在都不明白他有什么好值得你这样，连这件衣服都买不起，没有很多钱更没有清秀的面孔。”

“你这样说就不对了，这件衣服只不过是挂在这样的奢侈品店值钱，如果没有这个logo，淘宝上一样可以买到，还包邮。”任佳拿过衣服指着上面的logo说，“所以，你应该了解我的，我在意的是这件衣服，有没有logo都无所谓，我相信我的气质能把淘宝货穿出高档昂贵的感觉。就像我在意的只是杨晨他这个人，外表什么的都无所谓，何况他白白胖胖的，那么萌，给人一种踏实的感觉，一看就是勤俭持家的好男人啊，唯一一个缺点就是他对每个人都无条件地好。你还记得我们音乐老师说的他吧？”

“一看就是老好人，没什么原则，谁要当他女朋友准有吃不完的醋。”

“对，就是这个。当时一部分知情者都冲着我起哄，我本想低调一点，让你们喊得人尽皆知。我印象最深的是坐在我后面的那个女生，李大燕是吧，她说‘起个这么矫情的名字还玩暗恋啊，你以为你是言情小说女主角啊’，声音不大不小刚好让我听到，我那时候就下定决心要付诸行动了，要不怎么能对得起我爸妈给我起的这个矫情的名字呢。”

“所以你就在他送了你一个平安果之后，转眼买了个西瓜包得像个初生的婴儿一样送给他？”陈瑶想起来这事，特别想在头上画三条黑线。

“我看到他拿着平安果朝我走来的时候心都快化了，当时他全身都在发光，你知道吗？！他的眼睛在金黄色的光线下被睫毛的阴影覆盖着，像一面长满水草的湖泊，那可是他第一次送给我东西！”

“就因为他主动了第一次也是唯一一次，你就开始毫无保留地付出吗？知道他把所有的饭钱借给班长你就每天给他买晚饭，他不吃你就生气？你想想哪个男生会平白无故接受女生的施舍？高二分班擅长背书的你硬是追着他报了理科，为了让他对你的成绩刮目相看，你课余时间全部都在补习班里度过，课外习题一本接着一本地做，凌晨一点还挑灯夜战，每天都像熊猫一样顶着黑眼圈来上学。最后成绩是提高了，但是他有刮着眼睛看你吗？知道他喜欢打网游第二天你就练了一个40级的游戏账号给他；下雨天知道他没带伞把你的给他之后自己淋得透湿，晚上回家发高烧却不知道他骑车子不能打伞；发考卷时偷到他的用红笔帮他订正所有的错误，解题步骤工工整整地写上。这些他都知道吗？就算他知道，可他又被你感动然后和你在一起了吗？不管你做了多少，他不一直都只把你当朋友吗？”

接连不断的反问句让任佳感到莫名其妙的慌乱，买了一个冰激凌暂时让自己舒缓下来。陈瑶有点不适应突然一言不发的任佳，直到听到她重新侃侃而谈。

“我最心寒的时候，是他花了两个星期的时间用一大堆一次性筷子做了个小别墅，里面的东西样样齐全，这绝对是我见过最令人惊叹的艺术品。完工之后他把别墅送给了他的一个初中同学，女的，他们才是真正的好朋友啊。我想到我只得到了一个平安果，便觉得自己和他真的算不了什么了，顶多是高中同学而已。就因为这，我整整难过了两天，可我还是控制不住自己，总是想为他做点什么。他虽然每次都很好脾气地对我笑笑，可是我真的不确定，他有没有因为我们班同学频繁地起哄而厌烦我。坚持什么？证明什么？带着好笑的、天真的做作一意孤行，做自己疆土的侠客，别人不理解又有什么要紧？反正这里头的意义，除了鬼知道，我自己知道就可以了。很多事归根结底就是道艰难的选择题，解决的重点不在于花力气落实表象，而在于心里宁愿选择什么，宁愿为了什么坚持或抛弃，所以在我决定要付出的时候，已经做好追不上他连朋友也做不成的准备了。我不怕最后输得丢盔弃甲、溃不成军，青春这么好，纵然头破血流，我也舍不得让自己隔岸观火啊。”

陈瑶听着这些，忽然想起学校毕业晚会上，任佳走上主席台拿过主持人的话筒说：“我三天打鱼两天晒网的人，做一件持之以恒了三年的事那就是喜欢你，尽管很多人都知道，你也知道，可我从没有亲口告诉过你。高三毕业了，我不想再有任何的遗憾，我不知道你是怎么想的，反正我喜欢你，杨晨，我喜欢你。一首五月天的《知足》谨献给你，惊艳我的时光的少年。”人满为患的报告厅里发出接连不断的唏嘘声与赞扬声，杨晨没有做任何准备，面对这样的场景涨红了脸，空灵的歌声还没结束他就离开了座位。他或许永远也不知道，在他走后，任佳似乎被抽光了所有力气，跌坐在台上，哽咽得唱完了剩下的部分。陈瑶第一次看见活力四射的任佳那么脆弱。她原以为懂得强颜欢笑的人都很透彻，会为他们心中的信念保持逞强，正是如此，独自一人挑战什么都不会不堪一击。

“郑文哲！杨晨被第一志愿录取了吗？”郑文哲刚从学校拿完回执单就接到任佳的电话，充满激情的声音让他耳膜一震。

“嗯……录取了。”

“我也是！我就说我们会上一个大学的嘛！大学四年我又能见到他了！”

“任佳你别激动，他报的是吉林大学。”

任佳看着自己第一志愿所填的上海，瞬间呆住了：“你不是说他报的是上海吗？”

“我告诉他你可能和他报同一所……所以……”郑文哲的话还没说完就被任佳打断：“郑文哲我看清楚你了，即使我把陈瑶托付给你，你也从不会为我照相，你什么都不用说了，我知道了。”郑文哲听着电话里传出的忙音，拿出手机，把编辑好的短信给任佳发了过去，内容是杨晨离开的时间。

杨晨拖着行李箱刚要过安检，就看见玻璃门上反射出任佳的身影，对工作人员说了声抱歉就转身朝她走去。他看见任佳蓄满泪水的眼睛，还没等他张口，就被任佳抱住。

杨晨坐上飞机想起任佳刚刚在他耳旁说的话：“从第一次看见你就想抱你一

下，因为总觉得胖胖的抱起来应该会有种柔软的感觉，现在不仅感觉到了柔软，还有温暖。这一次，别让我看到你的背影，我先走。再见。”说完塞给他一个信封跑出了机场。

“我不知道这三年你对我有什么样的感觉，嘲笑、厌恶，不屑甚至一丁点儿喜欢我都不敢想，我怕我想起来其中一点我就会放弃。我鼓起勇气所做的一切，最终还是等到了离别。当我知道你被吉林大学录取之后，心里霎时就暗淡无光了，喜欢你的感觉，就像被金色的阳光所笼罩。

“忽然想起小说里看到的一段话，现在特想告诉你，来结束我这漫长无悔的三年的付出。

“‘有一种感情，它能超越时间和友谊，那种感情，已在我的灵魂里根深蒂固，谢谢你给了我这样的感情。你的存在，如万丈青阳。’

“也许是褪去了最开始的惊心动魄和小心翼翼，这样漫长而温热的过程，就像是一床放在太阳下烘干了很久的被子，有着昏昏沉沉的催眠效果。

“在以后我回忆起这段青春的时候，眼前应该是明亮的，因为在这短暂的时光中，是你照亮了我的人生。如果在这个过程中我做的所有给你带来了困扰，那么现在说声抱歉应该不晚吧。但还是谢谢你始终温柔地微笑，没有用任何的言语中伤我，带给了我莫大的满足。

在七月的最早几天
想起你 我今夜跑尽这空无一人的街道
明天 明天起来后我要重新做人
我要成为宇宙的孩子 世纪的孩子
挥霍我自己的青春
然后放弃爱情的王位
去做铁石心肠的船长

——海子《眺望北方》”

杨晨向窗外看去，云层之上似乎看到了任佳拼命奔跑离去的背影，越来越远，直到再也看不见。眼前白茫茫的一片，他听见自己说："不管怎样，该说谢谢的是我啊，谢谢你不计后果地喜欢了我三年，谢谢你付出了那么多，谢谢你的勇敢。"

任佳蹲在机场门口，看着飞机在天空中划过，仿佛听到了什么，一颗滚烫的泪珠狠狠砸在地上。

很多东西过去了就是过去了，哪怕在我们的青春里敲打下再重的烙印，也终究会被我们万能的治愈康复能力，磨平一切的伤痕和印记。

我轻轻地走进屋里……

告密

文/黎梓杰

初一那年，我在一群兄弟的推举下当上了副班长，也是班里三位班长里面唯一一位男生代表。那时我想去竞选的动机很单纯，因为我喜欢一同去竞争班长职务的张力。对的，那位女生就叫张力，一个很有张力的名字。

张力原本打算去竞选正班长，但在最终投票的时候惜败给邝嘉莉，跟我一样都成为了这个新班级的副班长。正班长邝嘉莉是一个敦厚老实、待人接物都较为诚恳的人，虽然不能做到人见人爱，但起码不会主动得罪别人。而当张力竞选正班长失败后的那个下午，她一直在喋喋不休地跟我诉说着心中的不忿，而我嘴里一直应答着她，却完全没有听她到底在说什么，因为谈话期间我都在凝望着她那双非常迷人的眼睛。

在我们仨刚开始接手班务工作时，我也明显地觉得邝嘉莉和张力偶有意见相左，共事时或多或少都会存在摩擦。而此时，我不得不担当起润滑剂的作用，尽自己最大的努力去折中来调和她们的矛盾。有次班委讨论完事情后，我干脆找张力谈了下这个问题，让她日后工作可以多点让步什么的，动机很单纯，因为我又可以有机会跟张力一起吃饭了。

到了下学期的一个春日，我们学校专程停课来组织了一次较大型的校外拉练活动，并且要求全体学生都要参与。而由于当天班主任不在，统计人数的任务便落到了我们几位班长的头上了。拉练前一天的傍晚放学时分，班里有几个女生直接就跟邝嘉莉请假拉练，让她帮帮忙隐瞒下，到时候把人数算齐了就好。

这次拉练的内容，其实就是让我们在校外的好长一段距离里徒步走了半天，除了太阳有点晒，以及一同走在前面的张力跟我聊了好多话以外，那只是平淡无奇的一天。

拉练结束后的第二天，三位班长在课间突然被班主任蔡老师叫到了办公室里。当时的气氛异常诡异，蔡老师扶了扶眼镜，而后用低沉的声音问了我们一句："昨天你们报上来的人数是全勤，可校学生会检查时报给级长的却是我们班少了四个人，这是怎么回事？"

蔡老师一把话说完后，办公室里顿时鸦雀无声，我们仨更是面面相觑，因为谁也没有在意原来校学生会还派出了考勤的工作人员。在蔡老师的几番诘问后，我们依旧保持缄默，出现了合作以来难得的统一口径。而此时，上课的铃声已经打响了。

我瞅了瞅张力，也瞅了瞅邝嘉莉，她们俩都低头望着地面打起持久战。这时蔡老师打破了沉默，说："你们瞒不瞒报人数的事情我就不追究了。邝嘉莉，你是正班长，你来说说到底是谁无故缺席了？"

听到了班主任的直接点名，邝嘉莉愈显进退维谷了。她露出了甚是尴尬的脸容，支支吾吾地说是自己的失误，只是为了图方便而没有一一去点班里的人数，所以谁缺席了她也不知道。蔡老师边听着边摆出一副很难看的脸色，同时伴随着几声耐人寻味的咳嗽声，很显然，他对邝嘉莉给出的这个答案相当不满意，便直接抛下一句："我不要听你的解释，我只想知道拉练缺席的人到底都有谁。"

这是一个尴尬的时刻，我和张力站在一旁，身为局内人，却又像在局外看着这一切。邝嘉莉的沉默换来了蔡老师更为低沉的声音："我再问你一次，邝嘉莉，缺席了的四个人里面都有谁？"

大概沉默了半分钟后，邝嘉莉最终很为难地从牙缝吐出一个名字，那是缺席的四个人里面跟她关系相对疏远的一个女生。她说的时候冷汗直冒，仿佛在做一个将要决定自己一生的抉择。蔡老师看到她这副模样，当即说："好，我知道了，你先回去吧。"

在邝嘉莉离去后，蔡老师的威严让我和张力最终选择缴械投降，然后供出了另外三位缺席的女生的名字。当我们走出教室的时候，我和我所暗恋着的张力对视着，长舒了一口气，仿佛我们是一对刚经历了一场劫难的小情人。

翌日的班会上，蔡老师当着全班的面对那四位缺席拉练的女生提出点名批评，并要求每人做一份深刻的检讨。下课后班里开始议论纷纷，而那仅仅只是一个开始而已。

三两天后，毫无征兆地，班里开始流传出邝嘉莉为了推卸责任，向班主任告密，把当天缺席的女生全部供出来的流言蜚语。刚开始我对这些话还不以为意，觉得是那几位女生被罚后说的一些气话而已。但又一个三两天后，几乎全班都流传着这些话，有些同学甚至还肆无忌惮地在班里说着骂着。

作为副班长，我终于感觉到事态的严重性，就私下找了张力，问她到底是怎么一回事。张力很平淡地说，你知道的，自从邝嘉莉当上正班长那天开始，我跟她共事一直都有隔阂。何况这次是她先告密的，她也不是完全清白的，我只是跟那几位女生说，是邝嘉莉把她们名字供出来了而已。

我当时就惊呆了，赶忙拉着张力的衣服把她拉到更隐蔽的角落，压低音量说："你疯了吗？大家都一起为班集体服务，你何必这样？"

张力说："你别忘了，说出剩下三个人的名字的事你跟我都有份儿。准晓梓，你我都是共犯，不要想着置身事外。"

我耳畔回响着张力所说的话，大脑一片空白，只想辨明眼前这个我所认识、我所暗恋着的张力并不是这样的人。但是正因为我喜欢着她，我不能把这事情当众澄清，来还邝嘉莉一个清白，不是为了自己，而是为了张力。

当初一接近尾声的时候，班里面业已有很多人孤立、排挤邝嘉莉，而因为当初的传言不断发酵，以那几位因拉练缺席而遭罚的女生为首的一些同学，开始堂而皇之地喊她"金手指"，些许听到流言的邻班同学在提及邝嘉莉时，更用上粤语方言中的"督背脊"来助长着八卦的蔓延。

而我跟邝嘉莉也由于期末班务工作量减少，以及我自身的心虚，逐渐削弱了彼此间的联系。有次她跟我谈完工作之后，提到了被人误解这事，说自己有口莫辩，纵使我不是孤立她的同学中的一员，但我亦当即感到愧疚，于是便东拉西扯，回避了这个话题的延续。

初二的时候，由于尽失民心，邝嘉莉毫无悬念地没有当选班长，正班长一职由张力担任。更糟糕的是，邝嘉莉貌似在受到了众人排斥后，无论在学习还是生活上，都让人感觉精神恍惚——难听点讲，就是行为表现得不太像一个正常人了。就这样度过了大半个学期后，精神状况一直不好的邝嘉莉被学校劝退，而单独抚养她的妈妈也早知晓女儿的病情，只能无可奈何地接受这一结果。

我在回忆这一段往事的时候是带着内疚的，因为我曾经为了自己喜欢的女生而保守住了一个秘密，更讽刺的是，这个秘密便是指责别人没有保守住秘密的谎言。原本我已经尝试把这件往事抹去，直到我在报社里当实习生时所接触的一篇全城寻人的新闻，所失踪的正是昔日的同窗邝嘉莉。

在那短短的几天里，"轻微精神病患者邝嘉莉走失"这条新闻在报纸上、微博上等不断地传播着、更新着，寻人消息传遍了这座城市，如同当初诬蔑她的流言传遍了我们整个班级一般。

在整理采访资料时我不禁想起，我跟当年暗恋过的张力已经几乎没有联系了，但却没想到自己若干年后，居然还会跟当初因为精神问题而退学的邝嘉莉联系在一起。一想到她，我总会如鲠在喉，一半是因为同情心，一半是因为羞耻心。

约莫半周后，在热心市民的报料下终于找到了邝嘉莉，她失踪时是在我们这座城市的西边，但最后却是莫名地在城市的东边被人发现。报料人形容发现邝嘉莉时，说她口齿不清，衣衫邋遢。而当我接收到现场照片的时候，我几乎认不出那个表情呆滞的面孔就是我的老同学，邝嘉莉。

作为实习生，我被派去跟进这宗失踪新闻的后续报道，因此我来到了邝嘉莉的家中。看到邝嘉莉的单亲妈妈，在她帮邝嘉莉办理退学的那段时间我见过她好几次，只是现在苍老了很多，毕竟要一个人供养着一位正处于花样年华的精神病患者。

我上前打了声招呼，大概说了一下此次采访的情况，也说了我是嘉莉昔日的同窗兼班长拍档，只想来探望一下她，并不会打搅她。

嘉莉的妈妈应允了，亦跟我聊了几句，说嘉莉离家出走的前一个黄昏，原本一直都不怎么说话的嘉莉蓦地从后面抱住了她，久违地开口说了话："妈妈，嘉莉要走了。"只是没想到，第二天她真的就这样走了。

跟嘉莉的妈妈交谈了一阵后，我轻轻地走进屋里，看着坐在椅子上一直在把玩着一团废纸的邝嘉莉，感到了一阵心痛。毫不忌讳地说，她比从前丑陋了很多，所表现出的完全就是不折不扣的精神病患者。和我们所有同龄人一样，她也正处于人生的黄金时代，却完全没有半点灵气以及青春的痕迹。

好久没见过邝嘉莉了，我当时的第一反应居然不是怀念我们以前曾经一起干了些什么，而是她现在怎么变成这样了。但我心里也明白，这是当初我们初中的那群师生一起造成的，被我们的语言暴力所摧毁掉的，如同张力当年所说，你我都是共犯，谁也别想着置身事外。

望着邝嘉莉苍白的面庞，我不禁心虚地问了一句："嘉莉，你还记得我吗？我是淮晓梓，你老同学。”她看了看我，摇着头，而后继续低头玩着纸团。

我明白她的处境，尽管我们已经六七年没有见面了，但是我不想再打扰她了。我也仿佛忘了自己来这里的目的是为了跑采访，只是恻隐地看着她说：“那我再问你一个问题吧，这几天你从城西到了城东，你去干什么啦？”

邝嘉莉咧了咧嘴，挤出了一点傻傻的笑容说：“嘿嘿，我拉练去了。”

一

马蹄并蒂

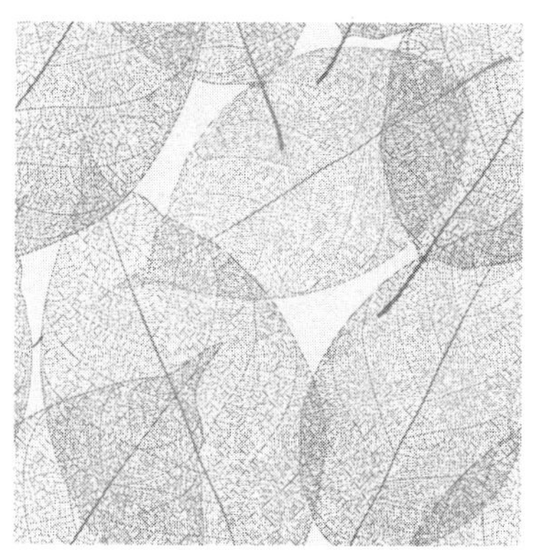

院子里足够亮，我能看见所有东西——草坪椅、柳树、两个杆子之间拉着的晾衣绳、牵牛花、栅栏和敞开的院门。

但这里没有人走动。没有令人恐怖的阴影，一切都在月光下躺着，我可以看见最细小的东西。

——雷蒙德·卡佛《我可以看见最细小的东西》

陈邦妮指了指旁边被她响亮的开场白惊住，从案卷里抬起头的警察，
尹青橙才猫手猫脚地把手机递到办公桌边。

尹青橙，你才不是善意第三人

文/李林芳

陈邦妮有些拘束地坐在X大派出所的角落里，偷偷地观察忙碌的警察叔叔。她很开心，丢失十天的手机终于要失而复得了！

就在这时，一脸惊惶的尹青橙风风火火地闯进值班室。

“二十分钟，我到了！”尹青橙一边喘着大气，一边冲她举起手里的手机，用一双无辜的大眼睛牢牢地盯着她。

陈邦妮指了指旁边被她响亮的开场白惊住，从案卷里抬起头的警察，尹青橙才猫手猫脚地把手机递到办公桌边。

领了手机，走出派出所，陈邦妮顿时觉得神清气爽，连天空都格外明亮。她给好友颜曼发信息，手机又回来了，晚上请你吃大餐庆祝去！

还没有收到颜曼的回复，她就看到尹青橙一张受了委屈而颓丧的脸。

“你不是说了把手机给我用的吗，为什么还要报警？你要补偿我。”尹青橙说得理直气壮，陈邦妮却有些哭笑不得。

明明是她自己蠢到直接用二手手机里的淘宝客户端shopping。用就算了，还懒得重新登录，直接在陈邦妮的账号上添加了新的收货地址与手机号码。

陈邦妮试着给那个号码发信息过去，没料到那边回复得倒及时又坦诚。尹青橙说，是呀，是你的手机，不过被我买过来了。陈邦妮瞬间心情大好，回了句，手机不错吧，那就拿着用！然后直奔派出所。

进门的时候，她收到尹青橙的回复。她说，你人真是太好了。几个警察看到短信前仰后合地笑疯了，事实清楚，对方又供认不讳，他们对这个傻姑娘说了句“二十分钟内把手机交到派出所来”就挂掉电话。那一刻，陈邦妮觉得他们简直就是正义的化身，帅呆了。

“不行，你害我白高兴一场，你要赔我！”陈邦妮径直往前走，懒得理会她。尹青橙却死缠烂打不罢休，非要陈邦妮补偿她不可。

无奈之下，只好说请她吃饭。谁知道，绿茵阁就在学校对面，她非得要去万达吃麦当劳，说只有那里的儿童套餐还剩柯南玩偶送。

一直心心念念绿茵阁雪花牛扒的颜曼在收到短信的下一秒就call了电话过来：“哪里来的神经，不吃绿茵阁要吃麦当劳啊，会不会算账！不行，好不容易逮着这么一次机会，我就要吃雪花牛扒！”

尹青橙不肯让，分明是陈邦妮对不起她，不能还不让她拿到柯南玩偶。陈邦妮对她的神奇逻辑无语，但尹青橙无辜又傻傻的表情还是让陈邦妮决定对不起颜曼一回，这么熟的朋友，来日方长。

当颜曼满脸怨气摔门进来，看到桌上三份儿童套餐，以及满脸无奈的陈邦妮与满脸烂漫的尹青橙时，只剩下了满脸黑线。

她气呼呼地坐下，冲尹青橙大喊：“你凭什么要她请你吃饭，凭什么让我们都陪你吃什么鬼的儿童套餐啊！”

陈邦妮算是看出来了，尹青橙根本就是一个表情走天下。她又睁大她无辜的大眼睛："可是，我买手机也花了好几百，是你们害我不能用了。他们是偷的，可我是买的……"

颜曼连翻了几个大白眼，尹青橙，你不仅痴傻蠢还是法盲啊！几千块的手机别人几百卖给你当然有问题！你知道他们是小偷你还找他们买！赃物的买卖不受法律保护，没有善意取得你知不知道！你花钱买了又怎样，那是给你的傻交了学费！

她气势汹汹地普法五分钟，最后给已经眼泪汪汪的尹青橙下了结论："尹青橙，你才不是善意第三人！"

颜曼爽过之后的下场是，她们连儿童套餐都吃不了了。接下来的半个小时，她俩轮番或者联合上阵，安慰啜泣不已的尹青橙。颜曼不情不愿地道着歉，心里却想着，终于见到有人被自己的智商蠢哭了。

但是几天之后颜曼便明白，最错误的决定绝不是给她把道理讲通害她被自己蠢哭，而是一时心软加了她的微信。尹青橙化身点赞狂魔，把陈邦妮与颜曼近一年来所有的朋友圈状态赞了个遍。截屏互相吐槽一时成了陈邦妮与颜曼无聊时的消遣。

陈邦妮也对自己莫名其妙结识的这个女生感到无可奈何，不过，总归只是在社交网络上闹腾一下，到底不影响原本的生活，也只是吐吐槽罢了。可是陈邦妮马上就懂得了说"没有最坏只有更坏"的那个人是多么智慧。

周末，陈邦妮与颜曼在宿舍涂涂抹抹折腾好久，把自己打扮成清新优雅女神范儿出门。谁知刚上街没多久就看到尹青橙与几个女生在讨论些什么，她们本想善意地打个照面以示礼貌，怎料尹青橙在看到她俩的瞬间便跳起来挥手，用半条步行街的人都能听见的超高分贝大叫："邦妮、颜曼，今晚我们去玩男人吧！我们人不够，我知道你们最喜欢玩男人了！"

陈邦妮觉得头顶有天雷一炸，心里直呼救命，只盼面前出现一个地洞让她跳下去不要在这里丢人现眼。尹青橙赞完了她们一年的朋友圈也算有收获，基本掌握了二人的喜好。可是，这种前鼻音后鼻音混淆边鼻音不分的人，可不可以不要在大街上说话！她们玩的叫"狼人游戏"，"玩男人"是什么鬼！你才玩男人！

颜曼面色阴沉似雾霾密布的天空，拽着陈邦妮就往前冲，装作一副不认识这个女神经的样子。然而当尹青橙气喘吁吁跑到她们面前说“我刚刚约你们今晚一起玩男人，可能你们走太快没听见”的时候，颜曼还是在心里投降了。如果说尹青橙智商为零，那么她的情商简直为负！

在一次被迫的“男人游戏”之后，异次元的尹青橙慢慢走近了陈邦妮与颜曼的生活。她情商与智商的负值程度极迅速地刷新了颜曼的三观。她奇思妙想的功力超乎人类想象。注意，是“奇葩”的奇。

尹青橙嚷了一个星期要吃石锅鱼，陈邦妮便拉着她们在学校附近大开吃戒。谁知一锅鱼快吃完的时候，尹青橙却像发现新大陆一般惊讶地问：“石锅鱼里为什么会有鱼？”

颜曼刚夹起的鱼肉扑通一声又掉回锅里，她顾不得擦袖口上溅起的油滴，强忍着翻涌的气血一遍遍做深呼吸。

她面颊上是醉酒后的微热与潮红，这姑娘难道是吃高了？陈邦妮愣了好久，才从牙缝里蹦出一句话：“石锅鱼里没有鱼有什么？”

尹青橙对自己的逻辑与道理满怀信心，瞬间来了精神：“你看，蜗牛不是牛，海马不是马，鲸鱼不是鱼，连干冰都不是冰，石锅鱼为什么就一定是鱼呢？”

真亏了尹青橙这种姑娘还能知道这么多个“不是”，陈邦妮再一次为尹青橙的神逻辑折服，笑得不能自已。

自从颜曼与陈邦妮的闺密二人组演变成加上尹青橙的三人姐妹淘之后，颜曼再也没有过过一天的正常日子。不仅level被拉低N个档次，连陈邦妮这种高冷到只能和自己做朋友的女生都变得二了起来。

“尹青橙，是不是因为你是学化学的所以话特别多是吧？”颜曼一如往常，献上一枚大白眼。

“不会呀，你们俩才是话学院的！”

“我们是法学院……”颜曼的纠正已然有气无力，比尹青橙智商更糟的是她的普通话！

如果说颜曼现在还觉得尹青橙傻得可爱，对她怀有一点点耐心的话，当陈邦妮提出要玩密室逃脱就当帮尹青橙庆生时，所有的容忍就在顷刻间化为灰烬。

她爱绿茵阁，爱杜拉斯，爱那个面若平湖胸有惊雷的陈邦妮，尹青橙改变了这一切。颜曼不是那种会撒娇会吵闹的女生，她却是，难以忍受的是陈邦妮竟然纵容她的闹腾。陪她去脏乱的大排档，陪她看无聊的网络小说与肥皂剧，在人群里蹦跳，笑声占领整条街。她不喜欢这样的陈邦妮，更不喜欢这样的自己。

可是邦妮，你又何必为了一个尹青橙而抛弃我呢？颜曼心里一阵一阵闷闷地疼。她不喜欢密室逃脱，不喜欢KTV，不喜欢任何会被关在一个房间的游戏。陈邦妮，你又不是不知道！

自从六岁那年被粗心的父母关在黑暗的杂货间一整个下午，她就患上了严重的幽闭空间恐惧症，也不再相信任何人。直到遇到天使般美好的陈邦妮，温柔地叩开她紧闭的心扉，只是，原来这般温柔与体贴，并不专属于她颜曼。

粗枝大叶神经大条如尹青橙，也发现了颜曼刻意的疏离。尹青橙问其详由，陈邦妮笑意烂漫，轻声道一句，她功课忙。

尹青橙怎不知她俩同班，央求陈邦妮约颜曼出来。她的世界向来简单，她可受不了朋友间竟生了嫌隙。

麦当劳灯火通明，尹青橙喜滋滋地端来三份儿童套餐，所有玩偶都堆在颜曼面前的那个盘子里，抬头却迎见她冷若冰霜的脸。她慌了神地看陈邦妮，局促不安地搓手。

“你怎么忍受得了这种人！”玩偶砸向桌面，凌乱地弹到不同盘子里。两双眼睛盯着陈邦妮，她却出奇地沉默。

“我以为，大家已经是朋友了……”良久，她才说话。

“朋友？我很努力，但我就是做、不、到！”颜曼声音有些激动，一字一顿地说。

尹青橙的眼泪在倏忽之间落下，她没有想到颜曼的离去竟是因为自己，她还傻傻地以为她与邦妮闹了矛盾，幻想着自己是一只衔来了橄榄枝的白鸽。

望着尹青橙梨花带雨的委屈模样，颜曼更加气不打一处来：“你哭什么，你才是夹在我和邦妮之间的第三人！你毁了我的生活，该我哭好吗！”

陈邦妮用眼神阻止颜曼，尹青橙是这样简单又善良的姑娘。她念叨了一个月想玩密室逃脱，陈邦妮才答应。知道颜曼怕黑也不喜欢玩，她特意选了难度最低风格最梦幻的主题，也是颜曼唯一喜欢的动漫人物——哆啦A梦。

她上周末特意团购了一张票，和别人拼团玩过，记下了公交路线，记下了闯关要诀。她害怕不熟悉路线回校太晚，也怕自己太笨又惹颜曼不高兴。尹青橙并不钟情这种会暴露自己智商的游戏，她天真地以为，只有密室逃脱才配得上颜曼与邦妮的聪明。最关键的是，也许只有这种游戏才让她有机会与她们共处一室，为同一件事情奋斗。

“她那么急切地想融入我们，那么急切地想要对你好……我没法拒绝。”陈邦妮声音干涩。

陈邦妮说，人们本就对陌生人有莫名的宽容，总对熟识的朋友放松了关心。颜曼，我和你关系好到把你当作我自己，错的是我，而不是她。尹青橙是个不折不扣的二货，可是她的纯真那么璀璨那么夺目，我不愿失去。

被挂掉N+1个电话之后，尹青橙开始发信息。她说她这么笨的姑娘，的确配不上她与邦妮的友情。如果知道自己的出现会动摇她俩的关系，她宁愿不要这一段美好的记忆。可是，就算她是第三人，她也是善意第三人。

你这头猪，懂什么是善意第三人吗就乱用，你根本不是第三人！在翻了不知道第多少个白眼之后，颜曼知道自己再一次跪倒在了尹青橙的牛仔裙下。倒不是陈邦妮说得言辞凿凿有万分道理，而是尹青橙，实在是蠢到根本无法领会别人的拒绝。

那，就这样吧。

密室逃脱的工作人员收走手机前，颜曼回了信息：“尹青橙，你才不是善意第三人！”

阿爸把那面阿妈最喜欢的镜子打碎了，镜面现在像被船桨划破的水一样，
骆以基看着镜面中无数的自己，感到很好奇，有的只有一只眼睛，
有的只有半张脸。骆以基蹲下身，把镜子拼凑在一起，还原了一个完整的他。
只不过他的脸像被刀划了很多伤口。

马蹄并蒂

文/林为攀

1

骆以基小时候，随他阿妈坐在小船上，阿妈摇着桨，骆以基拿着米酒。骆以基看着阿妈头上戴的斗笠，走到她身边，帮她遮挡刺人的阳光。阿妈转过身看着儿子，笑了笑，把斗笠戴在他头上，安慰道："很快就到外公家了。"

船在河里缓缓流淌，溅起的水花打湿了两岸的芦笋。气温一直居高不下，裂开的泥土暴露了芦笋的行踪。骆以基靠近岸边，想掰一个下来，船身有些摇晃，他的手始终够不着那些芦笋。阿妈说："算了。"骆以基停止了动作，船身旋即恢复平稳。

太阳已经升高了，骆以基眯着双眼瞧了一眼太阳，说："阿妈，什么时候下

雨啊？”阿妈腾出手来擦了一把汗，涔涔的汗水把她的衣服都沾湿了，露出了阿妈年轻的身子。骆以基用斗笠盖住脸，躺下，脑袋碰到了放在边上的米酒。米酒被盛放在一个小坛里。能听见米酒在里面晃荡的声音。这个小坛是随阿妈一起来到骆家的，比骆以基年长。阿爸那天差点儿把它摔碎了，要不是阿妈死死抱在怀里，这个小坛已经和家里的那面镜子一样，碎了。

最近几天，阿爸变了。骆以基说不上来阿爸哪里变了，只知道以往那个会把骆以基放在腿上骑马的阿爸不见了。阿爸整天喝酒，喝醉了就睡，醒了就骂人。阿妈看不过去，顶了几句。阿爸那双像蒲扇一样结实的手就扇在了阿妈的脸上，阿妈的脸上有了血印，眼泪一直在眼眶里打转。骆以基从船上爬起来，来到阿妈面前，用手拉拉阿妈的衣角，说：“阿妈，脸还疼吗？”阿妈转过身，左脸红红的，说：“不疼了。”然后用手摸摸骆以基的头，说：“再睡一会儿呀。”

阿爸把那面阿妈最喜欢的镜子打碎了，镜面像现在被船桨划破的水一样，骆以基看着镜面中无数的自己，感到很好奇，有的只有一只眼睛，有的只有半张脸。骆以基蹲下身，把镜子拼凑在一起，还原了一个完整的他。只不过他的脸像被刀划了很多伤口，再不是那个外公嘴里的“靓仔”了。阿爸把镜子摔碎以后，还不解气，一双大脚踩在地上，把还原的镜子踩成了碎片。骆以基擦擦脸，仰起头看着阿爸。阿妈在一旁望着窗外发呆。转过身时，眼泪已经没了。

“再让我看到那个浑蛋，我就把你们这对奸夫淫妇杀了。”阿爸咬着牙出去了。

阿妈把靠在墙角的扫帚拿过来，扫净了地上的碎片。

阿爸口中的“浑蛋”，也好久没来了。以前他每次来，都会给骆以基带好吃的。骆以基喜欢他。

骆以基躺在船上，心想，他什么时候会再来呢？能看见外公家的炊烟了。

远处的风吹开了低伏的芦苇，骆以基看到阳光与芦苇在水中挑逗，船平稳地穿过去，外公的家到了。

外公早早就到门外迎接了，阿妈把斗笠摘下，头发被汗水搅成了一团，风吹到她的身上，阿妈年轻的身子又藏在了衣服里。骆以基把米酒递给外公，外公摸摸骆以基的头，说："靓仔又长高咯。"

阿妈吃饭的时候没说什么话，一直都是外公在说。外公给她夹菜，说："实在不行就离婚吧。"

阿妈眼眶红红的，说："结婚听你的，现在离婚还要听你的？"

外公有些愣了，他没想到女儿到现在还是没有原谅他。当初自己一句话，把她嫁给了古楼的骆桥，现在他还想一句话让她和骆桥离婚。

2

骆桥从小到大都穿着一件大红衣服，这件红色的衣服是骆桥他娘的嫁妆，不过他娘没穿几天。小的时候，骆桥身子瘦，套不上这件宽大的红衣服；长大后，骆桥身子壮了，这件红衣服就显得促狭了。骆桥来到村口的阿四家里，阿四早年外出打工一只手被机器吃了，回到家干起了女人才会干的活。刚开始，村里的人都对他指指点点，说，男人干缝纫不符合规矩。阿四少了一只手，拿不了锄头，割不了稻子，只能干这女人干的活。从某种意义上来说，骆桥和阿四同病相怜。骆桥虽然全须全尾，但是常年穿着红衣服，在村里的人看来，也不符合规矩。两个不符合规矩的人一见面，话就多了。阿四说："放心，我一定会在你结婚那天缝好。"

骆桥要结婚了，对象是湖洋边上的小凤。

骆桥来取衣服的时候，阿四用怪异的眼神看着他，他本以为是给新娘穿的，骆桥却说："别这样看着我，你以为我想啊。"骆桥小时候有一次发烧感冒很严重，我奶奶说："这是鬼上身，需要作法。"奶奶虽然在古楼名声不太好，但说的话可信度颇高。奶奶迈着小腿，在小骆桥耳边说了些别人听不懂的话，然后用香灰冲了一碗开水。骆桥喝完后，体温就恢复了正常，但是发烧还在持续。奶奶说："有一个大鬼还在你的身体里，鬼怕红，你穿上红衣服就好了。"骆桥的阿妈把自己的红嫁衣穿在了骆桥的身上。

没过几天，骆桥真的不咳了。

奶奶的脖子很大，听阿四说是由于小时候缺碘，导致甲状腺肿大。奶奶不以为然，按她的话说，她这辈子抓鬼抓得太多，那些鬼都跑到自己身上了。

“为何跑到身上脖子会大？”我问奶奶。“这些鬼想堵住我的嗓子眼，想让我吃不下饭，喘不过气，可惜这些鬼还太嫩了。”奶奶解释道。奶奶虽然脖子肿大，但饭量不少，每顿比我阿爸吃得还多。

奶奶也参加了骆桥的婚礼。

骆桥和小凤都穿着红衣服，让大家一时分不清谁是新娘，谁是新郎。阿四说：“噘嘴的就是新娘。”小凤死活不情愿嫁给骆桥。

按照古楼和湖洋的习俗，只要男的相中哪个女的，不管女方同不同意，这门亲事算是板上钉钉了。小凤心有所属，她喜欢后来当上古楼村卫生所唯一的医生阿四。小凤后来的情人阿四参加她的婚礼时，对她说了很多话，有些时间久远的缘故，小凤有些记不真切了。不过对于这句话，她一辈子都不会忘。

“做人就是要听天由命。”

“听天由命。”小凤在婚礼上反复说着这句话。

骆桥在洞房的时候也没有脱下那件红衣服，只把自己的裤子褪了个干净。小凤对于自己的第一次，除了一大片红色之外，再无其他印象。骆桥此后把小凤初夜见红的白布随身带着，我们都笑骆以基的阿爸是个神经病。

骆以基从小长得比我们小，个头也矮。当他上了初中站在宿舍门前那片破败的墙上当着我们自慰的时候，很多人都不知道他在干吗。

我们都不和骆以基来往，因为他和他阿爸一样，神经也有些不正常。小学时，我们都和女生保持距离，他不但和女生玩得很要好，还和她们跳绳。看到骆以基一个大老爷们儿，夹着双腿，扭着双臂，扎在女生堆里，我和小强手拿小刀，火速冲上去，割断了她们的绳子。其他女生都来追我们，骆以基却没事人似的，跑到一边，和另外一些女生玩起了沙包游戏。那些沙包在他的手里别提有多听话了，我们都玩不好沙包，讨厌玩沙包很厉害的骆以基。

很久没见到骆以基了，我们上门去找。他阿爸说：“去他外公家了。”

骆桥还穿着那身红衣服，眼神呆滞，面前的酒瓶东倒西歪。

我们跑出来后就唱：酒鬼骆桥，穿红衣，戴绿帽。

村里的卫生所在村口，我们跑到村口，阿四探出脑袋，大喝道：“瞎唱什么？滚一边去。”

我们看到他把门关起来，就跑到门边偷看。

小强几个月前就站在这扇门边，看到骆以基他阿妈和阿四光着身子在里面。

阿四之后说：“我是在检查她的身子。”

骆桥眼眶红红的，揍了阿四一拳，说：“检查身子都检查到床上了？”

从那以后，两个不符合规矩的人就不相往来了。

骆以基的外公赞同女儿离婚，反对女儿和阿四在一起。

小凤说：“这次我不会再听你的。”

说完摔下碗筷拉上骆以基回了古楼。

骆以基从湖洋回来后，搬到了阿四的家里。

骆桥在他婆娘离开后，时常会提着一把镰刀，在夜深人静之时，来到湖洋，对着那片望不到边的芦苇一阵乱砍，砍累了就拿出米酒，喝得人事不省。躺在小船上，披着明月枕着河水入梦。

骆桥从小就会算计，没人能从他身上占得分毫便宜。每次吃饭的时候，别看他低着头只顾往嘴里塞饭粒，事后准能说出碗里有多少饭粒，夹了几口菜，他的阿爸阿妈感到很惊奇，眼睛睁得大大的。他们把自己儿子过目不忘的本领给村里的人说了，大家都笑了，笑得最大声的是我的阿爸。我的阿爸个头不高，但是壮，顶得上俩骆桥。我阿爸听到这句话，对他阿爸说：“吹牛皮。”

骆桥的阿爸怒火就上来了，我阿爸也不怵，说：“上次我们打弹珠，他都不知道自己输了多少呢。”

骆父一听，把怒火对准了骆桥：“我说呢，我那盘跳棋去哪儿了呢？！”说完就给了骆桥一巴掌。自从跳棋消失以后，骆父经常对着六角星形的棋盘出神。骆父和他儿子一样，也有点奇怪，别人农闲时节都在喝酒打牌，只有他在下棋。跳棋在古楼，除了他，没人会下，所以骆父一直感到很孤独，他每天望着颜色不一的棋子，时常会忘了该轮到谁下了。其实谁下都一样，谁下都是他自己下，他已经学会了自己跟自己下棋。刚开始，他摆出两种颜色的棋子，感到不过瘾，棋子的数量就渐渐往上加，加到六种颜色，加不了了，就把棋子的数量递减，由六种减到五种，最后棋盘上只剩下了黄色的那种。骆桥把他的棋子都输光后，他的六角星形的棋盘上就空了，骆父望着空空如也的棋盘，听到了骆桥的话。

“我刚才吃的饭有七百五十颗饭粒，夹了五回菜。”

骆父当真了，给骆桥报了个珠算培训班。

培训了三个月，骆桥连算盘有几个珠子都说不上来。骆父脸上挂不住，对村里的人说，“珠算有屁意思，只要会算其他的就行。”说完这句话后，我阿爸就把骆桥输光他阿爸弹珠这件事给抖了出来。骆父的那一巴掌打得有点重，让骆桥现在想起，还隐隐作痛。

骆桥躺在船上，河水在耳边缓缓流淌，说来奇怪，虽然已经好久没下雨了，但是这条河却未见干涸。骆桥躺在船上胡思乱想，先是想着他婆娘怎么把他甩了，带着骆以基住进了阿四的家里。想着想着思绪就来到了小时候，他阿爸经常一个人坐在屋檐下，自己和自己下棋，眉头深锁一夜露水。骆桥看到其他屋子有说有笑，就想让他阿爸笑笑，可是他阿爸不理他，望着那些跳棋一动不动。骆桥第二天来到我阿爸面前，说：“我们来打弹珠吧。”

我阿爸那天正愁没人玩，不过他不太相信骆桥的话，骆桥和他儿子骆以基一样，喜欢的东西都是我阿爸他们看不上的，比如摘菜、洗衣服。阿爸不相信骆桥有弹珠，更不相信他会打弹珠，想走，骆桥抖了抖兜里的弹珠，清脆的响声让我阿爸眼睛发亮。

骆桥的这些弹珠很光滑，没有缺口，里面有一轮或黄或绿的月牙儿。阿爸很快就把这些弹珠赢回来了。骆桥输了弹珠也不着急，不疾不徐地走了，留下我阿爸一人揣着满兜的弹珠愣在原地。

骆桥以为他阿爸没了弹珠就会穿上衣服，走出家门，敲响邻居的门，和他们打成一片，然后笑声就从那些圆形或者方形的窗户传扬出来。骆父没了棋子，脱下衣服，关好房门，躺在床上，没了言语。

从小心思活泛的骆桥长大后还是想不通，他很想钻进阿爸的心里，看看阿爸都在想什么。他还想钻进小凤的心里，看看小凤的心是用什么做的。

3

骆桥结婚那天，一时抽不开身，就让阿四摇着他家那条小船，穿过湖洋密集的芦苇，去接小凤。那个时候，恰逢雨季，小凤抵达古楼的时候，全身都湿透了，饱满的身子就让骆桥有了反应。阿四在一旁擦着雨水，眼睛却没有一刻得闲。骆桥对阿四那天一直偷瞟自己的媳妇本来就有意见，不过作为两个在村里都是“不符合规矩”的人，他很看重和阿四的友谊，所以最后没说什么，相反他还有些窃喜，自己的婆娘长得好看，自己脸上也有光。

夜已深了，骆桥躺在船上没有睡意，这些心事让他转辗反侧，他突然觉得这条船充满了肮脏的气息，说不定阿四就在这条船上对小凤做了什么。他站起来，借着月光仔细打量每块船板，看到哪不对劲，就用镰刀砍几下。茂密的芦苇丛中传来斧凿的声音，让骆桥有些害怕，他停止了动作，看到船板被自己砍得起了皱，再砍下去，说不定会进水。摇着船回到了古楼，披着衣服躺在了床上。窗外的月光照在蚊帐上，就有了丝丝凉意。

小凤住进阿四的家后，就没再去看过骆桥，不仅自己不去看，也不让骆以基去看。骆以基哪里都不敢去，我们都会叫他“小杂种”。小杂种骆以基有时会把头从圆形的窗户探出来，看到我们在下面玩，吞了吞口水，终究不敢叫我们。我有时会看到他从家里出来，跑上去，说：“小杂种出来啦。”骆以基脸上的青筋就暴突，攥着拳头，我笑他：“有本事打架啊。”骆以基看到我上前一步，马上跑了，转过身对我说：“我不跟你一般见识。”

我自找没趣，找上小强，说："我们去看看阿四又跟谁睡觉了？"

小强上次发现小凤和阿四睡觉后，在我面前唠叨了好几天。我一直不明白两个人睡觉有啥好说的，还翻来覆去说这么多遍。小强笑我："你真是个笨蛋。"然后一把掏住我裤裆，说："他娘的，这么快就大了。"

刚开始我以为是碰到了蚯蚓，就用肥皂水清洗。这是奶奶教给我的方法。可是这回却没用，我都快把下面搓肿了，还是没有消下去。我感到很害怕，下意识地找奶奶，可是奶奶已经不在了。

阿四过了几年就没再干缝纫的活儿，当起了村里唯一的医生，他把办公场地安在了村卫生所。从那以后，他干活的地方就隐蔽多了，不会被无数只眼睛盯得芒刺在背。他之前缝补衣服的时候，经常有人从旁边走过，探进脑壳，说："阿四，这回又给哪个姑娘缝补衣服啊？"听到是给骆桥做嫁衣，来人就笑了，说："真有意思。"害得他每次干活的时候都要盯着窗外，就怕有谁经过，取笑自己一番。

小强那回生的病，给了阿四转机。奶奶依样画瓢，给他灌香灰水，没用；让他穿红衣，无效。小强身体里的大鬼小鬼学精了，不怕奶奶的手段了。这个大鬼小鬼还是让阿四给治住的，阿四从山上揪了一把草药，小强喝下去后，第二天病就好了。村里那个本来给我奶奶作法用的小屋也给拆除了，修建了一座卫生所，阿四以一个医生的身份踏进了卫生所。

奶奶受不了这个打击，病了，躺在床上下不来。我阿爸笑她，说："考验你功力的时候到了。"奶奶发着高烧，求阿爸去给她抓副药，阿爸没听。我拿上奶奶给的钱，来到了卫生所。阿四给我抓了副药，奶奶喝完后，没有一点效果。

没过几天，我也病了。阿爸抓了几副药，我放进嘴里，很甜，糖衣消失以后，浓烈的苦涩感接踵而至，我把药给吐了。阿爸见阿四的药医不好奶奶，治不好我，很生气，带着小叔来到了卫生所。

阿四感到很害怕，一再重申会再仔细看看，重新抓了几副药。我的病很快没大碍了，奶奶却在那年的冬天，再也没醒来。

奶奶死后，人们开始了对她长达好几个月的清算，就连受过奶奶恩惠的骆桥也加入了此列。骆桥从那天起就把穿了好几年的红衣服藏进了橱柜，并把他老婆出轨这件事也归咎到了奶奶头上。阿爸摸着头对我说："你是不是应该说些什么啊？"

我看着阿爸，说："奶奶不是坏人。"

阿爸在奶奶生病前夕，从山上抓回一只黄鹂。经过一段时间后，这只黄鹂和我形影不离了。只要我一吹口哨，它就会飞到我肩头，现在所有的荣誉都及不上这只黄鹂飞到我肩上的那刻。奶奶不久之后就病了，而所有的病症都是这只黄鹂带给她的，即使她穿上红衣服，念驱鬼的咒语，她的病还是没好利索。奶奶要我把这只黄鹂丢了，我含泪答应了。那天傍晚，我最后一次喂它吃食，然后把它丢在了茅厕。没到几天，它又飞回来了，站在我的肩上，扭着头看我，我不安的神情显现在它那栗褐色的眼珠里。奶奶的病没好，我不敢收留它，于是我又把它丢在了沟渠里。随着洪水的到来，沟渠里的水漫延到了路上。我回过身时，看到它在水里扑棱着翅膀，很快被水淹没了。

从那以后我再也没见过它，听说它被人捡走了，绝食了三天，死在了洪水消退的前一天。

"奶奶如果不是坏人，怎么会让你把黄鹂丢掉？"阿爸说。

我看着躺在床板上的奶奶，大脖子吊在上面，我隐约听见有呼噜呼噜的水声，凑近听，却什么也没听见，来自周遭的声音渐渐加大，掩盖了眼前奶奶的面容。奶奶的房间被阿爸清理干净了，那些驱鬼用的道具连同衣被都被他一把火烧了。阿爸对于我的表现很不满意，他的亲生儿子让他在众人面前下不来台，扬言要和我断绝父子关系。阿妈听到后，眼泪又来了，她每次都这样，一碰到什么事，眼泪就吧嗒吧嗒往下掉。阿爸和奶奶吵架，她哭，阿爸和她吵架，她也哭，阿爸打我，她还哭。我看不过去，说："别哭了。"阿妈擦了把泪，瞪大眼睛看着我。

奶奶走了，从此我就是一个人了。

好在我有小强，小强带我到村头的烤烟房里，我们躲在里面抽烟。我问小强："烟还没抽完？"奶奶办丧事的时候，小强经过我家门前，蹲下身背着手往后走，一只手在后面摸摸摸，摸到一块干硬的鸡粪，看也不看就塞进嘴里，最后吐了。我看不过去，偷偷拿了两包烟塞给他。现在他把烟抽出两根，说：“我给你点火。”我不会抽烟，本想拒绝，但看到小强殷切的眼光，接过他手头的烟，吸了一口，呛得眼泪流。看到他捂着肚子笑，我踢了他一下。

4

奶奶死后不久，洪水就来了，淹毁了农田，捣毁了河道。农田在洪水的肆虐下，变成了一片汪洋，河流在洪水的侵袭下，浸湿了房子。那天早上我醒来后，发现桌椅板凳都不见了，阿爸站在水里，望着往外漂走的家具，叹了一口气。那天早上漂走的不只是家具，猪圈里的猪也被大水冲走了。没冲走的猪赶紧迁到了地势较高的山上，山上的猪看着河里的猪，哼哧哼哧拱着泥土。小强告诉我说：“阿四和小凤的衣服都被冲走了，一早上起来身上都是光着的，别提有多逗了。”说完全是不怀好意的笑。

骆桥看不过去，把自己的红衣服披在小凤的身上。至于阿四，骆桥没管他。小凤看着身上穿的红衣服，想起了出嫁那天，眼眶一红，豆大的眼泪就滚落到了地上。

年轻的骆桥摇着船行驶在湖洋那条河流中。那个时候，骆桥虽然长得也不高大，但一双眼睛在初春的阳光中显得格外有神。骆桥在自己一生中最美好的时候看到了那片此后一直会出现在他梦里的芦苇。骆桥戴着斗笠，站在行驶中的船上，迎面而来的风惊扰了两岸的候鸟。这群候鸟展翅消失在微醺的朝阳中。骆桥脱掉身上穿的红衣服，一个猛子扎进了水里，水花荡漾后，骆桥的身子消失在了水中。过了一会儿，从远处露出脑壳，脑壳上的发茬像针尖，阳光在上面穿针引线，这些针尖很快挨到了一块儿，最后被风这把剪刀齐刷刷剪得平整如初。骆桥年轻的胸膛上沾满水花，浮出水面后，听到耳畔萦绕的歌声。这一听，就出了神。

“米酒竹茶（哟）米糕糖，吃得阿哥嘴中流油哟，哎呀喂——”

他快速游到前方，看到一个扎着麻花辫的姑娘站在船上，边唱边摇着橹，一双眼睛圆又亮，骆桥的呼吸就乱了节奏，他游到她面前，脸上的水花挡住了他的视线，不过他顾不得这些了，想说什么，脑子又一时短路。姑娘一看，笑了，说："你就不怕被水鬼拖走？"骆桥说："姑娘都不怕，我怕什么？"语调略显轻浮。

此时，小凤对骆桥的印象不错，骆桥在水中的胸膛显得结实有力。当骆桥站在船上穿上衣服的时候，小凤看到他的胸膛仿佛缩水了，她看到折射在水中弯曲的船桨，对骆桥的印象渐渐就有了变化，骆桥已经把红衣服穿上了身，小凤就有了不满，摇着船往反方向走了。骆桥站在阳光里，感觉有些热，此时的太阳已经爬上了山坡，骆桥用手挡住头顶炽热的阳光，摇着船的手微微颤抖，心里的波澜随水花荡漾开去。

小凤的船已经走远了，小凤用手往围裙里擦了擦，船后头的锄头也没顾得洗，几个还未洗净的芦笋随着摇晃的船身在摇。小凤圆目怒睁："一个大男人穿红衣服，真是有病。"说完后，脸不自觉地松弛了下来，嘴角拉起了一张弓，雪白的牙齿就绷紧了弦：

"马蹄芦笋（哟）芋仔粉，成双入对羡煞阿妹哟，哎呀喂——"

小凤不是不知道骆桥的好，打从她第一次见到他时，她就觉得这个男人踏实，她之所以之后会离开他，投到阿四的怀里，除了他那身常年未脱的红衣服，还有就是他经常一个人坐在角落，看着那个已经坏得不像样的棋盘。外面的热闹似乎和他无关，蜷缩着身子给全家带来一股冷清的气息。

刚开始她也犹豫，毕竟阿四少了一只手，那只手的五根手指都被机器切断了，不过当她被阿四揽腰抱在怀里的时候，从未有过的踏实感就让她的脑子没了思路。缺少一只手的阿四抱起她来毫不费力，结实的胸膛让她的脸颊飘满了红晕。那天，夕阳已经快躺到山谷，余晖照到他们的脸上，他们躺的那辆拖拉机就有了生命，这是小凤从未体验过的幸福。她在心里暗暗比较骆桥和阿四的不同。

骆桥每次近她身的时候，总是粗鲁地扯掉她的衣服，让她的脑子还来不及反应，他的嘴就啃在了自己身上，那是一股毛糙般的感觉，让她不自觉地排斥；而阿四，总是温柔地抚摸她的头，解扣子的手像兰溪河河畔的清风。

骆桥一棍子打不出一个屁，每天除了干那事之外，小凤感觉不到他的呼吸。阿四虽然少了一只手，但热络的话语总是让她言笑晏晏。在突突的拖拉机声中，小凤躺在铺满稻草的车厢里，抓在阿四后背的手就有了力气。

现在骆桥的那件红衣服重新出现在她的视线之内，小凤的心渐渐有了暖流，阿四随便捡了一件衣服套在身上。不远处的兰溪河发出怒吼声，有几个村民想用竹竿把漂在水中的猪救起来，可惜这些猪不是骆以基，不能用手拉着竹竿，游到岸上。村民只好眼睁睁地看着自家的猪打水漂。

骆以基在洪水到来的那天，前往兰溪河摸鱼虾。他肩上扛着一把锄头，腰里别着一个竹篓，行走在皲裂的岸上，芦笋和马蹄都枯死了。骆以基放下锄头，身子趴在岸边，双手摸向浑浊的水里。岸边的水草旁总是会有很多鱼虾，以往，只要把水草掀起，就能捉到很多暴露在阳光下活蹦乱跳的鱼虾。雨水的减少，消瘦了兰溪河，骆以基什么都没摸到，只好站起来，坐在地上，伸着舌头在呼哧呼哧喘气。骆以基用手扇着风，心里很奇怪，天气为什么这么热？骆以基坐在岸边喘气，过了一会儿洪水就来了。水渐渐淹没了他的脚踝，他一个趔趄，身子就掉在了湍急的河里，我小叔那天提前下课，听到了呼喊声，情急之下，就用岸边的锄头把骆以基拉了上来。

5

小凤穿上红衣之后，阿四开着拖拉机来了，他说：“上来。”

小凤对这句话很熟悉，以前，阿四就这样对着她说：“上来。”小凤就会跳上车，扶着车身，他们的笑声就会传遍整个古楼，然后在车里枕着稻草，披着晚霞过夜。

现在小凤听到他这句话后，没有再跳上车，而是对骆桥说：“儿子不见了。”

骆桥一听很着急，拉上小凤。河水淹掉了半个古楼，他们只好来到山上，和那些猪一起，猪哼哧哼哧拱土，小凤和骆桥扯着嗓子喊。一时分不清到底是猪的声音还是人的声音。水还从兰溪河西面的那个悬崖里汩汩而来，看那情景，一时半会儿停不了。

骆以基在那个洪水肆虐的下午跟在我小叔身后，河水浸没了他们的大腿，他们走得很吃力。骆以基看到我小叔脑后根儿花白的头发，说：“叔叔，你怎么有白头发啦？”

小叔回答说：“教书太累啦，那些小崽子不听管教。”

“叔叔，你这么大了为啥还不结婚啊？”骆以基说。

我小叔就没了言语，站在水中，抓着脑袋在想这个问题。

让阿爸引以为豪的不是我这个儿子，也不是阿妈，而是小叔。小叔作为村里第一个大学生，不单让阿爸脸上有光，也让整个古楼脸上有光。小叔不用和我阿爸一样，面朝黄土背朝天，阿爸不让小叔拿起镰刀，踩响收割机。田里的一切与小叔无关，他只要安心教他的书就成。

小叔大学毕业后，分配到了县里的一所重点高中教书。

按理说教书是一件轻松的事，但小叔经常会感到周身疲倦，没过多久，白头发就爬满了头顶。阿爸说：“这是少白头，遗传的。”他想用这句话打消村民的疑虑。

村民看到他的白头发，都说：“原来教书比干农活累。”

上大学就是为了避免和其他人走一样的路，不至于那么累。现在看来，情况好像有些变化，阿爸脸上就有些难看。问阿叔：“怎么，教书很累么？”

小叔没有回答阿爸的话，他和阿爸说不清。在阿爸眼里，只要不是日出而作日落而息的农活，就是神仙般的逍遥日子，现在这个神仙般的逍遥日子不仅让小叔比看上去老了许多，还让他单身至今。阿爸有些摸不着头脑。小叔对他说：“我这是心累。”

阿爸听到后，更摸不着头脑了，在他眼里，教书不就是动动嘴皮子吗？动嘴皮子哪有下地劳作辛苦。当然，让阿爸想不通的事还有很多，比如为什么就没有姑娘相中小叔。

阿爸以为，小叔读了大学，那些姑娘还不追着赶着踏破家门。可情况完全相反，那些姑娘一听小叔是老师，都返身离去。阿爸花了很长的时间才弄明白，那些姑娘不是被小叔的身份吓跑的，而是被他那头白发吓走的。小叔比我爸小很多，白发已经像韭菜，割了一茬，又长出一茬，而阿爸的头发还是乌黑浓密，显得比小叔年轻很多。

阿爸对小叔说："这些没见过世面的乡巴佬。"看到小叔的白发确实多得有些过分，说："去染染吧。"

小叔到了适婚的年纪，说不急是假的，但由于身份的不同，他不像骆桥和阿四那样，对姑娘表现出那么强烈的渴望。小叔上课的时候，会望着那些发育良好的女学生发呆，有时一个恍惚，一节课就过去了，回到办公室，下身就涨得酸痛。那段时间，小叔上课心力交瘁，小叔最后找到了一个方法，就是不去面对那些女学生，背对大家上课。不满的除了学生，还有坐在监控器前面的校长。

校长为了提高升学率，在每个教室安装了摄像头。小叔之前不知道，当他被找去谈话后，他吓出了一身冷汗，没想到自己这几年一直生活在监管之下，脸上的汗珠簌簌往下掉。他首先想到的不是安装摄像头符不符合规矩，而是这些年来自己上课的时候有没有出格的地方。他回去想了很久，终于记起有一段时间，他喜欢架着腿上课，架在凳子上的裤管撸到膝盖，露出浓重的腿毛。除此之外，他还想到那段时间一直不听话的下身。小叔去买了几件紧身内裤，穿上以后，裆部被勒得生疼。他搓了搓下身，肿大起来后，穿上紧身内裤，套上长裤，发现没有异样，看不出来。

上课是没什么问题了，但一节课下来，下身就被勒得变形了，要好几天才能恢复。阿爸陪着小叔去染发，看到小叔的走姿有些异样，问："你咋了？"小叔夹着裆部走路，说："没事。"阿爸没多问，来到理发店，染过发的小叔虽然面容有些苍白，但好歹头发黑了，显得年轻了许多。

大家都很奇怪，小叔的一头白发怎么没了？

阿爸咧着嘴在笑。

阿爸介绍了一个姑娘，姑娘听到小叔的职业后，很满意，看到小叔的长相，也满意。他们很快谈婚论嫁了。洞房那天，小叔面对着眼前这个黄花闺女，下面就是没反应，以往那种笼罩全身的冲劲好像一夜之间消失了。小叔试了很久，依旧没反应，新娘刚开始由于羞怯，坐在床沿，不敢有所动作，最后等得不耐烦了，张开双手帮他。捣鼓了很久，还是没让小叔那根霜冻的茄子注入能量，蓄势待发。第二天，小叔他婆娘卷起铺盖，回了娘家，不久之后另嫁他人。阿爸很生气，不分青红皂白就把那个女的着实数落了一顿。

“他奶奶的，想来就来，想走就走，把我们林家当啥了？”阿爸气不过，拿起一把锄头要去讨说法。

小叔拦住了他，说：“不怪她。”

那个时候，我刚好高烧不退，吃完阿四开的药，还是没好。阿爸说：“随你便，和我走一趟。”

小叔以为阿爸还没死心，拉住他的手，说：“真不怪她。”小叔非常害怕让阿爸知道他有毛病，让阿爸知道了，意味着全村都知道了。但是他忘了，阿爸只负责传递好消息，对于我小叔既不能举又不能挺的毛病，阿爸一定会捂得严严实实。小叔那晚对那个女孩说：“我可以放你走，但是你不能说我有毛病，对外你就说，我们性格不合。”

大家都很奇怪，性格不合咋就离婚了。

当阿爸和小叔一人扛着一把锄头出现在卫生所时，阿四还没缓过神来，哆嗦着嘴说：“我，我没嘲笑你。”

“你他娘的有啥资格嘲笑我弟？”阿爸把锄头重重地扔到了地上，吓了阿四一跳。

阿四一听，我阿爸他们不是为了这事找上门来，顿时放心了。阿四虽然在村里也是被取笑的对象，但如果别人有啥可乐的事儿，他一般不会放过。当他听到我小叔结婚第二天媳妇就跑了，站在一群人中间，笑得合不拢嘴。那只断手藏在袖子里，被笑声牵引得直扑腾。阿爸说：“你小子卖假药。”

阿四百口莫辩，最后没有办法，只好免费再开了几副药，我的病不久之后就好了，阿四顿时把心放回了嗓子眼。阿四的药医好了我，却没能治好奶奶的病，阿四以为我阿爸还会去找他算账，那几天大门紧闭，开着拖拉机去了湖洋。回来的时候，小凤坐在车上，笑开了花。

小叔站在水中摸了很久的头发，前段时间染的头发已经掉色了，露出了花白的发根。小叔叹了一口气，对骆以基说："哎，一言难尽。"

6

家家户户新收的稻谷在水里泡得发了芽，微弱的太阳晒不干这些稻谷，洪水退后，大家都把谷子晒在敞开大门的客厅，想让微弱的风风干这些稻谷。那段时间，大家见面的第一句话是："你家谷子晒干了吗？"

答："日头都没有，晒干个什么。"

小凤现在又和骆桥生活在了一起，骆以基也回到了他阿爸的身边，阴翳的脸上就有了阳光。有时候还会帮他阿爸倒腾稻谷，让稻谷翻个面，他本来想用电扇吹干这些稻谷，无奈电还没有恢复。他矮下身，用嘴巴吹，吹得青筋暴突，吹得大汗淋漓。这些汗水掉在上面，刚有风干迹象的稻谷又湿了。他阿妈见了，一巴掌扫过去，嘴里大骂道："你是不是有病？"骆以基感到很委屈，来到阿爸身边。骆桥闲来无事，对着那个破旧的棋盘出神，没有发现儿子的到来。小凤望着阴沉沉的天，说："什么时候天才会放晴哦。"骆以基跑过去接过话茬儿，说："阿妈，快没米下锅了。"

"没米了不会去碾啊？"小凤没好气。

"停电了。"骆以基说。

小凤一听，难住了。此时门外的拖拉机突突响了起来。小凤对这声音再熟悉不过了，下意识地走出房门，但这回她没看到阿四殷切的目光，热情的双手。阿四没在车上，他站在车下，拖拉机头发出巨大的轰鸣声。阿四脑筋活络，用拖拉机头碾起了米，那些稻谷通过安装在机头上的履带，进去的时候是谷，出来的是米。白花花的大米流进了蛇皮袋里。骆以基用簸箕铲了半袋子稻谷，背在肩上，就想出去。

被他阿妈又一巴掌打了回来。

“没晒干看不清啊？”

骆以基不知道自己做错了什么，哆嗦着嘴说：“没米吃了。”

“没米吃了，吃屎去。”小凤大叫道。

骆桥从里屋听见了，看到这一幕，也加入了教训儿子的行列。骆以基感到很委屈，他想不明白，阿爸阿妈最近都怎么了，动不动就发火。他放下稻谷，跑出了家门。

阿四不计前嫌，走上前，说：“你家有米要碾么？”

说完眼睛一直看着小凤，小凤不敢迎接他的目光，低下了头没有说话。骆桥看在眼里，气在心里，手上就有了动作，操起扫把，把阿四扫地出门了。阿四也不恼，冲着小凤说：“没米了就来我家吃。”

骆桥关紧了大门，想阻挡来自门外的拖拉机声。小凤透过门缝，看到阿四忙得前胸贴后背，脸上的汗说来就来。她的脸一热，眼泪就掉在了地上。骆桥已经进屋了，没有看到。

“好在有阿四的拖拉机日夜轰鸣，不然古楼的人那段时间铁定都饿死了。”这是我阿爸的看法。阿爸对阿四冰释前嫌了，说：“上次的事很抱歉，希望你见谅。”

阿四摆摆手，说：“都是自家兄弟，那么客气干吗？”

阿爸一愣，才想到，原来阿四也姓林。他们小时候还穿着开裆裤一起放过牛。阿爸放的是水牛，阿四放的是黄牛。水牛喜水，黄牛喜山。古楼水牛不多，阿爸每次都一个人孤零零地牵着牛来到兰溪河，途中会经过一大片水田。水牛见了，一时兴起，吃了几口禾苗，阿爸力气不够，拉不动水牛。水牛吃完后，索性躺在了水田里，水田被水牛滚了一个大坑，插在上面的秧苗都死了。奶奶接到投诉，二话不说，巴掌就落到了阿爸脸上。好在有阿四在旁，每次经过的时候，两人合力，水牛只能望禾兴叹。他们一个在前面牵着水牛，一个在后面赶着黄牛，有说有笑。兰溪河很快到了，水牛一见到河水，就撒起了欢，没啃几口草，就钻进了水里，露出一个黑不溜秋的脑袋，打着响鼻，眨着眼睫毛，扇着耳朵驱赶四周的蚊蝇。阿四的黄牛站在一旁，啃了几口草，索然无味。河岸的草没有山上的草茂盛，黄牛心生倦意，在他们的眼皮底下溜了。阿四找回来后，把黄牛系在了石头上。黄牛踢了踢后腿，嗅着石头，挣扎了几番，最后安静地躺下了。

他们的友谊很快就升温了。不过他们的牛每次都饿着肚子赶回家。奶奶见那段时间牛在牛圈消耗的草料多了很多，就拉着板凳坐在屋檐下，她以为阿爸每次都赶早回来。可每次都等到中午，阿爸才回来，身后的牛，肚子干瘪，和早上牵出去的时候一样。这一来，打骂就免不了了。

村里犁田用上机器后，就没牛什么事了。阿爸和阿四的友谊就慢慢淡了。现在阿爸听阿四说起，记忆就从脑海深处游了出来。

他们相谈甚欢，小凤急急忙忙跑了进来，连衣服都穿反了。她说：“我儿子又不见了。”

阿四二话不说，发动拖拉机载着小凤。他们找遍了村口各个角落，都没有找到骆以基。小凤找到我小叔，问：“上次你在哪儿看到他的？”

小叔说：“在兰溪河。”

他们改划船，月色在水里波光粼粼，船桨打破了河水的宁静。四处传来寂静的蛙鸣。小凤的手电形成一个圆形的光圈，照在那些飘荡的芦苇丛中。阿四看着小凤，微风轻轻地拂过面庞，他的心里就有了涟漪。他放下船桨，靠近小凤，叫了一声：“小凤。”

小凤以为阿四有所发现，转过身急切地看着他。阿四看到小凤脸上有了汗珠，停住了脚步，伸出的手就停在了半空，说：“我，我们喊下试试。”

一个在船头，一个在船尾，叫声传到两岸，芦苇摇着头，他们一无所获。摇着船回到了古楼。

骆桥打着手电撞见了阿四和小凤。那晚，他们刚从船上下来，阿四扶着小凤的手，骆桥跑上去，打掉了阿四的手，小凤身子一晃，差点儿掉进了河里。骆桥气不打一处来，手电就敲到了阿四的头上。阿四摸着脑袋，小凤透过月光，看到阿四的指尖溢出了血，刚想说什么，就被骆桥拉住了，连拖带拽地走在洒满月光的路上。小凤别过脸，看到阿四蹲在月光下，后背微微颤抖，挣脱了骆桥的手，跑了上去。骆桥在后面破口大骂："不要脸，不要脸。"

7

那晚骆以基拿着他阿爸的棋盘跑到了湖洋，棋盘里已经没有棋子了。那天，他被他阿爸阿妈各打了一巴掌，很委屈，跑出了家门。那个时候洪水刚退去，路面都是水渍和淤泥，骆以基踩在路上，就像陷在淤泥里。走了几步，脚步调换了个方向跑回家。

骆以基拿上他阿爸的棋盘重新出了家门，为了不让家人发现他回来过，就把地上的脚印用水冲干净了才出门。水沾到了地上的稻谷，他没去多管，夹着棋盘来到了湖洋。茂密的芦苇丛让他躲过了阿妈和阿四的搜寻。

骆以基在芦苇丛中躲了一夜，他把他阿爸的棋盘丢在了荡漾的水中，他不想再让他阿爸每天对着这个破棋盘。骆以基觉得他阿爸都快变傻了。

听到一声清脆的响声后，骆以基藏在芦苇丛中，直到天边泛起了鱼肚白。

第二天，太阳出现了。那个时候，骆以基已经上初中了。阳光突然睁开眼帘，让骆以基有些不适应。他揉了揉眼睛，发现真是太阳，他跑上去，阳光在湖洋里跳跃，在芦苇丛中翻滚。骆以基边跑边叫，招呼大家快来看太阳。

小强搬了个板凳，坐在屋檐下，笑着喊："乡巴佬，没见过世面，太阳有啥稀奇的？"小强家的稻谷发霉最严重，他阿妈一人把稻谷搬到屋外，看到小强又在瞎玩，叫道："还不快来帮忙？"小强伸伸舌头，上去给他阿妈搭把手，看到发霉变黑的稻谷，说："阿妈，这些还能吃吗？"他阿妈叹了一口气，没有言语。

那段时间，大家见面打招呼的第一句话是："你家的稻谷咋样了？"听到对方的稻谷比自家黑以后，心里就平衡了许多。

骆以基赶紧跑到家里，他阿爸骆桥一个人拖着一袋稻谷往外搬。骆以基忙跑过去，和骆桥一起把稻谷铺在了地上。看到这些发芽的稻谷，骆桥没有表情，看到儿子回来了，骆桥还是没有表情。骆以基看着阿爸，眼眶就红了。最近几天，骆桥做什么事都没有劲，婆娘昨天又跑回了阿四家。

骆桥对骆以基说："如果你想跟你阿妈，我不反对。"骆以基最终还是跟他阿爸生活在了一起，他阿爸太孤独了，骆以基看到他阿爸有几次在茅坑旁边捡烟屁股抽，骆以基的眼泪当时就下来了。家里已经困难重重了，他想辍学外出打工。

一听到"打工"二字，骆桥眼里喷射怒火。

"不行。"

骆以基很明白，自从阿妈跑了后，阿爸的眼睛就熄了火。虽然骆桥表面上不说什么，但骆以基明白，这件事对阿爸来说，是一个跨不过去的坎儿。

"我赚钱了就给阿爸买好烟。"骆以基以为这句话会让阿爸开心点，没想到骆桥听了，没有丝毫反应，淡淡地说："我抽这个烟就挺好。"说完就从裤兜里掏出烟蒂，焦黑的烟屁股抽了两口，就吸完了。骆桥在咳嗽，骆以基看不过去，抢过他手上的烟屁股，帮他拍打后背。

骆以基这辈子最恨的是阿四，其次是阿妈。在他心里，阿妈已经死了。可是小时候和阿妈坐在船上去外公家的那幕却怎么也无法从脑海中抹去。他恨得心痒痒，来到兰溪河，拼命往里扔石头，拿上他阿爸的镰刀，把那些芦苇砍得东倒西歪。

第二天，骆以基从书包里掏出榔头，我以为他是敲槟榔用，没想到他站在桌子上，二话不说就捣碎了一个摄像头。站在监视器面前的校长及时赶到，制止了骆以基。校长因为骆以基学习成绩好，没开除他，也没通报批评，笑着说道："初三学习压力这么大，出出气也好。"并让骆以基放假两天。小强看不过去，也用榔头敲碎了一个摄像头，校长又很快赶到了现场，说："你可以滚蛋了。"

小强问："为什么骆以基没事？"

"你成绩有他好吗？"校长说。

小强没有说话，他的成绩在班里一直倒数。

"上课就你小动作最多。"校长说。

我看着小强的身影消失在校门口，这个从小和我玩得最要好的小伙伴，就这样消失在了我眼前。

看着班上的同学，大家都对小强的离去视若无睹。傍晚我回到家，看到阿爸在擦奶奶的相框。我小时候违背了阿爸的意愿，不敢指摘奶奶，现在想起还很愧疚。阿爸是对的，上了初中以后，我才知道，奶奶所做的事都是封建迷信。我对阿爸说："阿爸，对不起。"

阿爸已经老了，白发比小叔的还多，他没听明白我说的话。

"怎么了？"阿爸问。

我在阿爸面前旧事重提，阿爸摇摇头，说："是我该死，是我不孝顺，让你奶奶伤透了心。"然后看着奶奶的遗照，眼泪就蔓延到了脸上。我感到很奇怪，和奶奶从小不对付的阿爸怎么会对着奶奶的照片流泪。

小叔最终被学校开除了，他再也受不了这样的生活了。那天，他摔掉备课本从教室跑了出来。

阿爸一直劝他跟学校道个歉，小叔没有说话，一直抽着烟，刚漂染的黑发又变白了。阿爸见说不动他，无奈地回了房间。

小叔第二天就走了，阿爸找了很久都没找到，最后死了心。现在经常站在村口，望着往来的人群，我知道他是在等小叔。小叔一去不复返，再也没了音讯。

骆桥在太阳出来的第三天，跳进了兰溪河，骆桥前一天对骆以基说："我不想让你出去，我怕你妈想你了找不着你。"骆桥说完后，倒头就睡了。

8

骆以基在兰溪河的下游找到了他阿爸的尸首。他摇着船，把他阿爸放在船上，用那件红衣服盖上，趁着如水的月色赶回了古楼。骆以基向我借了几块钱，买了一盒跳棋，葬在了他阿爸的墓里。

之后我一直没再见到他。

图书在版编目（CIP）数据

盛开：致大世界里小小的你 / 方达主编 . —北京：北京联合出版公司，2016.2（2017.3重印）

ISBN 978-7-5502-7041-1

Ⅰ . ①盛… Ⅱ . ①方… Ⅲ . ①中国文学—当代文学—作品综合集 Ⅳ . ① I217.1

中国版本图书馆 CIP 数据核字（2015）第 320406 号

盛开：致大世界里小小的你

主　　编：方　达
选题策划：范筱薇
责任编辑：昝亚会　夏应鹏
版式设计：刘碧微
封面设计：仙　境

北京联合出版公司出版
（北京市西城区德外大街 83 号楼 9 层　　100088）
北京玺诚印务有限公司印刷　　新华书店经销
字数：255 千字　　889mm × 1194mm　1/16　　印张：17
2016 年 3 月第 1 版　　2017 年 3 月第 2 次印刷
ISBN 978-7-5502-7041-1
定价：29.80 元